북핵, 리스크와 블랙스완

김용호 · 이화준 · 박성호

연세대학교 출판문화원

이 저작물은 연세대학교 정치학과 '혁신 과학기술 시대의 정치적 문제 해결 교육연구단' 산하 'Text Mining North Korea Lab'에서 수행했으며, 해당 교육연구단의 지원을 받았습니다.

"Text Mining North Korea Lab은 텍스트 마이닝을 통해 기존 Kremlinology의 여러 한계를 극복하고 문제를 해결하여, 북한에 대한 이해를 증진함으로써 북한과 관련한 문제 해결에 기여하려 합니다. 북한연구에서 데이터 접근에 많은 한계가 있지만, 텍스트마이닝을 통해 해당 한계를 어느 정도 우회할 수 있습니다. 이를 통해 북한연구에 데이터 해석의 다양성을 제공할 수 있으며, 더 나아가 새로운 분석 방법과 관점을 제시하는 데에 이바지하고자 합니다."

북핵, 리스크와 블랙스완

김용호 · 이화준 · 박성호 지음

연세대학교 출판문화원

목 차

참고문헌

표·그림목차

I

코리아 디스카운트는 어디에서 오는가?

: 북한리스크에 대한 접근 필요성

I

코리아 디스카운트는 어디에서 오는가?

북한리스크에 대한 접근 필요성

외국인의 눈에 비친 한국인에겐 이해할 수 없는 게 몇 가지 있다고 한다. 그 매운 고추를 하필이면 고추장에 찍어 먹거나, 뜨거운 국물을 마시곤 시원하다고 한다는 건 웃어넘길 수 있다. 뜨거운 목욕탕 물에 몸을 담글 때도 시원하다고 곁들이면 웃음보따리가 터진다. 그런데 북한의 핵실험이나 미사일 실험, 서울 불바다 발언보다 광우병이나 조류인플루엔자, 메르스나 COVID-19에 더 위협을 느끼는 이유는 무엇일까? 히로시마 원폭사망자는 약 14만명, 나가사키 원폭사망자는 약 7만명이었다. 2017년 기준으로 자살 사망자는 12,463명, 교통사고 사망자는 4,293명(2016년), 알코올중독 사망자는 4,909명이었다(경향신문 2008. 9. 10; 조선일보 2009. 6. 4). 미국에서도 2019년 자살로 인한 사망자는 47,511명, 교통사고 37,595명, 알코올 및 약물남용 70,630명, 햄버거 등 패스트푸드로 인해 고콜레스테롤증(high cholesterol)인 20세 이상 성인 인구는 11.5%로, 테러에 의한 미국인 누적 희생자 3,771명보다 훨씬 높은 수치임을 알 수 있다(Center for Disease Control and Prevention). 진주만을 폭격한 일본을 무조건 항복시키고, 아직까지 후유증을 남기고 있는 핵폭탄보다, 또 해마다 많은 인명을 앗아가고 있는 교통사고나 자살보다, 또 성인병을 초래하는 햄버거보다 우리는 테러를 무서워한다.

2019년에 시작돼 전세계를 팬데믹에 몰아넣었던 COVID-19의 희생자는 2022년 5월 기준 996,964명(미국)/6,247,802명(전세계)이다(Johns Hopkins University & Medicine). 2001년 9/11테러에 희생됐던 사람이 모두 3,021명이었으니 테러보다 대략 330배(미국)/2,068배(전세계)의 희생자를 만든 셈이다. 우리가 테러를 방지하기 위한 조치에 상응하는 정도로 COVID-19에 대한 조치를 취한 것은 테러로 인한 희생자의 330배(미국)/2,068배(전세계)에 해당하는 희생자가 나왔고 더욱 증가될 가능성이 있기 때문이다. 그런데도 대테러활동에 대한 자발적 협력의 정도와 COVID-19 방역을 위한 조치에 대한 협력의 정도가 다른 것은 무엇 때문일까?

아무리 위험한 상황이라도 사회적이나 개인적으로 그 위험을 인지하지 못하면 두려움을 느끼지 않게 되며, 반면 위험한 상황이 아니더라도 사회적이나 개인적으로 위험하다고 인지되면 두려움을 느끼게 된다. 콜레스테롤이 적게 함유된 음식을 섭취하면 심장질환의 발병 가능성을 10% 정도 감소시킬 수 있거나 음주량을 줄이면 건강에 좋다는 합리적 지식을 갖고 있다고, 아삭아삭한 치킨과 시원한 생맥주 밤참을 마다하는 것은 아니다. 하지만 주변의 친지나 친구에게 심장질환이나 성인병으로 인한 피해의 간접 경험이 있다면 훨씬 조심하게 된다. 북한을 잠재적 리스크로 간주해야 하는 이유는 차고 넘친다. 우선 한국경제가 세계 10위권 경제권역임에도 불구하고 한국의 증시가 아직 선진국 증시에 편입되지 못한 주원인을 북한리스크에서 찾을 수 있기 때문이다. 북한의 남침이라는 잠재적 리스크를 안고 가야할 부담이라는 것이다(삼성증권 투자정보파트 2006: 3-4).

리스크(risk)란 사회적이나 개인적으로 형성된 위험을 인식하는 것은 물론 아직까지 알려져 있지 않은, 즉 우리가 모르는 또 언제 올지 모르는 위험도 포함하는 개념이다. 경험에 의한 두려움과 논리적 판단에 의한 두려움은 위기인식의 두 축을 구성한다. 경험에 의한 판단은 빠르고 직관적인 반면 분석에 의한 판단은 느리고 실감나지 않는다. 분석에 의해 특정한 위험에 대한 두려움을 느끼기 훨씬 이전에 경험에 의한 두려움에 더 큰 영향을 받는다는 것이다(LeDoux 1996; Sunstein 2007: 51).

1. 코리아 디스카운트와 북한리스크

외국 언론이나 외국인 투자가들은 북한발 위기나 도발가능성에 대한 태도와 견해가 일반인은 물론 국내 투자자들과 판이하게 다르다. 때문에 불확실성(uncertainty)에 상당히 민감하게 반응한다. 아프가니스탄이나 이라크, 소말리아나 코소보 등 분쟁지역을 바라보는 시각이 북한을 바라보는 시각과 크게 다르지 않다는 것이다. 더구나 할리우드에서 제작된 영화에서 북한이 적국으로 등장하는 것이 더 이상 낯선 장면이 아닌 것은 북한이 잠재적 분쟁지역으로 인식되고 있음을 시사하는 것이다.

우리가 인식을 하지 않아도, 위기가 없는 것은 아니다. 2009년 북한의 황강댐 방류와 2020년 폭우로 북한지역 댐이 수문을 개방하면 임진강 수위가 높아진다. 단지 군사적 사안이 아니더라도, 북한리스크에 대한 체계적 관리가 필요하다는 사실을 일깨워주는 것이다. 우리 하천 상류에 위치한 북한 댐의 수위와 방류 가능성을 측정하고 경보를 울리는 모든 시스템이 갖춰져 있었지만 전례

없는 폭우상황에선 무용지물이었다. 리스크 관리시스템이 작동하지 않은 것이다. 그렇다면 북한이 의도적으로 아무 통고없이 대량의 저수를 방류하는 최악의 경우(worst case)에 리스크 관리시스템이 작동하지 않는 경우엔 대참사 이상의 상황이 도래할 수 있다.

한국 증권시장의 규모가 세계 10위권인 우리 경제수준을 반영하고 있지 않다는 것은 세계 14위권인 KOSPI 지수가 잘 말해 주고 있다. 우리와 GDP 수준이 엇비슷한 대만의 증시 지수가 15,000을 오르락내리락하는 것을 보면 확연히 드러난다. 역시 북한이다. 때문에 국가신인도 및 주가 등 우리 경제상황분석에 빠지지 않고 등장하는 북한변수를 외교안보나 정책적 시각이 아닌, 리스크(risk)라는 시각에서 분석하고자 한다. 2000년 이후 우리나라에서 발생한 주요 사건들을 보면 경제적이나 사회적 시각보다는 외교나 안보, 정치적 관점에서의 분석을 요하는 사례들이 대부분임을 알 수 있다.

[표 1] 연도별 국내외 주요 사건 일지

연도	외교/안보/정치	국제금융/해외경제	사회불안 및 사건
2001	부시 행정부 출범, 9/11테러	엔론 사태	
2002	서해교전, 2차북핵위기		반미시위(효순·미선), 태풍 루사
2003	노무현 정부 출범, 이라크전쟁	카드 대란	사스, 지하철 방화
2004	대통령 탄핵	동남아쓰나미	쓰레기만두, 연쇄살인
2005	북핵보유선언, GP총기난사사건	허리케인 카트리나	사학법, 황우석사태, 양양산불
2006	북한 미사일·핵실험, 소말리아 동원호 피납	AI, 인도네시아지진	
2007	아프간 납치	서브프라임	태안기름유출

연도	외교/안보/정치	국제금융/해외경제	사회불안 및 사건
2008	이명박 정부 출범, 금강산관광객 피격, 독도문제	쓰촨성 지진, AI, 글로벌 금융위기, 부동산침체, 원유가 급등	숭례문 전소, 촛불시위 (쇠고기수입), 물류파업
2009	오바마행정부 출범, 개성공단 폐쇄, 북한 미사일·핵실험	미국경제침체 지속	용산참사
2010	천안함 피격 사건, 연평도 포격도발	유럽 재정위기, 글로벌 환율 갈등, 아이티 강진	태풍 곤파스
2011	국내 DDoS 공격	유럽 재정위기 및 미국경제침체 지속, 일본 대지진	태풍 메아리/무이파
2012	핵안보정상회의 개최, 미사일지침(NMG) 개정	글로벌 금융위기	태풍 볼라벤/산바
2013	박근혜 정부 출범, 한미 키리졸브 훈련, 북한 정전협정 백지화 선언, 북한 미사일·핵실험, 개성공단 관련 갈등 및 정상화 합의(판문점), 3 · 20 전산대란	중국 위안화 위상 격상, 비트코인 확산	태풍 다나스, 후쿠시마 원전 방사능 오염수 유출 사고
2014	한국-인도 정상회담, 한국-중국 정상회담, 남북 고위급 회담(판문점), 북한 경비정 서해 침범, 북한 해상 사격훈련 실시, 통합진보당 이석기 의원 유죄 선고, 우크라이나 사태	국제유가 폭락, 글로벌 환율 전쟁 초읽기	부산기름유출, 경주시 체육관 붕괴, 세월호 침몰 사고, 시화공단 화재, GOP 총기 사고, 서울 싱크홀 발생, 경상도 폭우

연도	외교/안보/정치	국제금융/해외경제	사회불안 및 사건
2015	IS 글로벌 테러, 북한 단거리 미사일 동해상 발사(원산)/ 단거리 탄도 미사일 발사(남포)/ 단거리 미사일 서해상 발사 (동창리)/함대함 미사일 동해상 발사/대남 포격 도발(연천), 북한 노동당 창건 70주년 기념 대규모 열병식	글로벌 경제 둔화	메르스(MERS), 경기도 의정부시 대형 화재, 강원도 횡성군 43중 추돌사고, 인천시 영종대교 106중 추돌사고, 서초구 예비군 훈련장 총기 사고
2016	개성공단 가동 전면중단 선언, 북한 미사일·핵실험(2차례), 북한의 한국 외교 안보 책임자 정보 해킹, 북한 해외 식당 종업원 집단 탈북, 고고도미사일방어체계 (THAAD) 배치 결정, 대통령 직무 정지	브렉시트 결정, 4차 산업혁명 대두	다수의 아동 학대 및 살해 사건, 강남역 묻지마 살인사건, 지하철 스크린 도어 사망 사고
2017	트럼프행정부 출범, IS 글로벌 테러, 대통령 탄핵 및 구속, 김정남 암살, 트럼프-김정은 말폭탄, 문재인 정부 출범, 북한 병사 귀순 총격사건, 북한 미사일·핵실험	글로벌 경제 여건 개선, 비트코인 투기 열풍	경기도 동탄시 대형 화재, 충북 제천시 스포츠센터 화재, 경북 포항시 강진
2018	남북 판문점 직통전화 재가동, 평창 동계올림픽 개막, 북중정상회담, 남북정상회담, 미북정상회담, 글로벌 난민 문제	미-중 무역 전쟁, 글로벌 증시 폭락, 4차 산업혁명 가시화	경남 밀양시 병원 대형 화재, 경기도 고양시 유증기 폭발사고
2019	북중정상회담, 미북정상회담, 남북미정상회담, 지소미아 종료 및 파기 결정, 홍콩 시위	글로벌 경제 성장률 둔화 및 불확실성 증가	태풍 링링/타파/미탁, 중국 우한시 COVID-19 확진자 발생
2020	북한 탄도미사일 동해상 발사, 북한 남북공동연락사무소 폭파, 연평도 공무원 피격 사망 사건, 중국 홍콩보안법 제정, 일본 스가 총리 취임	미-중 갈등 고조, 영국 브렉시트 단행, 우주시대 개막	COVID-19 국제적 공중 보건 비상사태 선언, 태풍 바비/마이삭/하이선

연도	외교/안보/정치	국제금융/해외경제	사회불안 및 사건
2021	북한 신형 잠수함발사탄도미사일(SLBM) 공개, 바이든행정부 출범, 미얀마 군부 쿠데타, 한미정상회담, G7 정상회담, 대한민국 지위 변경(개발도상국→선진국)	세계 경제 성장률 최고 성장세 예상	COVID-19 4차 대유행

대부분 증권사들은 북한리스크가 실제적인 기업활동에 영향을 줄 것으로 확실히 판단되지 않는 한 간과하는 경향이 있다. 소위 펀더멘털에 영향을 주지 않는 이상 경계는 하되 성급한 결정을 내리지는 않겠다는 것이다. 북한 관련 주요사건들이 KOSPI에 큰 영향을 주지 못한 것으로 분석하는가 하면 "정치적·지정학적 리스크 등 '비경제적 이슈'는 단명한다는 점을 염두에 둘 필요가 있다." 고 분석하기도 한다(매일경제 2020.6.17; 시장경제 2020.3.29; 2020.6.22; 한국경제 2020.9.10). 즉 북한과 관련된 일련의 사건들이 누적된 대북 리스크에 대한 학습효과가 증권가에도 작용했다는 분석이다. 이와 같은 경향은 아래의 그림에서 보듯이, 북한의 핵실험을 포함한 일련의 도발행위가 주식 증세에 미치는 영향력이 시간 경과에 따라 조금씩 약화되는 특징을 보인다. 그럼에도 불구하고, 북한 발 리스크의 영향력은 여전히 존재하기 때문에 증시가 북한 관련 문제와 연관이 없다는 지나친 낙관론 역시 경계해야 한다고 전문가들은 지적한다(서울파이낸스 2020.6.15; 시장경제 2020.6.22).

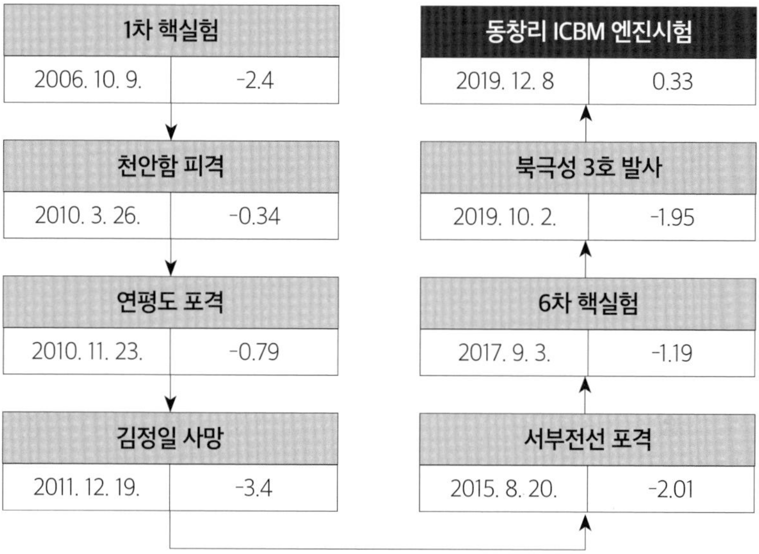

[그림 1] 북한리스크와 코스피지수

출처: (한국경제 2020. 6. 17.)

한반도 주변에는 전 세계 GDP의 24%가 집중돼 있다. 전 세계 경제규모의 23%를 차지하며 EU를 능가하는 수준이다. 중국(11.4%)과 일본(8.3%)이 한반도를 에워싸고 있고 한국은 전세계 GDP의 1.6%를 차지한다. 여기에 러시아(2.8%)가 가세해 EU의 경제규모를 능가하게 된 것이다. 지리적으로는 이 지역에 없지만, 비율로는 25%에 해당하는 8만명 가까운 병력을 주둔시키고 있는 미국까지 포함시킨다면 한반도의 긴장고조가 전 세계에 미치는 경제적 파급효과를 짐작할 수 있다.

국제위기그룹(International Crisis Group)이나 유라시아그룹(Eurasia Group)은 북한리스크를 분석하는 대표적 기관들이다. 이언 브레머(Ian Bremmer)가 설립한 Eurasia Group은 전세계의 기업들을 상대로 정치 리스크에 대한 컨설팅을 주력사업으로 추구하는 회사다. 그는 국가 리스크의 측정과 안보적 위기관리 및 전략적 투자에 대한 저서를 통해 정치적 리스크에 대한 접근을 시도하고 있다.

한편 한국에서 정치 리스크에 대한 본격적 분석은 홍득표(1992)의 연구가 있었다. 이 연구는 국내요인과 국제요인으로 분석단위를 이분화하고 이들 요인들이 행위자를 통해 정부의 대응능력에 투입되어 정치위험이 해소될 경우와 정치위험이 발생될 경우를 상정하고 이를 다시 긍정적과 부정적 영향을 초래할 정치변동과 연동하고 있다. 대상국의 정치 리스크의 측정은 대외경제협력에 필수적 요소라는 점을 주지하면서 잠재 협력대상국에 대한 간단없는 정보의 수집을 기초로 정치위험분석이 이뤄져야 할 필요성을 제기하고 있다.

한편 북한리스크의 관리의 본격적 시도는 삼성경제연구소(SERI) 방태섭 연구팀에 의해 진행되었다. 이들이 작성한 보고서는 북한발 안보위협에 노출되어 있는 국가와 기업이 모두 상시적 위기관리체제를 구축해야 한다고 주장하면서 북한의 로켓발사에 대한 한국과 미국의 대응수위에 따라 위기전개양상이 달라진다는 '확산과 대응의 인과관계'의 인과루프지도(Casual Loop Diagram, CLD)를 제시하고 있다(삼성경제연구소 2009). 이 연구는 위기관리의 핵심지표를 한국의 국가신인도로 설정함으로써 북핵문제를 국제관계나 분쟁의 측면에 국한시키지 않고 경제분야에 대한 파장이라는 측면에서 다루고 있다. 그러나 이 연구는 북한의 미사일발사를 트리거로 설정하여 트리거 발생이후의 위기관리 프로세스에 초점을 맞춰 북한리스크의 사전예측과 대비라는 측면에 주안점을 두지는 않았다.

북한리스크, 특히 북한 핵실험을 예측하는 모델과 관련해서는 정부부처, 대기업, 학계 등 다양한 차원에서 연구가 이어져왔다. 대표적으로 통일부는 2014년에 북한의 정치, 경제, 군사 등 변화 양상을 연간별로 분석한 북한정세지수

(North Korea Situation Index, NKSI)를 개발한 바 있다. 물론 2018년을 기점으로 해당 사업은 중단되었으나, 정부 차원에서 북한리스크를 계량화하기 위한 시도였다는 의의가 있다. 삼성그룹 산하 삼성경제연구소 역시 2005-2012년 동안 한반도안보지수(Korean Peninsula Security Index, KPSI)를 통해 한반도 정세를 분석한 바 있다. 서울대학교 평화통일연구원에서는 2008년부터 남북통합지수(Inter-Korean Integration Index, IKII)를 산출하고 있으며, 해외 연구기관인 NTI(The Nuclear Threat Initiative)는 2012년부터 핵과 관련된 NTI Index를 제공함으로써 국제적 핵 안보구조를 강화하는 차원에서 활동하고 있다(Nuclear Threat Initiative). 또한 개인 연구자 차원에서는 북한 지정학적 리스크와 관련해 Google Search Volume Index(SVI)를 활용한 연구가 진행되기도 했다(Hur and Pyun 2018).

2006년 북한이 핵실험을 감행한 뒤 북한의 도발이 경제상황에 미치는 영향에 대한 연구들이 나오기 시작했다. 1999년부터 2012년까지 KOSPI 데이터를 분석한 한 연구는 핵실험과 미사일 실험발사 등 북한의 도발이 -1.59% 정도 지수하락을 초래했다고 지적했다. 이 연구는 핵실험과 장거리미사일 실험발사 10건, 군사도발 13건, 핵 및 미사일 실험과 관련된 소문과 언론보도, 핵 및 미사일 실험발사를 하겠다는 북한의 발표 및 서울 불바다 발언과 같은 군사적 위협 등과 증시와의 연관성을 조사했다(Kim and Jung 2014).

그러나 시간이 흐름에 따라 비슷한 수준의 도발이 미치는 영향이 점차 줄어든다는 사실도 발견됐다. 또한 핵실험이나 미사일 실험발사 이외의 도발이 한국의 증시에 미치는 영향 또한 미미했다는 사실도 밝혀냈다. 핵무기나 대륙간 탄도미사일이 북한의 대미, 대남관계에 게임 체인저로 등장한 데 반해 다른 유형의 무력도발은 한국시민들이 간헐적이지만 지속적으로 지켜봐 왔던 형태로 인식적 면역이 형성됐기 때문이라는 사실도 지적하고 있다(Kim and Jung 2014: 4).

늑대가 왔다는 말로 더 이상 관심을 끌기 어렵게 된 양치기 소년은 결국 호랑이나 사자가 왔다는 말을 해야만 한다. 북한이 도발을 통해 노리는 게 있다면 더욱 강도가 높은 도발을 선보여야만 미국이나 한국의 관심을 끌 수 있다는 것이다. 지난 70년간 북한의 도발이 지속돼 왔기에 증시에 별다른 영향을 주지 못했다는 점은 그만큼 도발의 효력이 없어졌음을 의미하는 것이기 때문이다.

게임 체인저로 등장한 대륙간 탄도미사일은 북한이 미 본토 공격능력을 갖추었다는 사실을 의미하기에 당연히 미국의 증시에도 영향을 미치게 되었다. 미사일 실험발사 하루 전부터 하루 후까 지의 3일간 미국의 증시가 0.88% 하락했다는 점도 발견됐다(Kim and Jung 2014: 4). 또 한 가지 흥미로운 사실은 북한과 수교를 맺고 있는 국가들의 금융기관 계좌에서 핵실험이나 미사일 실험발사 5일전부터 한국증시에 대한 지수투자 주문이 급증했다는 것이다. 이와 같은 현상은 국내투자기관이나 북한과 수교를 맺지 않은 국가의 금융기관들이 보여준 거래패턴에서는 찾아볼 수 없었다고 한다. 때문에 이들 국가들의 금융기관들이 북한에 주재한 대사관으로부터 입수한 정보를 활용한 가능성이 있다는 추론이 가능하다는 것이다(Kim and Jung 2014: 4). 이러한 현상은 비단 북한의 도발과 관련된 것만은 아니다. 9/11테러가 있던 바로 전날 테러집단으로 의심되는 계좌들이 항공사 주식에 대한 풋옵션을 행사했던 사례를 들고 있다. Poteshman의 연구는 9/11 전날 항공관련 주식에 대한 풋옵션이 이례적으로 행사됐던 사실에 주목하고 있다. 9/11 직후 예상되는 항공사들의 주가하락을 이용해 수익을 올리려 했다는 정황을 구성한다는 지적이다(Kim and Jung 2014: 8; Poteshman 2006).

또한 Gerlach & Yook(2014)는 외국에서 발간되는 언론이 북한의 호전적 행위를 한국의 언론보다 더 정확히 예측해 냈다고 주장했다. He, Nielsson & Wang(2014)은 중국과 대만 사이의 정치적 분쟁이 대만증시에 2%가량의 하락을 초래했다고 지적했다. 그 밖에도 스페인 바스크 지역에서의 게릴라 공격(Abadie and Gardeazabal 2003), 북아일랜드 무력분쟁(Besley and Mueller 2012)이 증시에 미치는 영향을 분석한 글들이 있다. 그런가 하면 이스라엘의 증시를 분석한 연구(Zussman and Zussman 2006)는 팔레스타인의 군사지도자들을 저격하는 사건들은 지수를 상승시키는 반면 정치지도자들에 대한 암살은 지수하락의 원인이 된다고 분석했다. 정치지도자들에 대한 암살은 오히려 역효과를 불러일으키기 때문이라는 것이다. Rigobon & Sack(2004), Chen and Siems(2004), Wolfers & Zitzewitz(2009), Zussman, Zussman & Nilsen(2008) 등의 연구도 증시가 정치, 외교, 군사상황에 민감하게 반응한다는 사실을 밝혀냈다. 구체적으로 Chen and Siems(2004)는 테러리즘이 세계 자본 시장에 미치는 영향력을 미국과 세계 수준으로 접근해, 테러에 대한 시장 회복력의 증가가 유동적인 금융으로 일정 부분 설명이 가능하다고 주장한다. Rigobon & Sack(2004)은 통화정책과 자산가격간 상관관계를 분석했는데, 단기 금리 인상이 나스닥 지수에 가장 큰 영향을 미치며 주가에 부정적인 영향을 미친다고 보았다. Zussman, Zussman & Nilsen(2008)은 이스라엘과 팔레스타인 간 갈등이 양국 자산 하락에 영향을 미치는 반면, 평화적 이니셔티브는 자산 상승으로 이어진다고 보았다. Wolfers & Zitzewitz(2009)는 2003년 이라크 전쟁 발발 가능성의 증가가 현물 유가 상승과 S&P 500 지수 하락으로 이어진다고 분석했다.

[표 2] 북한 관련 사건에 따른 코스피 수익률 변화

예상 수익에 영향을 미치는 사건 분류	120일 간 등락 평균					
	개수	[0]	[0, 1]	[0, 2]	[-1, 0]	[-1, 1]
핵무기/장거리 미사일 실험	10	-0.73% -1.41	-1.02% -1.30	-1.57% -1.86	-1.29% -2.17	-1.59% -2.08
북한의 핵무기/장거리 미사일 발사 주장	21	0.00% 0.00	0.29% 0.58	0.09% 0.20	0.18% 0.38	0.47% 0.76
핵무기/장거리 미사일 관련 루머 보도	21	0.05% 0.11	0.62% 1.06	0.43% 0.65	-0.07% -0.11	0.51% 0.63
북한의 대남 군사도발	13	-0.29% -1.05	-1.23% -1.88	-0.79% -1.22	1.00% 1.30	0.01% 0.01
북한의 대남 군사위협	9	-0.41% -1.95	-0.68% -1.70	-0.17% -0.30	-1.52% -3.87	-1.79% -3.28

주: 코스피 지수 수익률은 120일 간 등락 평균을 바탕으로 산출한 예상 수익률을 기초로 한다. 비정상 수익률은 일일 코스피 지수 수익률에서 추정 기간인 [-130, -11]일의 평균 수익률을 뺀 값이다.
출처: (Kim and Jung 2014: 10-11)

한 가지 지적해야 하는 것은 대부분의 증권사 애널리스트들이 북핵문제나 국제분쟁과 관련된 리스크를 지정학적 리스크로 칭하는 것은 부적절하다는 점이다. 경제적 범주를 벗어난 정치적 이슈를 모두 지정학적 리스크로 묶어 분석하는데 이는 잘못이다. 지정학(geopolitics)이란 지리적 관계가 정치/국제 관계에 미치는 영향에 주목하는 학문으로 국가 통치와 밀접한 관계가 있다. 즉 정치적 이슈와 지리적 공간이 불가분의 관계라는 것을 전제로, 지정학 행위자와 구조간에 상호작용 설명을 목적으로 한다(Flint 2006). 뿐만 아니라 외교안보나 통일과 관련된 이슈도 경제적 시각에서 분석하려 한다. 북한 핵문제가 부각될 때마다 대부분의 국내 증권사들은 경제적 시점에서의 분석이나 단기적 전망에 의존하는 경향이 짙다.

외국의 경우 기업의 중장기 전략을 수립할 때나 주가를 전망할 때 정치적 위험의 분석은 필수적인 요소로 자리잡고 있다. 정치위험에 대한 분석과 연구가 경제학이나 경영학 분야에서도 활발히 진행되고 있다. Journal of International Business Studies, Harvard Business Review, Journal of International Money and Finance, Columbia Journal of World Business 등 유수의 저널에서 정치적 위험에 대한 논문이 게재되고 있다.

증권회사들은 정치 리스크를 너무 복잡하고 어렵게 생각하거나 아니면 너무 단순하게 취급하는 경향이 있다. 두 경우 모두 결과는 같다. 무시하는 것이다. 대부분 경영학이나 경제학을 전공한 애널리스트들에게 정치 리스크를 계량적으로 분석한다는 것은 대단히 어려운 일이다. 데이터의 절대량이 부족할 뿐 아니라 정치적 불안정을 수치화하기가 쉽지 않다. 우선 데이터의 절대량이 부족하다는 건 어쩔 수 없다. 국가라는 개념이 형성된 근대 이후 현재까지 발생했던 전쟁들을 기초로 민주주의 국가들은 서로 전쟁을 벌이지 않는다는 민주평화론의 이론체계는 모두 104건의 전쟁을 기초로 한 것이다(Russett 1993). 고르바초프의 페레스트로이카와 글라스노스트에 영향을 미쳤고 탈냉전기 미국 외교정책의 근간이 됐던 이론체계가 104건의 n을 기초로 만들어졌다는 것이다. 또한 우리가 어제보다 기분이 좋다고 해서 몇 %까지 좋은지를 수치화할 수 없는 것과 같이, 정치적 불안정 역시 비교는 가능하지만 수치화하기엔 어려운 측면이 많다. 노무현 정부부터 지금까지 네 정부의 임기 말 레임덕 상황을 비교할 수는 있겠지만 계량화하기는 쉽지 않다. 더군다나 n의 수 역시 4에 불과하다.

2. 북한리스크 분석의 필요성

북한리스크란 북한의 도발로 인하여 발생하는 국제정치뿐만 아니라 경제와 사회, 문화적으로 떠안아야 하는 국내정치적 부담을 의미하는 것이다. 단 북한이라는 변수는 분명 정치적 변수임에 틀림없지만 외교안보나 통일정책의 범주를 벗어나면 경제적 시각에서의 분석에 의지하는 경향이 크다. 북핵문제가 부각될 때마다 대부분의 국내 증권사들은 경제적 시점에서의 분석이나 단기적 전망에 의존하는 경향이 짙다. 그러나 외국의 증권가나 경제계의 경우 정치적 위험의 분석은 기업전략수립 및 국가의 협상전략수립에 있어 이미 하나의 요소로 자리잡고 있다.

북한리스크의 관리과정에서는 홍수처럼 밀려오는 북한 관련 정보를 취사선택해야 하면서도 그 분석결과는 정성적 평가의 형태로 내놓을 수밖에 없다. 때로는 자칫 지나쳐 버린 정보가 대형리스크로 발전할 수도 있는 가능성마저 내포되어 있다. 이와 같은 정보의 실패(Intelligence Failure)는 사건발생 이전에 옳을 것으로 채택된 정보예측과 사후에 옳은 것으로 드러난 정보 간의 불일치를 의미하는 것으로(Jervis 2006: 10), 첩보수집이나 분석, 생산 및 배포의 과정에서 한 단계 이상 부정확한 것으로 정의할 수 있다(Lowenthal 1985: 51). 정보의 실패의 주된 원인은 불확실성(uncertainty)이다. 불확실성이란 미래에 발생할 상황의 파급력, 혹은 그 가능성의 측정이 불가능한 상황을 의미하는데(Bremmer and Keat 2009: 16), 북한 체제의 폐쇄성과 그로 인한 내부정보에 대한 제한된 접근성은 북한리스크 분석과정에서의 불확실성을 가중시키는 요소로 작용하고 있다. 따라서 북한리스크의 분석에 있어서는 주어진 불확실성을 어떻게 극복하고, 불확실성에서 야기될 수 있는 문제를 어떻게 최소화할 수 있을 것인지에 대한 고려가 관건이라고 볼 수 있다.

북한관련 정보의 소비과정에서 발생하는 실패는 주관적 판단과 같은 인지적 요인(김용호, 명석영 2007: 50), 그리고 정보를 사용하여 정책을 입안하고 의사를 결정하는 과정에서 작용하는 관료정치적 요인에 의해 발생한다. "가장 중요한 정보실패는 정보기관의 정보를 사용하는 정책결정자에 의해 대부분 발생한다(Betts 1978)." 고 주장할 정도로 정보의 사용과정의 중요성은 크다.

북한리스크를 분석할 때 극복해야 하는 또 하나의 문제는 확증편향의 양극화(Polarization of Confirmation Biases)에 따른 정보의 이념적 수용 및 해석 현상이다. 확증편향의 양극화란 특정사안에 대한 사회 구성원들의 가치관과 신념이 양극화된 사회의 담론구조에 따라 양분하여 형성되는 현상을 가리킨다. 반공이데올로기와 냉전의 영향 아래 있던 우리 사회의 담론구조는 1990년대 탈냉전을 맞이하면서 민주화와 세계화의 물결 속에 커다란 변화를 맞게 된다. 북한과의 군사대치로 한반도에서는 냉전이 지속되는 가운데 세계화의 영향으로 관념적으로는 전세계적으로 활발히 진행되던 탈냉전 담론을 접하게 된 것이다. 또한 민주화로 인해 공공정책 각 분야에 확산되던 민간의 관심과 참여가 성역처럼 여겨지던 안보분야에까지 미치면서 북한과 통일, 안보, 대미관계 등에 대한 시민들의 의식과 가치관, 신념들이 다양하게 표출되기 시작한 것이다.

2000년 6월의 남북정상회담은 우리 사회에 내재돼 있던 색깔 논쟁에 불을 붙이는 계기가 됐고 남남갈등의 이념적 대치는 곧 보수와 진보의 확증편향을 형성하게 됐다. 이후 우리 사회의 보수와 진보는 동성간 결혼이나 사형제도와 같은 사회적 이슈보다는 친북과 반북, 반미와 친미, 통일과 안보와 같은 사안을 기준으로 형성되게 됐다. 진보진영에서 주로 주장하는 '인권'과 같은 사안에 북한이라는 두 글자를 더해 '북한인권'이 되면 보수진영의 주장이 되는 것은 우리

나라만의 특이한 현상이 아닐 수 없다.

인터넷의 보급과 소셜미디어의 확산은 보수와 진보로 나뉜 확증편향이 양극화되는 과정에서 결정적 역할을 수행한다. 자신의 이념적 프리즘에 의해 모든 정보를 해석하고 프리즘과 맞지 않는 정보는 아예 부정하던 이들이 인터넷과 소셜미디어 상에서 비슷한 생각을 가진(like-minded) 사람들과 그룹을 형성함으로써 북한과 관련된 현상의 해석에 있어 보수와 진보를 넘어 '우리와 그들'(us versus them)이라는 틀을 적용하게 된 것이다. 그러므로 북한리스크를 분석함에 있어서 최대한 양극화된 확증편향의 프레임에서 벗어나야 한다. 자신의 생각에 맞는 의견들만 골라서 듣고 그 의견들에 의해 기존의 생각이 더욱 편향되는 선택의 효과(selection effect)와 강화효과(reinforcement effect)가 중첩돼 나타나기 때문이다(Norris 2000). 상반된 견해와 프레임 속에서도 사실(fact)에 기초한 해석을 이끌어낼 수 있는 전문지식과 트렌드 분석력을 갖춰야 하는 이유다.

북한리스크를 측정할 때 직면하게 되는 또 하나의 문제는 신호(signal)와 잡음(noise)을 구분하는 과정에서 딜레마를 겪게 되고 결국 매 상황마다 경험과 전문성, 분석력에 따른 판단이 필요하다는 것이다(Arad 2008: 52). 먼저 무분별한 정보의 홍수는 결국 아무 정보가 없다는 것과 같다는 문제에 직면하게 된다. 특정지표가 어느 정도 수준을 넘어서면 경보를 내리는 경제리스크와는 달리 기계적인 해석이 불가능한 안보 리스크 해석에는 어느 정도의 스크린이 작용하지 않을 수 없다. 넘쳐나는 정보 하나하나에 일일이 심층분석을 가하거나 경보를 남발하면 오히려 아무 정보도 없는 것보다 못한 상황을 초래할 수 있기 때문이다(Bracken et al. 2008: 7).

그러나 이 과정에서 소중한 정보를 지나치는 위험도 있을 수 있다. 조기경보가 가능할 수도 있었던 대규모 피해 사례에서 공통적으로 발견되는 것은 정보의 수집단계에서 최초 감지된 징후가 상부로 보고되지 않았다는 것이다(Arad 2008: 47). 객관적이거나 과학적 증거가 법정에서 인정받을 수 있을 정도로 충분하지 않다고 해서 이를 단순 '정황'으로 분류하여 방치할 수 없다는 애로가 있다. 실질적인 위기로 발전할 경우 엄청난 후과를 동반할 수 있기 때문이다(Bracken et al. 2008: 4). 즉 리스크 분석모델들은 어떤 위기나 도발 이전에 그 징후를 파악할 수 있는 변화가 선행된다는 가정에 기초하고 있다. 이들 변화에 대한 관측이 미리 파악해 둔 상대방 의도와 연계돼 조기경보가 가능하다는 것이다. 징후들을 단계별로 제시변수들로 분류하고 이를 평가하고 통합하여 단계별 경보가 가능하도록 인덱스를 설정한다면 북한리스크를 예측하고 관리할 수 있다(Arad 2008: 52-54).

북한리스크는 대체로 안보 리스크에 해당한다고 할 수 있다. 안보 리스크란 흔히 위협(threat)으로 표현되는 안보환경상의 위기와 안보정책 운용과정에서 파생되는 위기(risk)로 분류될 수 있다. 후자는 위협을 인지하고 이를 분석하며 이에 대한 대안을 수립하고 그 대안이 실행되는 과정에서 경로의존적인 후속 위기의 발생가능성과 그 대책수립과정까지 포괄하는 의미를 내포한다. 특히 안보위기보다 상위개념인 정치적 위험(political risk)이란 증권가에서 흔히 지칭하는 지정학적 위험보다 훨씬 포괄적인 개념이다. 정치적/국제정치적 변수에 의해 국제기업활동이나 주식, 환율 및 원유가 등 주요경제지표상의 불연속성(discontinuity)과 불확실성(uncertainty) 혹은 그 잠재성이 존재하는 것으로 정의될 수 있기 때문이다(Robock 1971).

대개의 경우 리스크란 측정가능한 손실(measurable loss)이 발생할 가능성을 의미하는 것이므로 정치적 위험 역시 특정한 정치적 변수가 경제행위에 손실을 초래할 수 있는 위험으로 정의해 볼 수 있을 것이다. 보다 구체적으로는 정치적 행위나 결정이 기업의 능력이나 목적추구에 장애를 초래하고 궁극적으로 기업의 자산가치에 변화를 수반할 가능성을 정치 리스크로 정의할 수 있다(Bremmer and Keat 2009: 5, 9, 200; McNeil, Frey, and Embrechts 2015: 1). 전쟁의 선포, 테러행위, 개인자산동결 결정, 외국인투자를 규제하는 법개정 등의 정치적 행위가 모두 정치위험에 해당하는 것이다. 개성공단 마비 역시 경제적 요인보다는 정치적 요인에 기인한다는 점에서 정치적 위험의 결과로 볼 수 있다.

대부분의 증권사 애널리스트들이 북핵문제나 국제분쟁과 관련된 리스크를 지정학적 리스크로 간주하면서 단기적 리스크만 제시하는 것은 지정학적 리스크에 대한 부적절한 용어의 사용 때문이다. 지정학적 리스크란 현재 국내 증권사들에 의해 활용되는 것보다 훨씬 더 큰 의미를 내포하는 것으로 강대국의 국력신장이나 쇠퇴, 국가간 전쟁이 금융시장을 마비시키거나 혹은 새로운 금융시장을 창출해 낼 수 있는 커다란 임팩트를 수반하는 리스크를 지칭한다(Bremmer and Keat 2009: 38). 자연히 지정학적 리스크의 분석에는 장기간의 시간이 소요된다. 중국의 부상과 같은 사안을 분석하기 때문이다.

뿐만 아니라 경제계에서의 지정학적 리스크의 분석이 단시안적 대안마련에 주안하고 있는 것은 경제 리스크 예측보다 훨씬 장기적인 분석기간과 이에 대한 분석능력을 갖춘 인적자원 고용의 부담, 그리고 비경제적 변수들을 통계수치로 도식화하기 쉽지 않기 때문에 나타나는 불신 등이다. 아래 표에서 볼 수 있는 바와 같이 국가신인도를 결정하는 요인들 중 정치 리스크만이 정성적 평가가 지표로 활용될 뿐 나머지는 계산상의 편향이 존재할 수는 있겠으나 대부분 정량적 지표가 활용되고 있다.

[표 3] 국가 신인도 결정요인의 지표와 항목

국가신인도 결정요인	주요지표	주요 분석항목
정치 리스크	정성적 지표	정부형태, 국가안보, 대외위협정도, 분쟁가능성, 사회안정 수준
소득 및 경제구조	1인당 GNP	생활/소득수준 및 분포
경제성장 전망	경제성장률	저축/투자 규모와 구성
재정유연성	GDP대비 재정수지	정부재정수지
공공부채 부담	GDP대비 정부부채	공공부채 및 이자부담수준
물가 안정성	물가상승률	물가상승률 추이
국제수지구조/유동성	GDP대비 경상수지	재정·통화유연성
대외채무부담/유동성	수출액대비 총외채규모	공공외채 규모

출처: (김병기, 최호상 삼성경제연구소 2007)

무엇보다도 연간실적 기준으로 차년도 사업계획을 수립하는 대부분의 기업들에게 길게는 20년 앞을 내다보는 정치 리스크까지 관리할 만한 능력이 부족하다는 점 또한 감안해야 한다(Bremmer and Keat 2009: 3, 23). 몇몇 관리능력이 있는 대기업들 역시 국가차원의 문제해결능력까지는 보유할 수 없다. 아래 표에서 보는 바와 같이 국가의 정치적 판단에 따른 결정들이 경제에 커다란 파장을 불러일으키는 데 반해 기업차원에서 이들 문제에 대한 해결책을 모색하기란 사실 역부족이다. 대규모 다국적 은행이나 세계적인 방위산업체의 경우도 국가의 주요기관들에 대한 로비를 통해서만 이들 리스크를 관리할 수 있을 뿐이다.

[표 4] 정부와 비정부기관의 리스크 관여능력

	정부정책	비정부기관 정책
직접영향	화폐절하, 통화조정, 규제변화, 국가신용절하, 은행자산동결	테러, 파업, 내전
간접영향	전쟁선포, 정부구조변화, 성명발표, 선거	

출처: (Bremmer and Keat 2009: 64)

따라서 대부분의 증권사들은 위협(threat)이 실제적인 기업활동에 대한 위험요소(risk)로 가시화될 때까지 판단을 유보하거나 간과하는 경향이 있다. 소위 펀더멘탈에 영향을 주지 않는 이상 경계는 하되 성급한 결정을 요하지는 않는다는 것이다. 그러나 우리 경제가 세계 10위권 경제임에도 불구하고 우리 증시가 아직 선진국 증시에 편입되지 못한 주원인은 북한리스크에서 찾을 수밖에 없다. 북핵 실험 이전에 핵실험 가능성에 대한 예측에서도 핵실험 후 북한의 강경대응으로 미국의 직접제재가 강행될 경우의 가능성을 적게 보고 있기는 하지만 그 경우 주식시장의 조정폭과 기간을 통상적 수준보다 상회할 것으로 예측하는 경향 역시 북한리스크의 잠재적 위험요소를 염두에 둔 계산으로 볼 수 있다.

이러한 계산과는 독립적으로 국제안보나 분쟁 등의 위기관리과정에서는 위협(threat)의 존재는 인정되지만 정책대안의 선택이나 우선순위 등의 설정에 중점이 주어질 뿐 위기에 대한 실질적인 측정이나 무대응의 위기(risk of not acting)에 대한 측정 등 위기관리과정은 도외시되고 있는 실정이다. 뿐만 아니라 안보분야의 위기관리는 금융분야나 기업의 위기관리보다 부서나 정책대안 간의 경쟁면에서 덜 신축적이지만 오류의 결과는 경제분야보다 훨씬 더 치명적인 결과를 초래할 수 있다(Bracken, Bremmer, and Gordon 2008: 1).

또 한 가지 염두에 두어야 할 것은 위험의 종류에 따라 경보의 체계와 성격도 달라져야 한다는 것이다. 핵미사일 경고시스템이 9/11을 경고하지 못한 것과 마찬가지로 북한의 전면전뿐 아니라 국지적 공격에 대한 경보체계 역시 구축되어야 한다. 북한의 붕괴나 전면적 혹은 국지적 도발뿐 아니라 보다 다양하고 세분화된 북한발 위험에 대처해야 한다. 북한과의 협상입지의 변화, 에너지난이나 탈북자 발생가능성에 영향을 미친 북한체제내의 변화나 내구력 등 다양한 사안들이 리스크의 발생 가능성을 제시해 준다(Bracken 2008: 24). 이 책에서는 이러한 북한문제를 리스크 관리의 차원으로 다룰 때, 북한 문제를 어떻게 다룰 수 있으며, 정책적으로 기존의 남북관계와 북핵 문제 등 여러 북한 이슈들을 리스크와 리스크 관리의 차원으로 분석할 것이다. 그리고 북한을 리스크로 다루기 위한 분석방법론으로의 텍스트마이닝을 어떻게 북한연구에 접목할 지 가능성을 타진하고 이를 활용하기 위한 문제를 짚고, 실제로 다룬 사례를 제시할 것이다. 이를 위해 본 서는 3부로 구성되어 있다. 1부에서는 북한리스크에 대한 접근을 어떻게 할 수 있는지를 다룰 것이다. 북한리스크의 측정과 측정대상 변수를 어떻게 개발할지, 먼저 짚은 다음에 이를 짚기 위한 방법으로, 북한에 대한 텍스트마이닝을 통한 분석방법을 소개하고, 이를 위해 해결해야 할 과제와 기대를 다룰 것이다. 2부에서는 북한이 실제로 리스크로 어떻게 작동하는지를 분석할 것이다. 실제로 북한 내에서는 어떤 논리로 이것이 진행되며, 그리고 북한에 대한 기존의 접근들이 어떤 문제가 있는지를 살피고, 기존에 북한에 이뤄진 여러 조치들과 북한의 행태가 북한리스크에 어떻게 작동했는지를 살펴볼 것이다. 3부에서는 이러한 북한리스크를 실제로 분석하는 것을 보여주고 이것이 실제로 남북관계와 대북정책에 기여하는 방향을 짚어볼 것이다.

1부
북한리스크에 대한 접근

북한은 과연 리스크인가? 그렇다면 북한리스크는 어떻게 다룰 수 있을까? 이에 대한 논의가 먼저 이뤄져야 북한 문제에 대한 보다 나은 대안 도출들이 가능해질 것이다. 앞에서도 언급했듯이 한국에게 있어서 북한은 리스크로 작동해온 것이 사실이다. 보통 리스크와 리스크 관리에 대한 논의는 정치학이나 북한 연구에서 논의되기보다는 경영학과 산업공학에서 주로 논의되어온 이야기이다. 그러나 북한리스크는 기존에 논의되어온 방식으로 논의하기가 쉽지 않은 지점이 있다. 그러한 이유에는 리스크로 간주하기에 있어서 북한에 대한 리스크 측정을 어떻게 해야 하는지 불명확하다는 점에 있다. 이러한 차원에서 북한을 리스크 관리의 차원으로 간주한다면 북한리스크의 측정과 측정방법에 대해 보다 진지한 고민이 필요하다.

북한리스크 분석모델을 개발함에 있어서 직면하는 가장 첫 번째 문제는 계량적 측정을 위해 다양하고 복잡한 과정을 거쳐야 한다는 것이다. 금융위기나 전염성 질병의 관리에는 계량적 측정을 위한 산술적 데이터가 있어 물가지표나 환율의 관리 혹은 병균이나 감염의 전파를 예상하고 차단할 수 있는 방법들을 동원할 수 있다. 그러나 기후변화나 환경위기, 군사적 위협에 대해서는 위협요소의 규명이나 그에 대한 처방과 대처방안에 대한 과학적 근거를 제시하기가 힘들다. 해석하는 입장에 따라 결과가 달라질 뿐 아니라 전문가그룹도 정치적 견해에 따라 평가를 달리한다.

먼저 북한리스크를 측정하기 위한 지표화의 가능성을 타진해 볼 것이다. 북한리스크의 지표화가 제시된 다음 북한리스크를 측정하기 위한 구체적인 방법론으로 텍스트마이닝의 가능성을 살펴볼 것이며, 텍스트마이닝을 통해 북한리스크를 측정하기 위해 어떤 방식의 보강이 필요한지를 살펴볼 것이다. 1부는 결국 북한리스크를 어떻게 관찰할 수 있는가를 다루고 이를 통해서 북한리스크에 대한 접근이 어떻게 가능한지를 살펴볼 것이다.

II

북한리스크 측정과 분석

II

북한리스크 측정과 분석

북한을 리스크로 간주해 분석하기 위해서는 일반 리스크와 마찬가지로 리스크 측정을 위한 변수들을 설정해야 한다. 리스크를 측정하는 여러 방안들이 있지만(Aven 2016; National Research Council 2009; Rausand 2013), 크게 세 가지로 나눠볼 수 있다. 리스크의 발생여부나 진행정도를 파악할 수 있는 변수들을 설정해서 측정하는 인디케이터 분석법(Indicator approach)과 상대방의 관점에서 상대방의 의도를 파악해 리스크의 발생과 진행을 측 정하는 인식적 검증법(perception validation), 그리고 인디케이터나 상대방의 의도와 관계없이 발생할 수 있는 최악의 경우를 상정해 대비하는 방안(worst case approach)을 들 수 있다. 이 장에서는 이 책 전반에 걸쳐 살펴볼 북한리스크와 그에 대한 대응책을 논의하는 데에 필요한 변수들과 검증 방안 등에 대해 논의해 보도록 한다.

1. 인디케이터 분석법

미사일이나 핵실험, NLL월선 등 무력도발은 물론 판문점 남북공동사무소 건물 폭파나 개성공단 폐쇄 같은 북한의 도발은 대개 그 전조를 발견할 수 있다. 언론이나 성명을 통해 무력도발을 시사하거나 남한을 비난하는 성명 속에서 도발의 발생을 암시하거나 경고하는 문구가 발견된다. 경우에 따라서는 도발의 형태나 시간이 특정되기도 한다. 이 같은 변수들을 도발지수(Provocation Indicator)라고 칭한다.

헌법이나 당규약의 개정, 공식행사의 개최여부나 지도자의 대외활동 빈도, 연설이나 담화의 내용 등을 통해서 대내정치의 안정여부를 파악할 수 있다. 주요행사가 개최될 때마다 주석단에 위치하는 인원들의 면면이나 서열의 변화, 현지지도 수행원의 구성, 또는 열차시간의 변동이나 운행의 중지 등을 통해서도 대내정치적 변화를 탐지할 수 있다. 심지어 지도자의 표정이나 단어와 활용, 제스처, 복장 등을 통해서도 권력장악 정도나 안정도를 파악할 수 있다. 이런 변수들을 내구력 지수(Durability Indicator)라고 칭한다.

가. 협상 인디케이터의 분석

북한의 협상 수용 여부나, 협상대표의 직위나 정치적 비중, 협상에 응하는 태도와 분위기, 협상에서 요구하고 양보하는 수준, 협상을 보도하는 방식 등은 공개정보를 통해 측정이 가능한 데이터를 수집할 수 있다. 특히 협상은 북한 혼자서 하는게 아니기 때문에 상대국가의 언론을 통해서도 보도된다. 때문에 협상에 대한 변수들은 비교적 용이하게 접근이 가능한 변수로 취급된다. 이와 같은 변수들을 협상지수(Negotiation Indicator)라고 한다.

북한은 때때로 전혀 상관없는 사안에 관심을 표명하는 수준을 넘어 성명을 발표하거나 비난을 하는 등의 반응을 보인다. 물론 남한의 특정정책, 특히 대북정책에 대해서는 논평이나 비난 등 반응을 보인다. 반응의 여부와 형태, 수위는 대북정책이나 남북관계는 물론 미북관계 나아가 동북아 전반의 국제관계에 적지 않은 반향을 일으킬 수 있다. 이를 반응지수(Reaction Indicator)로 일컫는다.

한편 북한과 관련된 사안들은 실제 일어난 사실(fact)의 내용보다는 그 사실을 남한이나 주변국가의 여론이나 언론이 어떻게 받아들이고 해석하느냐에 따라 성격이 크게 변한다. 중요한 사안임에도 불구하고 그냥 넘어가기도 하고 별로 중요하지 않은 사실이어도 굉장히 중요한 일이 벌어진 것처럼 인식되기도 한다. 이는 특정사실에 대해 어떤 해석의 틀이 적용되는지에 따라 사회적 반향이 달라지고 그 결과로 심리적인 불안이나 무관심이 나타난다. 분명 일어날 확률은 낮은데 확실히 일어날 것으로 인식(Probability Neglect)하는가 하면 다가오는 위험이 명백한데 '맨날 그랬어'하며 지금껏 그런 일이 발생하지 않았었다는 경험에 기초한 인식(Availability Bias)으로 인해 오인을 하게 된다는 것이다. 이처럼 사실과는 동떨어지지만 사실에 영향을 미치는 변수들을 사회심리적 지수(Socio-Psycho Indicator)로 칭한다.

협상에서 파생하는 인디케이터란 남북한관계의 현황이나 북미관계, 6자회담 등 북한의 대외협상입지와 관련된 상황을 점검하는 변수를 의미한다. 예를 들어 한미 공조로 대북압박을 펴고 북한이 이에 반발하는 상황은 한미와 북한의 협상입지가 팽팽히 대립하는 상황으로 한국과 미국, 북한의 협상입지가 가장 기본적인 인디케이터로 작용하는 것이다. 1994년 제네바에서 미국과 북한의 핵합의(Agreed Framework) 이후 북한과의 협상은 정치적이고 이념적인 차원과 경제적이고 사회문화적 차원이 대비되고 다자협상과 양자협상이 대비되는 다층적 이중구조를 형성하며 진행돼 왔다.

김대중 정부의 화해협력정책은 정경분리, 선공후득이라는 기조 하에 남북정상회담 개최에 성공하였으며 금강산 관광의 개시, 이산가족상봉 등 사회문화적 접촉의 증가를 도모하였다(Moon 2012). 따라서 이 시기의 대북협상입지를 경제·사회적 및 양자적 접근이라는 분면에 위치하고 있던 것으로 풀이해 볼 수 있다. 노무현 정부의 평화번영정책은 개성공단을 출범시키고 남북경협의 확대 등으로 경제·사회적 접근의 맥을 이어갔지만 2차 북한 핵문제의 발발로 개최된 6자회담에 참여하면서 남북한의 양자접근과 6자회담이라는 다자간 접근을 병행한 것으로 평가해 볼 수 있다. 이명박 정부의 상생과 공영의 대북정책은 실용주의를 표방하면서 '비핵개방 3000' 구상을 추구하고 있다. 북한의 핵 포기와 북한의 개방을 유도하여 북한경제의 규모를 1인당 소득 3000불 수준으로 성장시켜 점진적 평화통일의 기초를 마련하겠다는 것을 골자로 하고 있다. 그럼에도 불구하고 이명박 정부의 대북입지를 위와 같이 표시한 이유는 우리에게 다분히 경제적인 사안으로 인식되는 경제 개방과 1인당 3000불 소득이 북한에게 있어서는 대단히 민감한 정치적 사안일 수밖에 없기 때문이다. 개방이 되고 1인당 소득수준이 3000불에 다다를 경우 더 이상 독재체제를 유지할 수 없기 때문이다. 87년 6월항쟁 당시의 우리 국민소득수준이 3000불 정도였음을 고려한다면 쉽게 이해되는 항목이다. 다만 6자회담의 지속적 참가를 천명하고 있어 다자적 접근을 추구하는 것으로 표시하였다.

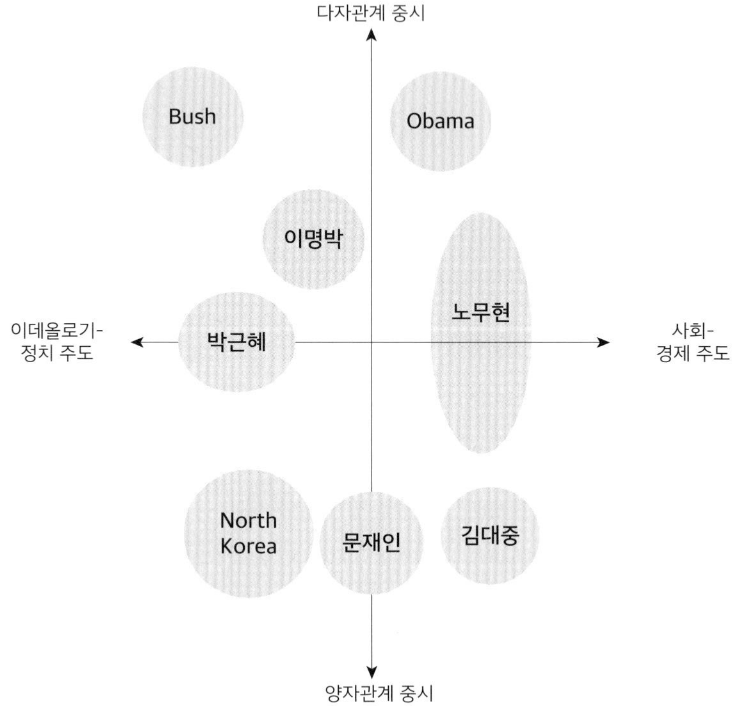

[그림 2] 한국, 미국, 북한의 대외정책 분류

박근혜 정부의 대북정책은 신뢰프로세스, 문재인 정부의 대북정책은 평화프로세스로 집약해 볼 수 있다. 프로세스라는 과정적 의미가 부여된 것은 화해와 협력, 평화와 번영, 비핵화 이후 개방, 3,000불 소득이 하루아침에 이뤄질 수 없는 목표들이며 더욱 대통령 임기 5년 내에 실현되기는 현실적으로 불가능하기 때문이다. 그럼에도 불구하고 박근혜 정부는 개성공단 폐쇄라는 북한의 압박에 군사적 초강수로 응수하면서 협상국면을 사회경제적 측면에서 정치이념적 측면으로 이동시켰다. 대북 선전용 스피커를 켜고 목함지뢰사건으로 남북한 양측이 일촉즉발의 위기가 전개된 상황에서 북한과 단판을 벌이는 모습을 통해 협상국면을 양자적 협상 국면으로 전환시킨 것 역시 인상적이다.

문재인 정부의 평화프로세스는 이전의 협상입지와는 확연히 동떨어진 모습을 표출했다. 우선 북한과의 양자협상보다는 한반도 운전자론이라는 선언적 문구가 시사하듯 미국과 북한의 양자협상을 조율하겠다는 의지를 표명했다. 실제로 판문점에서 김정은 위원장과 예정에 없던 실무협상을 전개한 것에서 드러난 것처럼 트럼프 행정부와 김정은 정권의 협상을 조율하는 모습을 연출하였다. 때문에 양자협상과 다자협상의 중간적 차원에 위치하고 있는 것으로 해석해 볼 수 있다. 김대중 정부와 노무현 정부가 북한과의 정치이념적 협상을 진행하면서 경제사회문화적 교류를 병행한 것과는 달리 문재인 정부는 미국과 북한의 안보적 협상의 중재에 치중하면서 협상국면은 정치이념적 협상국면에 머물렀다.

한편 미국 정부의 협상 입지 또한 변화무쌍한 모습을 연출했다. 먼저 부시 행정부의 대북입지는 6자회담이라는 다자적 접근과 '악의 축', '무법정권'이라는 표현이 상징하듯 정치적·이념적 접근으로 분류할 수 있다. 비록 임기 말 북한을 테러지원 국가리스트에서 해제하는 등의 유화적 정책을 통해 북한의 핵연료봉 해체라는 성과를 달성하기는 했지만, 부시 행정부 전반에 걸친 대북입지는 일관성을 띠고 있었다. 오바마 행정부의 대북정책은 북한의 비핵화라는 다분히 정치적 목표를 포함시키고 있지만 오바마 행정부의 전반적인 스마트외교의 틀이 부시 행정부의 정치·이념적 틀을 탈피하고 있어 다자적, 경제·사회적 접근을 지속할 것으로 전망된다. 한편으로는 북한의 해외자산 동결과 PSI를 통한 전략물자 봉쇄를 실시하면서도 위의 그림에서 나타난 이명박 정부와 오바마 행정부의 입지는 북한정책의 변화와 국제정세 및 미국 국내경제라는 변수 등에 의해 변화할 수 있는 유동성을 내포하고 있음을 덧붙인다.

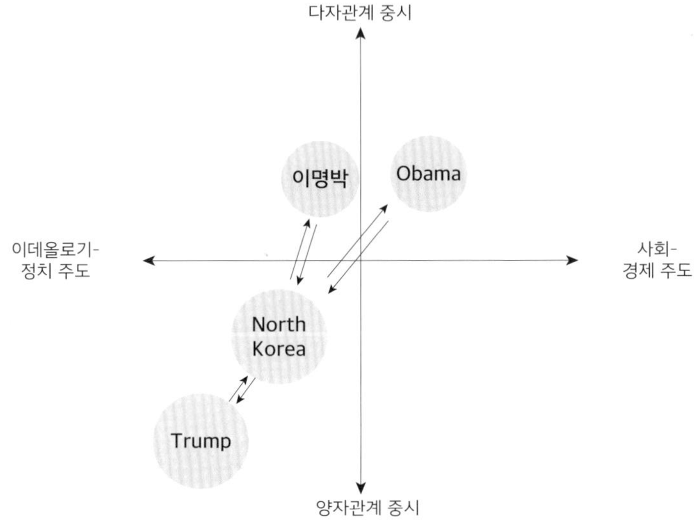

[그림 3] 북한과 한미 대외정책의 대응

오바마 행정부 당시 미국과 한국의 대북협상입지는 북한의 입지를 자기 영역으로 유도하기 위한 정책을 구사하는 것으로 풀이해 볼 수 있다. 6자회담으로의 복귀, 핵포기, 경제제재 및 경제패키지 제공의 시사 등을 통해 북한을 사회화하고 국제사회의 일원으로 유도하는 것이다. 반면 북한은 지속적으로 미국과의 양자협상을 요구하여 왔으며 4자회담이나 6자회담에서의 북한의 행태는 미국과의 대화채널 유지를 위한 수단으로 간주해 온 경향마저 나타낸다. 남한과의 경제협력 프로젝트를 추진하기는 했지만 개방의 확대를 통한 체제의 안정을 추구하기 보다는 미국으로부터의 안전보장이라는 정치적 목표와 남한에 대한 정치적 우위의 확보라는 이념적 목표를 추구해 온 것으로 분석해 볼 수 있다.

트럼프 행정부는 북한과의 협상에 있어 미국 본토에 핵탄두를 운반할 수 있는 북한의 미사일 무력화에 최우선 목표를 두고 북핵협상에 나섰다. 한국의 중재를 받는 모습을 보이기는 했지만 싱가포르와 판문점, 베트남으로 옮겨가며 북한과의 협상을 양자협상이라는 틀 안에서 진행했다. 따라서 트럼프 행정부의 협상입지는 정치이념적 측면과 양자협상의 측면에 머문 것으로 해석해 볼 수 있다.

협상 인디케이터의 분석은 광범위한 데이터를 대상으로 한다. 북한의 협상입지만이 분석대상이 아니기 때문이다. 미국의 대북 정책변화나 대선과 같이 변화를 불러올 사안들도 분석대상에 포함된다. 일본과 북한의 수교협상이나 주일미군의 훈련동향이나 전략무기배치, 총선 등 일본의 대북정책 향배 역시 분석대상이다. 북한에 지대한 영향을 미치는 중국의 대외정책, 특히 미국이나 일본에 대한 정책은 요주의 관찰대상이 아닐 수 없다. 미중관계의 변화에 북한의 외교도 민감하게 반응함은 물론 한반도의 전반적 정세가 변화할 수 있기 때문이다.

또한 협상 인디케이터를 분석함에 있어 북한의 궁극적 협상목표를 항상 염두에 둬야 한다. 북한은 경제적 이익보다 안보를 우선시하고 있으며, 북한의 안보보다 체제안보, 보다 구체적으로는 김왕가의 정치적 생존을 우선시하고 있다. 때문에 경제패키지의 제공과 같은 협상카드는 북한에겐 차선순위를 만족시키는 데 그친다고 봐야한다. 체제의 개방을 통해 경제적 이해관계를 추구함으로써 북한의 국가적 생존을 도모할 수 있지만 제한적 개방만으로 궁핍한 재정을 유지하면서도 미사일과 핵개발에 매진해 온 것은 김왕가의 생존이라는 최우선 목표를 만족시키기 위한 것이다. 이에 대해서는 후에 자세히 논의하기로 한다.

나. 도발 인디케이터의 분석

도발 인디케이터의 분석에 있어서는 북한의 도발행태를 유형화하는 과정이 필수적이다. 북한의 도발행태는 일탈의 작위를 출발점으로 설정하고 이의 부작위에 대한 대가를 요구한다. 풀어 얘기하자면 북한은 국제사회가 그어 놓은 레드라인을 의도적으로 넘어, 해서는 안 될 일을 먼저 하고 그 일을 원상대로 돌려놓는 대가를 요구한다는 것이다. 핵실험이나 미사일 실험발사도 분명 레드 라인을 넘은 국제제재와 규범에 대한 위반인데 잘못한 사실에 대해 보상을 요구하거나 잘못을 그만 둘테니 무엇을 해줄 것인지 논의하자는 행태가 반복돼 왔다.

북한의 도발 수위는 미국의 위험부담 의지와 연동하며 지속되는 경향을 보인다. 미국이 군사적 충돌이라는 위험부담을 회피하거나 이라크전쟁을 수행하느라 관심이 분산되어 있을 경우 북한의 도발 가능성은 높아진다. 반면 미국이 실질적 제재 의사를 표명하거나 제재에 따른 위험을 부담하겠다는 의지가 감지될 경우 북한은 도발수위를 낮추거나 포기하고 회담에 복귀하겠다는 의사를 표명하곤 한다. 핵실험이나 미사일실험과 같은 도발이 미국의 강경한 대응을 불러올 가능성이 높다면 도발을 자제할 가능성이 높다.

도발에 대한 제재의 실효성과 북한의 도발 가능성은 반비례한다. 제재의 실효성은 일반적으로 강압적 군사제재 가능성과 동맹국들의 참여정도, 주변국가와의 역학관계 등에 의해 결정된다. 군사제재를 실행에 옮길 개연성, 그리고 그에 대해 동맹국들과 제재대상국의 후견국가 사이에서 형성되는 역학관계가 중요한 변수로 작용한다는 것이다(Art and Cronin 2003).

결국 북한의 도발에 대해 미국이 군사제재를 실행할 가능성이 크지 않을 경우 긴장수위를 의도적으로 높여가는 치킨게임이 양상이 나타난다. 6자회담이 진행되는 동안 북한은 도발적 언사로 인해 시작한 제한적인 군사도발로 미국의 경고성 메시지에 대항하면서 긴장수위를 높였다. 반면 미국은 이라크전쟁의 장기화와 아프가니스탄 주둔 등에 대한 국내적 비난이 고조되는 상황에서 북한에 대한 실질적 제재를 추진할 수 없었다. 북한에 대해 악의 축(Axis of Evil), 무법정권(Outlaw regime), 깡패국가(Rogue state) 등으로 비난한 부시 행정부에 대해 북한이 도발을 이어갈 수 있었던 것은 바로 제재의 실효성이 높지 않았기 때문이다.

북한에 대해 전략적 인내(strategic patience) 정책을 구사한 오바마 행정부는 북한에 대한 제재의사를 적극적으로 표명하지 않았다. 오히려 북한이 실험 발사하는 미사일을 요격할 계획이 없다고 언급하거나, 북핵문제는 협상이나 외교채널을 통해 풀어나가겠다는 입장을 거듭 천명함으로써 북한에 대한 실질적인 군사제재 의사가 없음을 스스로 밝히기도 했다. 결국 김정은 정권은 김정일 사망 직후 맺었던 2012년 2월 29일의 윤달합의를 보란 듯이 뒤집으며 미사일 실험발사에 나섰고 이후 4차례의 핵실험과 79차례의 미사일 실험발사 등을 거듭했다.

트럼프 행정부는 북한에 대한 제재의지를 피력한데다 실질적인 제재훈련을 실시해, 대북제재의 목표가 불특정다수가 아닌 김정은 개인에게 맞춰졌다는 사실을 각인했다. 공식적으로 '참수(decapitation)'라는 용어를 사용하지는 않았지만 지도자 제거작전에 동원되는 부대와 전략자산들이 한반도에서 훈련을 실시했다는 사실만으로도 북한에 대한 위협을 가중시켰다. 2018년 김정은 위원장이 벌였던 정상회담 외교는 이와 무관하지 않다고 분석된다. 북한은 미국이 실질적인 제재 의사와 위험부담의 의지를 표명하면 협상에 응해왔기 때문이다. 결국 미국이 실효성 있는 제재와 그에 따른 위험을 부담할 의지가 있는지가 중요한 인디케이터로 작용한다고 볼 수 있다. 트럼프 행정부의 대북정책과 북한의 반응에 대해서는 후에 여러 차례 논의하기로 한다.

도발 인디케이터를 분석할 때 우선적으로 고려할 것은 미국이 대북제재에 집중하는 관심의 정도를 측정하는 것이다. 제재를 가할 국가가 어느 정도로 집중된 관심을 보이는지에 대한 여부이다. 조지는 강압적 외교를 논하면서 대개 강대국간의 양자관계를 상정하였다. 그런데 강대국이 둘 이상의 약소국에 대해 강압적 외교를 구사할 경우 때로는 강압적 외교의 양상이 보다 복잡해지는 경우가 발생한다. 강대국은 여러 분쟁지역에 간여하게 되는데 핵개발로 인하여 제재를 가해야 할 국가보다 더 큰 관심을 끄는 분쟁지역이 있을 경우 제재에 대한 관심이 분산되어 제재의 실효성이나 개연성에 영향을 주게 되기 때문이다. 강대국의 관심이 분산되면 될수록 강대국이 전달하는 위협의 강도는 그만큼 약해지고 강압에 순응해야 한다는 상대방의 인식을 도출해 내기 힘들게 되기 때문이다(George 1991: 5; 1993: 72, 80).

관심이 분산되면 북한에 전달되는 위협의 강도는 약해지고 이에 북한이 순응할 가능성도 낮아진다. 중동이나 남미, 유럽과 러시아나 중국에 비해 북한과 한반도는 미국의 외교정책 우선순위에서 우위에 있다고 보기 힘든 만큼, 관심이 분산되게 마련이고 북한은 이를 틈타 도발외교를 추구한다. 특히 북한보다 이라크에 대한 제재가 우선시된다는 인식을 주면 줄수록, 북한과 같이 대량살상무기의 개발과 핵개발을 추진중인 이란에 대해 전향적인 정책을 추구하면 할수록, 북한에 대한 제재보다는 대내 경제문제의 해결이 더욱 중요하다는 인상을 주면 줄수록 미국의 대북제재의지에 대한 북한의 인식은 달라진다. 특히 이라크에 대해 군사제재를, 북한에 대응할 때는 협상을 전개한 부시 행정부의 정책은 미국의 공격을 피하려면 핵무장을 해야 한다는 식으로 인식되었을 것이다

(Bernier 2003: 635-36; Garfinkle 2003). 도발 인디케이터들을 설정하는 과정에는 알려진 불확실성과 미지의 불확실성이 모두 포함된다. 도널드 럼즈펠드(Donald Rumsfeld) 전 미국방장관은 2002년 2월 12일 국방부 뉴스 브리핑에서 이라크의 대량살상무기 프로그램과 테러단체와의 직접적 연계를 보여주는 증거가 없는 것 아니냐는 취지의 질문에 아래와 같이 답한다(Rumsfeld 2002).

> *"'known knowns.' 이는 우리가 충분히 예상하고 알던 상황이다. 또한 'known unknowns.' 예상하지 못한 상황이 발생할 수 있다는 것을 인식하고 있는 상황이다. 그런데 'unknown unknowns.' 이는 예상하지 못하고 있다는 것조차 인식하지 못하는 상황이다."*

럼즈펠드의 발언은 즉흥적인 정치적 수사 이상의 의미가 있다. 정보의 취득과 분석의 실패로 인해 발생하는 리스크를 범주화하고 있기 때문이다. 우선 known-unknowns의 상황은 정보기관이 예측했으나 발생할 시점이나 가능성에 대한 분석에서 실패한 경우를 의미한다. 일어나리라고는 예상하지 않았던 시나리오가 현실화된 상황인 것이다. 정보의 생산과정에서는 문제가 없었으나 사용과정에서 발생한 문제로 볼 수 있다. 미지의 불확실성 unknown-unknowns의 상황은 도무지 예상할 수 없었던 시나리오가 현실화된 상황이라고 볼 수 있다. 이는 정보기관이 어떠한 리스크 요인도 예상하지 못했다는 사실조차 인식하지 못하는 상황을 의미한다. 정보의 생산과 사용 과정 모두에서 오인과 오류가 발생했기 때문이다.

알려진 불확실성(known unknowns)의 상황은 이라크가 대량살상무기를 보유하고 있다는 추정에 대해 구체적 증거를 입증해내지 못한 사례를 통해 극명하게 드러났다. 미국은 2003년 이라크에 대한 전쟁을 개시하면서 이라크의 대량살상무기(WMD)와 테러리스트와의 연계를 차단하겠다고 했지만 실제로 이라크가 대량살상무기를 보유해 운용하고 있었다는 증거를 찾아내지 못했다. 정보의 실패는 전쟁의 명분을 무너뜨렸고, 부시 행정부는 대내외적인 비판에 시달려야 했다. 부시 행정부는 이라크가 대량살상무기를 가지고 있다는 관점과 배치되는 증거를 무시했으며, 이를 위해 기존 정보 심사 절차를 생략하고 측근들을 중심으로 새로운 조직을 창설하여 이라크 대량살상 무기 관련 정보를 담당하게 함으로써 정보를 잘못 사용했다는 점을 지적하고 있다.

북한도발에서 파생될 인디케이터 역시 알려진 리스크와 알려지지 않은 리스크로 분류해 볼 수 있다. 핵실험과 장거리 미사일 실험발사는 이미 발생한 사안이지만 이 외에도 핵무기의 실전배치나 "서울이 휴전선에서 멀지 않다"가 진일보한 형태의 핵 공격 위협시사 역시 충분히 예상가능한 리스크들이다. 남한정부는 동일 수준 대응으로 북한도발에 맞서고 있지만 핵물질 반입이나 반출 시도는 미국이 민감하게 주시하는 사안으로 대형 리스크로 발전될 가능성이 존재한다.

최대한 상상력을 발휘해 보자면 개성공단이나 금강산 관광특구가 재가동됐을 때 이 지역을 북한군이 점령하거나, 주요국제시설에 대한 포격 등 우리 경제에 커다란 타격을 줄 리스크는 다양하게 산출된다(김당 2009). NLL월선 등 북한의 서해상 도발을 비롯한 고의적인 충돌유발은 이미 경험한 바 있어 충분히 예상가능한 리스크로 분류된다. 윤영하함의 서해배치를 비롯해 서해상 도발에 대해 매뉴얼화된 강력한 후속대응조치들을 보도함으로써 도발을 방지한 사례들을 발견할 수 있다. 북한의 서해상 도발가능성은 알려진 불확실성(known unknown)에 속한다. 남한이 참여한 PSI활동으로 인하여 북한선박이 정선되었을 경우 이에 대한 북한의 보복성 도발 역시 충분히 예상 가능한 리스크로 볼 수 있다. 그러나 경색국면이 지속될 경우 미지의 불확실성(unknown unknowns) 리스크의 존재를 부정할 수 없다.

다. 내구력 인디케이터의 분석

북한리스크를 분석함에 있어 가장 심각한 불확실성은 북한의 정치변동에서 파생한다. 내구력 인디케이터가 중요한 이유는 김왕가에 사담 후세인이나 차우체스쿠, 카다피의 운명을 결코 원치 않기 때문이다. 북한의 부자지간 권력승계는 봉건적 권력욕에서 기인한 것으로 보거나, 김일성과 김정일, 김정은으로 이어지는 김왕가의 정치적 생존을 보존키 위한 유일한 선택지로 분석해 볼 수 있다.

김정일의 1974년 정치위원 선임, 1980년 당 6차대회에서의 공식화, 1991년 조선군 총사령관과 1993년 국방위원장 추대로 마무리된 군 장악이라는 권력승계의 중요한 고비들은 북한의 도발과 시기적으로 맞물린다. 내부적 불안을 외부의 위기의식을 공유해 극복하는 독재정권 유지의 전형적 방법 중 하나다. 2011년 김정일 사망으로 후계자로 등극한 김정은 역시 장성택 제거를 골자로 하는 국내정치 권력기반 강화과정에서 4차례 핵실험과 79차례 미사일 실험발사 등 도발을 이어갔다. 김정일에 비해 권력승계 준비기간이 짧았고 그만큼 경험 또한 부족한데다 권력승계의 당위성을 뒷받침해 줄 정당화 담론체계가 없어 불안정한 국내정치상황은 불가피한 것이었다.

북한체제의 내구력에 대한 엇갈린 평가가 있는 것은 사실이지만 북한이 J곡선의 왼쪽 끝에 위치하고 있다는 점에는 이견이 없다. J곡선은 국가의 개방정도와 안정성을 두 축으로 구성된 국가 내구력 측정의 기준으로서 개방의 정도는 사상과 정보, 상품과 서비스 등이 국경을 넘어 자유롭게 전달되는 지의 여부를 기준으로 측정하고 안정의 정도는 위기로 발전할 수 있는 충격을 흡수할 수 있는 국가의 능력여부와 그러한 충격의 생성을 방지할 수 있는 능력여부로 측정된다고 한다(Bremmer 2006: 5-8).

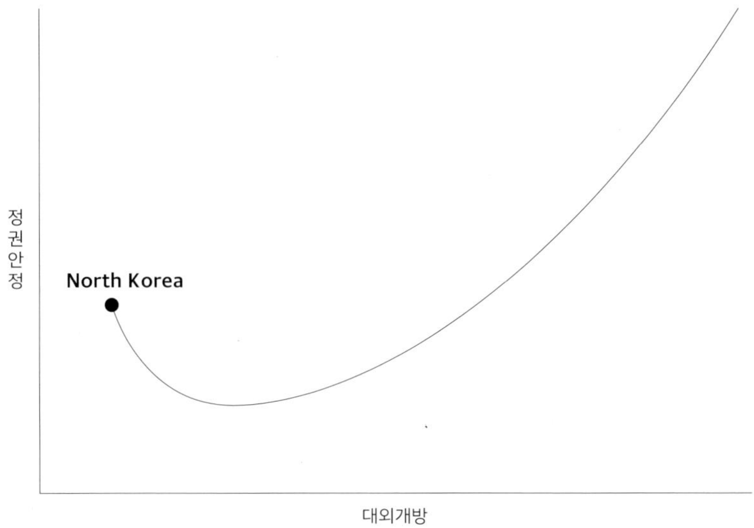

[그림 4] 북한의 정권안정과 대외개방의 J곡선

출처: (Bremmer 2006)

J곡선의 왼쪽에서 충격을 받았을 때 극단적인 조치를 취해 위기로 발전시키지 않은 유형이 중국의 천안문사태 진압이고 실패하여 위기를 맞아 결국 체제가 전복된 것이 루마니아의 차우체스쿠 체제로 볼 수 있다. 권위주의체제가 민주주의로 이행되는 과정에서 J곡선을 안정적으로 빠져나오면서 그 과정에서 발생할 리스크를 관리해야 한다(Bremmer 2006: 23-24).

그러나 북한의 경우 J곡선의 안정적 탈피는 대외개방을 의미해 체제 내구력과 직결되는 사안이다. '대외개방=체제붕괴'라는 등식이 성립하는 한 북한이 J곡선을 안정적으로 빠져나가기는 쉽지 않을 것으로 예측된다. 집권자나 집권집단의 권력장악 정도가 체제안정도와 비례하는데 대외개방은 시민들에게 보다 많은 권리를 보장해야 한다(Bremmer 2006: 22). 독재를 정당화하기 위해 경제개발을 명분으로 삼지만 경제가 발전한 뒤에는 보다 많은 권리를 요구하기 때문에 결국 독재자의 입지가 축소되고 실각할 수도 있다는 독재자의 딜레마가 북한상황에 적용되기 때문이다. 이에 대해서는 후에 기술하기로 한다.

권력승계와 관련하여 이미 주목받고 있는 변수들은 적지 않다. 북한의 정부수립 기념일, 당창건 기념일이나 태양절과 같은 공식행사에서 주석단에 후계자로 거론되는 특정인물의 등장여부나 서열 및 호칭의 변화, 지도자의 현지지도시 수행빈도 외에도 담화발표 등과 같은 사안에 대한 분석이 필요하다. 또한 중국 등 주요국가방문 시 영접 나왔거나 면담을 가진 해당국가 인사들의 권력서열과 직위 또한 권력승계과정을 측정할 수 있는 주요한 인디케이터들이다.

권력승계가 차질을 빚거나 불투명한 경우의 리스크가 가장 심각하다. 이에 대해선 추후 논의하겠지만 혈연간 권력승계에 있어 가장 취약한 상황은 성인인 후계자가 없는 경우이다. 현재 김정은 위원장의 경우가 해당되는데 자녀들이 성인이 되기까지 취약하다고 볼 수 있다. 때문에 수직적 혈연관계 대신 수평적 혈연관계에 따라 유고시 후계자가 결정될 수 있다. 때문에 김여정의 일거수일투족이 분석의 대상이 될 수밖에 없다. 이미 단독명의로 담화를 발표하는 권력이 주어진 데다 남한에 특사로 파견된 바 있으며 김정은의 수행비서와 의전비서 역할을 수행했지만 정작 같은 비행기를 타지 않고 참매에 탑승했다는 사실은 대통령과 부통령이 같은 비행기에 탑승하지 않는 이유와 같다고 볼 수 있다(류은혜 2018). 1인자와 승계 1순위자를 공간적으로 분리하는 경호수칙이 적용된 것으로 풀이해 볼 수 있다.

또한 대규모 군부이동이나 군수뇌부 인사이동, 정치국 상임위원회 위원구성 변동, 북한주요인사들의 해외출국 및 체류 등도 분석대상이 될 수 있다. 김정남이나 김평일과 같은 해외 체류 인사들의 북한 출입국이나 언론인터뷰 등 대외활동도 주요관찰대상이 될 수 있다. 현재 김평일은 오랜 대사생활을 마치고 북한에 체류중이며 김정남은 김정은 위원장을 비난하는 인터뷰를 하는 등 대외활동을 폈지만 김일성 주석의 장손은 결국 타지에서 살해당하는 운명을 맞고 말았다. 내구력 인디케이터의 분석에 대해서는 김왕가의 정치적 생존을 논의하는 과정에서 보다 자세히 논의하기로 한다.

라. 반응 인디케이터의 분석

반응(reaction)과 관련된 인디케이터는 북한의 도발에 대한 국내외 여론과 언론이나 주요 외국 기업들의 반응 및 국내투자와 관련된 것들이다. 북한리스크를 관리함에 있어 주목해야 할 것은 북한 핵문제가 불거져 나왔을 때 한국과 미국의 반응에 커다란 괴리가 있다는 점이다. 일례로 한국의 언론이 노무현 전 대통령의 서거관련 보도로 넘쳐날 때 미국 등 외국언론의 보도는 북한의 2차 핵실험에 초점을 맞추고 있었다. 실제로 북한발 위기로 간주될 수 있는 사안이 터져 나왔을 때마다 국내투자자들의 반응과 외국인 투자가들의 반응은 달랐다. 북한의 핵실험이나 미사일 발사, 지도자의 건강이상설과 같은 사안에 대해 외국인 투자자가 민감하게 반응했던 것과는 달리 국내 기관들은 하나의 기사거리로 다뤘을 뿐이다.

외국의 언론이나 외국인 투자가들이 북한발 위기 특히 불확실성(uncertainty)에 민감하게 반응하는 것은 북한체제의 내구력이나 북한의 도발가능성에 대한 견해가 국내 투자자나 일반인들의 견해와는 판이하게 다르기 때문이다. 미국은 북한 외에도 아프가니스탄, 이라크를 위시하여 소말리아, 코소보 등지에서 전쟁을 직접 경험하였기 때문에 북한과의 분쟁만이 딱히 불가능하다는 인식론적 제한이 존재할 근거가 없다. 이제 미국영화에서 북한이 적국으로 등장하는 것이 더 이상 낯선 장면이 아닌 것은 미국에게 북한이 잠재적 분쟁대상으로 인식되고 있음을 시사하는 것이기도 하다.

반응 관련 인디케이터에서 추가적으로 고려해야 할 것은 북한의 도발에 대한 중국의 반응이다. 북한에 대한 영향력이 가장 큰 국가이며 미국의 대북제재도 대결구도를 형성하고 있는 중국의 반응을 고려하지 않을 수 없기 때문이다. 따라서 북한 도발과 관련된 중국의 반응을 살펴봄으로써 리스크로 인한 불확실성을 낮출 수 있다. 중국의 북한에 대한 영향력을 가장 잘 나타내는 지표는 북한의 대 중국 무역의존도 및 북한의 외자유치액에서 중국 자본이 차지하는 비중 등이다. 북한의 대중국 무역 의존도는 2019년 기준 95.2%로 북한의 생명줄을 쥐고 있다고 해도 과언이 아니다(한국무역협회 2020). 이러한 편중 현상은 대북 제재조치로 인해 미국, 일본, EU 등 기존의 주요 무역국과의 교역이 감소한 데 따른 것으로 국제사회의 대북제재가 완화될 때까지 계속될 전망이다(유예진 2008). 대북투자 누계는 2020년 상반기까지 44개 사업으로 투자합의액은 2억 1,935만 달러이며, 실제투자액은 1억 2,722만 달러를 기록하였다(홍익표 2008).

북한의 중국에 대한 경제적 의존의 심화는 경제적 차원을 넘어 정치적 측면에서 중국의 대북 영향력이 증가했다는 의미이며 미중 대결구도에서 북한과 미국과의 관계개선을 차단하는 국제정치적 작용을 하고 있다는 사실도 주목해야 한다. 북핵문제나 한반도 주변 역학관계에서 중국 변수의 중요성이 점차 증가하고 있다는 것이다. 여기서 주의 깊게 관찰해야 하는 사실은, 북한과 중국의 관계를 중국에 대한 일방적 의존(dependence)과 상호의존(interdependence)의 차원으로 나눠봐야 한다는 것이다. 미묘한 관계의 변화라도 북한외교의 커다란 변화를 가져올 수 있어, 면밀한 분석이 요구되는 부분이기도 하다.

중국에게도 북한의 핵 및 미사일 실험은 중국의 한반도 정책이나 미중관계에 커다란 영향을 미치는 리스크 요인이다. 바이든 행정부는 미중관계를 대결과 경쟁, 협력의 세 부분으로 구분하고 이념과 안보 차원에서의 대결과 IT 및 첨단산업분야에서의 경쟁, 기후변화 및 글로벌 차원의 협력을 추진하겠다고 밝혔다(New York Times 2021. 03. 17). 그런데 북핵문제는 이 세 분야 중에서 협력의 범위에 포함될 가능성이 논의된다는 자체가 북핵문제에 대한 중국의 입장을 반영하는 것으로 풀이해 볼 수 있다. 6자회담 진행과정에서 중국의 입장은 명확히 드러났다. 의장국으로서 다자적 대북제재에 동참하면서도 북한을 협상으로 이끌어내기 위해 노력했으며 북한과 미국 사이에 50여 차례가 넘는 메시지를 전달하는 역할을 수행하는 과정에서 북한에 압박과 설득을 병행했다.

이러한 중국의 적극적 역할 담당은 북한리스크를 경감할 수 있는 요인이 된다. 북핵 위기 국면이 협상 국면으로 전환될 때에는 거의 대부분 중국의 고위 정책 담당자가 북한을 방문하여 북한의 협력을 이끌어내고, 그 반대급부로 북한에 대한 대규모의 물적 지원을 제공했던 점에 주목해야 한다. 6자회담 당사국들도 중국이 북한에 대해 가지고 있는 협상 지렛대 역할을 인정하며 협상 교착국면에선 중국의 중재를 요구했었다. 이러한 점을 감안한다면 북한관련 리스크가 발생한 경우 중국의 즉각적인 반응과 공식입장, 북한과의 접촉에 대해 면밀하게 분석해야 하는 필요성을 인정할 수 있다.

마. 사회심리적 인디케이터의 분석

사회심리적 인디케이터는 위기가 위기자체의 위협보다는 위기로 인지할 경우에만 위기로 간주되는 경향에 주안한 것이다. 웰빙이 트렌드가 되면서, 못사는 북한사람들이나 먹는 것으로 배우고 자란 현미나 검은콩 등 건강식품이 유행하고 매일 운동을 하고 혈압을 체크하는 주변사람들을 흔히 접할 수 있다. 대다수의 사람들이 운전자 보험은 물론 생명보험에 가입하는 등 기초적인 위험 예방 원칙에 충실한 것도 낯선 장면은 아니다. 콜레스테롤이 적게 함유된 음식을 섭취함으로써 심장질환의 발병가능성을 10%정도 감소시킬 수 있다는 합리적인 계산에 기초한 지식보다는 주변의 친지나 친구에게 발생한 심장질환 피해의 간접 경험이 훨씬 커다란 위기를 관리해야 할 필요성을 인식케 하는 경우가 많다. 경험에 의한 위험의 판단과 분석에 의한 위험의 판단은 심리적 위기인식의 두 축을 구성하는 데 경험에 의한 판단은 빠르고 직관적인 반면, 분석에 의한 판단은 느리고 의도적이며 분석적이어서 분석에 의한 위험인지가 생성되기 훨씬 이전에 경험에 의한 위험의 인지에 영향을 받는다는 것이다(LeDoux 1996; Sunstein 2007: 51).

비슷한 상황이 없었다고 해서 그 발생가능성이 없다고 판단하는 것을 비가용성 편향(unavailability bias)이라 하고 반대로 발생가능성이 아주 적은 사안을 확실한 것처럼 취급하는 것을 확률무시(probability neglect)라고 한다. 모두 위기관리에 있어 판단오류에 해당한다(Sunstein 2007: 7). 9/11 이전에 항공기를 이용한 테러가 없었다는 점이 9/11을 예측하지 못한 가장 큰 요소로 지적된다. 6.25 전쟁 이후 한 차례도 발생하지 않은 전면전이나 자살행위와 같은 북한의 핵공격에 대한 위협(unavailability bias)보다 광우병이나 돼지독감, 또 COVID-19에 더 공포심을 느끼는 것은 비가용성 편향과 확률무시 현상(probability neglect)이 맞물려 일어나는 것이다. 또한 핵 공격의 피해는 공동으로 부담해야 하지만 광우병이나 돼지독감의 피해는 개인이 부담해야 한다는 인식 때문이다. 10만명이 목숨을 잃을 수 있는 1%의 가능성과 200명이 목숨을 잃을 수 있는 50%의 가능성에 대한 피해의식의 차이로 볼 수 있는 것이다(Sunstein 2007: 3, 119, 279).

북한 핵문제에 대한 인식은 전쟁 경험의 유무(cognitive availability), 북한에 대한 긍정적 착각(positive illusion)이나 분노(outrage)의 정도에 의해 형성된다(Sunstein 2007: 22, 40; Taylor 1989: 9-12). 6.25전쟁을 경험한 노년층과 그렇지 않은 세대 간의 인식차이는 북한에 대한 위기인식에 커다란 괴리를 그린다. 북한이 남한을 공격하지 않으리라는 생각 역시 90%이상의 운전자가 다른 운전자보다 자신의 운전실력이 좋아서 자신은 사고를 당하지 않을 것으로 판단하는 것과 유사하다. 그러나 막상 서해교전, 천안함 폭침이나 연평도 포격은 제한전의 성격을 띠고 있었음에도 불구하고 북한과의 전면전을 발생가능한 위험으로 인식하게 만든다.

2. 검증(validation)

위기관리과정에서 트리거(trigger)란 실제 위기상황이 발생한 시점이나 상황, 계기를 의미한다. 핵실험이나 미사일 발사, 또는 이를 시사, 예고하는 내용이 공개되거나 앞서 검토한 인디케이터들이 실제 리스크로 발생한 상황을 트리거로 표현하는 것이다. 일단 트리거가 작동하면 발생한 리스크에 대한 검증과정을 거쳐야 한다. 이 리스크가 고의적으로 증폭된 것이거나 단기적으로 종료될 수 있는 성질을 띠고 있는지 파악해야 과잉대응을 피할 수 있기 때문이다. 리스크 관리에서는 과잉대응 또한 다른 리스크가 될 수 있기 때문이다.

북한리스크의 검증과정에서 흔히 목격되는 장면은 정보를 제공하는 사람의 취사선택, 해석하는 사람의 이념적 성향에 따라 해석결과에 편차가 발생하는 것이다. 사실은 하나인데 해석은 꼭 두 개가 나온다. 앞서 언급한 확증편향의 양극화로 인해 일어나는 현상이다. 해석의 편차를 최소화하기 위한 다양한 루트를 설정해야 하는 정보기관이지만(Arad 2008: 51), 소통의 부재나 오해, 상상력의 부재, 엄청난 정보량을 소화해야 하는 정보전문가의 업무부담, 특정 조직에서 파생하는 나름대로의 세계관과 고정관념이나 희망적 관측(wishful thinking) 등의 편향이 개재되어 똑같은 정보에 대한 해석에 커다란 편차가 나타날 수 있다(Bremmer and Keat 2009: 12, 41). 앞서 언급한 북한에 대한 선입관이나 이념적 편향, 사회적 분위기(context)나 정보분석자의 소속기관에 따라 분석과정에서 시그널의 왜곡현상이 발생하기도 한다.

왜곡을 최소화하기 위한 확인과정에서는 별도의 두 부서가 같은 사안에 대해 별개의 분석을 실시하거나 한 부서가 실시한 분석결과를 다른 부서가 검토하는 방법이 동원되기도 한다(Arad 2008: 62). 그 밖에 예상외의 상황만을 전문적으로 상정하는 팀(what-if analysis), 상대방의 의도를 파악하기 위해 상대방의 입장에서 상대방의 역할을 담당하는 팀(red cell analysis), 북한에 대해 무의식적으로 설정되어 있는 기본적 가정들의 개연성을 검토하는 팀, 복수의 가정들에 대한 분석을 통해 다양한 평가를 산출하는 팀(ACH, analysis of competing hypotheses) 등의 운용을 검토할 필요가 있다(Arad 2008: 57-58).

레드셀(red cell)분석은 상대방의 입장에서 주어진 상황을 분석하고 대안을 모색하는 역할(role playing)에 주안점을 둔다. 수집된 정보의 검증과정에서 상대방의 입장에서의 사고를 자극하기 위한 방법으로 워 게임(war game)이나 시뮬레이션 등에서 주로 활용되는데 작전진행의 매 단계와 전략변화에 대한 대응을 최대한 유사하게 추정하는 목적에 활용된다. 대부분의 경우 상대방에 대한 정책에 합의를 유도하는 효과가 있다고 한다.

예상외의 상황을 상정(what-if)한다는 것은 말 그대로 상대방의 예상치 못한 움직임에 대비한다는 것이다. 가장 개연성 있는 상대방의 대응보다 가장 발생가능성이 낮은 시나리오를 상정하거나 상대방으로 하여금 가장 개연성이 낮은 대응책을 선택하도록 유도하는 방안 등을 포함한다. 복수의 가정에 대한 다양한 검토를 한다는 것은 특정사건에 대한 해석을 둘러싼 다양한 전제와 해석을 가능케 하는 브레인스토밍으로부터 시작한다. 즉 수집된 정보로부터 해석을 도출하는 것이 아니라 전제와 해석을 먼저 설정한 뒤에 가장 개연성 있는 전제와 해석 순으로 해당정보를 역추적하는 과정을 의미한다. 이러한 다채널 해석은 정보처리 및 해석의 과정에서 피하기 힘든 편견과 편향으로 정보의 곡해나 오인이 발생하는 것을 방지하는 방법이다.

3. 최악의 경우(worst scenario)

최악의 경우(worst case)에 대한 점검 등을 거치면 분석모델의 윤곽이 그려진다. 북한리스크의 분석은 국내정치의 영향을 피하기 힘들다. 확증편향의 양극화는 해석의 양극화를 초래한다. 특정지표가 어느 정도 수준을 넘어서면 경보를 내리는 경제적 리스크와는 달리 객관적인 해석이 불가능한 안보분야 정보해석에는 어느 정도의 편향이 개입되지 않을 수 없다. 따라서 최악의 경우를 상정해 편향을 최소화하려는 것이다.

또 하나의 문제는 신호(signal)와 잡음(noise)을 구분하는 것이다(Arad 2008: 52). 무분별한 정보의 홍수는 결국 아무 정보가 없다는 것을 의미한다.

넘쳐나는 정보 하나하나에 일일이 심층분석을 가하거나 경보를 남발하면 오히려 아무 정보도 없는 것보다 못한 상황을 초래할 수 있기 때문이다(Bracken, Bremmer, and Gordon 2008: 5). 그러나 이 과정에서 소중한 정보를 지나치는 위험도 있을 수 있다. 테러공격 등 대다수의 대형참사에서 발견할 수 있는 공통점은 정보의 수집단계에서 감지된 징후가 상부로 보고되지 않았다는 것이다(Arad 2008: 47). 인류역사상 가장 충격적인 사건들은 통계적으로 예상가능한 범주를 벗어나 발생해 대단히 예측하기 힘든 것들이었다(Taleb 2005).

반면, 객관적이며 과학적인 증거나 법정에서 인정받을 수 있을 정도의 명확한 정보로 규정할 수 없다고 해서 이를 단순히 '정황'으로 분류해 방치할 수 없다는 애로가 있다. 실질적인 위기로 발전할 경우 엄청난 후과를 동반할 수도 있다(Bracken, Bremmer, and Gordon 2008: 4). 기후변화나 환경문제에 대한 과학적 증거가 현재 시점에서 불충분하더라도 당장 조치를 취해야 한다는 주장과 안보적 위협을 제거하기 위해 확실한 증거가 부재한 시점에 군사행동을 개시해야 한다는 주장은 이런 측면에서 일맥상통하는 것이다.[1] 앨 고어 전 부통령이 환경에 대하여 행하는 경고성 발언이나 부시 전 대통령이 이라크 전쟁의 정당성을 강조하면서 행한 발언이 모두 입증되지 않은 위기요소에 대한 조치의 필요성에 대한 것들이었다.

한편 최악의 시나리오를 상정하는 것 자체가 또 다른 리스크를 만들어낼 수 있다는 지적도 있다. 북핵문제에 대한 대책을 수립함에 있어서 최악의 시나리오를 적용하려면 북한의 핵 공격 가능성뿐 아니라 그에 따른 대북제재나 특정

1 1992년 리오선언(The Rio Declaration)에서는 "where there are threats of serious or irreversible damage, lack of full scientific certainty shall not be used as a reason for postponing cost-effective measures to prevent environmental degradation"이라고 천명한 바 있다(Lomborg 2001: 348).

조치가 실시된 이후의 과정 역시 최악의 시나리오에 입각하여 판단해야 한다. 부시 행정부는 이라크의 대량살상무기 보유라는 최악의 경우만을 상정하였을 뿐 이라크 전쟁이후 이라크의 관리라는 측면에서는 최상의 경우만을 상정하는 우를 범하였다(Sunstein 2007: 131). 결국 북한 핵문제에 대한 소극적 대응과 적극적 대안 모두가 장단점을 내포하고 있다는 것이다. 소극적 대응은 북한의 협상입지를 강화해 주지만 군사제재와 같은 적극적 대안은 궁극적으로 안보를 더욱 악화시키는 결과를 초래할 수도 있기 때문이다(Sunstein 2007: 7). 결국 최악의 시나리오라는 리스크는 최악의 경우가 현실화될 가능성과 최악의 시나리오 그 자체에서 파생하는 리스크를 모두 내포하고 있는 것이다(Sunstein 2007: 54, 60).

리스크 관리에 Fat Tail이란 용어가 있다. 굳이 번역을 하자면 굵은 꼬리라는 의미인데 위험분포도에서 끝부분에 나타나는 굵은 선을 지칭한다. 별로 현실화될 것 같지도 않고 정확한 시점을 예측하기도 힘들지만 일어난다면 재앙적 수준의 파괴력을 가지고 오기에 대부분의 사람들이 대비하기보다는 외면하려고 하는 위험을 가리키는 것이다(Bremmer and Keat 2009: 2).

북한과 관련해서도 북한의 핵공격, 북한정권의 붕괴, 한반도 전면전이나 백두산 화산폭발 등을 Fat Tail로 나눠볼 수 있다. 이런 위험들에 대해 대처하는 방식은 제각각이다. '어차피 뾰족한 대응책도 없는 마당에 그런 일 생기면 당해야지 뭐'하고 애써 무시하려는 대응책이 하나다. 두 번째는 그런 일이 일어나기 전에 미국이 해결해 주겠지, 혹은 미국과 중국이 알아서 해결하겠지 하고 바라는 것이다. 삼성이나 SK, LG같은 우리 기업들의 미국이나 중국 내 경제적 가치를 고려한다면 충분히 근거 있는 바람일 수 있다. 다만 이는 북한이 이에 순종적일 것을 전제로 한다(Bremmer and Keat 2009: 2). 세번째는 남북대화에 기대를 거는 것이다. 북한전문가들의 의견은 크게 둘로 나뉜다. 그런 일을 벌이면 북한정권도 끝인데 그렇게 무모한 일을 할 리가 없다는 식의 낙관론과 정권을 지키기 위해서 그 어떤 희생도 감수하는 북한 지도부가 이판사판식 모험을 감행할 가능성이 있다는 것이다. 다시 말해, 전자나 후자나 모두 논리적 결함이 있다. 전자는 북한이 합리적으로 행동한다는 가정 하에서 가능한 주장이다. 김일성이나 사담 후세인도 자신이 불합리하다고 생각하기보다 자신의 합리적 계획인 전쟁에 통해 결국엔 전략적 이익을 챙길 것으로 계산했을 것이다. 후자의 경우도 북한을 하나의 유기체로 간주하는 경향이 있다. 북한에도 개혁파와 강경파가 존재하며 군부의 영향력을 무시할 수 없는 등 유사시 일사불란한 대처를 할 것으로만 예상할 수 없기 때문이다.

위기관리의 궁극적 목표는 위기관리의 각 단계별 정책대안까지 내포된 경보체계를 구축하는 것이다. 여기에서 경보체계란 정보의 수집과 분석, 분석결과에 따른 정책대안의 제공이 모두 포함된 개념으로(Bracken 2008: 36), 단순히 경계경보와 같이 공격이 일어날 것인가 일어나지 않을 것인가의 이분법적인 발상 보다는 위기발생의 시간적 및 공간적 예측, 발생유형 및 파장 등이 다양한 조합의 형태로 구성된 불확실성에 대한 대안을 마련하는 일련의 과정을 총칭하는 것이다(Arad 2008: 43).

그러나 북한리스크의 관리를 경제계는 주로 외부에서 주어진 리스크에 대해 경제지표가 어떻게 반응하며 주가나 외국인 투자에 어떤 영향을 줄지에 관한 파급효과를 분석하는 수준에서 그치고 있고, 정치학계에서는 정형화된 위기관리 모델의 수립 측면의 논의보다는 '국제분쟁의 분석과 대응'이라는 차원에서 사안의 발생 원인과 외교적 대응에 관한 이론적, 현상적 접근에만 그치고 있는 것이 보통이다. 이러한 접근들이 결코 의미가 없다고 할 수는 없다. 하지만 이는 단기적 문제해결(problem-solving)에 대한 논의일 뿐, 결코 장기적 관점에서 정형화된 리스크 관리 모델을 마련하고자 하는 논의라고 볼 수는 없다. 특히 국내외의 정치적 요인에 의한 정치위험(political risk)의 차원에서 북한리스크를 분석하고자 하는 시도는 경제계, 정치학계 공히 이루어지지 않고 있는 것으로 보인다. 경제계는 정치위험을 '단명한' 지정학적 리스크로 모호하게 정의하고 있으며, 정치학계에서는 정치위험이라는 개념을 도입하는 시도조차 없이, 국제안보적 이슈라는 차원에서만 접근하고 있음을 알 수 있다.

이제 북한리스크는 변수가 아닌 상수로 취급될 정도로 동북아시아 국제관계의 이슈에서 단골로 등장하는 주제가 되었다. 하지만 이것이 결코 북한리스크의 부정적인 파급효과를 간과하는 것은 아니며, 결코 그래서도 안 된다. 왜냐하면 북한리스크는 어떻게 관리하느냐에 따라서 한반도와 주변정세 전체를 파괴적인 상황으로 몰아갈 수도 있는 위력이 잠재되어 있기 때문이다.

따라서 이제는 정형화된 북한리스크 관리모델을 수립하여 상시적으로 리스크 요인을 관찰하고, 그로 인해 야기되는 불확실성을 근본적으로 경감하기 위한 처방을 내릴 수 있어야 할 것이다. 이를 위해 북한리스크의 발생여부를 측정할 수 있는 인디케이터들을 개발하고, 이들이 현실화됐을 때 체계적인 검증이 가능한 프로세스를 마련함과 동시에 항상 최악의 경우를 상정하고 신중한 대응 방안을 마련할 수 있어야 한다. 이러한 시도들 간의 균형을 유지, 신뢰성 있고 공고한 북한리스크 관리모델을 만들어 나가는 것이 앞으로의 중요한 과제일 것이다.

III

북한에 대한 텍스트마이닝 접근의 필요와 현황

III

북한에 대한 텍스트마이닝 접근의 필요와 현황

1. 텍스트마이닝은 북한연구에 기여할 수 있는가?

북한을 리스크로 다루기 위해서는 북한을 먼저 엄밀하게 분석하기 위한 접근이 필요하다. 이러한 차원에서 텍스트마이닝은 적극적으로 고려해볼 만한 분석방법이라 할 수 있다. 다만 이를 수행하기 위해서 먼저 해결되어야 할 질문이 있다. 텍스트마이닝을 북한을 분석하는 데 적용할 수 있을까? 보다 더 본질적으로 텍스트마이닝 북한연구에 필요한 방법론인가? 이 질문들은 북한연구와 텍스트마이닝을 연결하는 핵심적인 질문이 된다. 북한에 대한 연구는 기본적으로 지역연구의 분석틀을 많은 부분 차용하여 진행되었다. 왜냐하면 북한연구의 접근은 북한의 특수성을 강조해야 하거나, 현상의 원인이 대부분 북한의 특수성에 기인하는 연구가 주를 이뤘기 때문이다. 이러한 기조가 이어져 온 북한 연구에서 텍스트마이닝이 필요할 수 있으며, 접목 가능한지에 대해서 질문을 던질 수 있다.

북한의 데이터는 바로 집계가 이뤄지지 못하며 데이터 자체의 신뢰성이 높을 수 없다. 이러한 특성으로 양적 분석을 수행하기에 제한이 적지 않다. 따라서 북한연구가 사회과학적인 방법론이 적용되기보다는, 기존의 사회주의 국가의 연구방법이 적용되거나, 지역학적인 접근이 주를 이뤘다. 해당 방법은 어떤 이론적 보편성을 극대화하는 방법이기보다는 특수성을 강조하는 방식이며, 북한의 맥락을 강조하는 방식이 주를 이룰 수밖에 없었다. 이와 같은 특성은 북한연구에서 설명의 예측성을 높이는 데 있어 한계가 존재한다. 이를 보완하기 위해 제시될 수 있는 텍스트마이닝은 여러 연구분야에서 수행되었고 결과를 만들어내고 있었지만, 북한에 대해서는 접근성의 한계로 인해 활발한 연구로 이어지지 않았다(이가영 2020: 30).

따라서 기존의 북한연구는 어떤 한계를 가지고 있는지 되물어볼 필요가 있다. 북한연구가 이뤄온 성취와는 별개로 북한연구는 기존 지역연구의 방법론적인 한계와 더불어, 북한이라는 국가의 폐쇄성으로 인해 공식적으로 외부에 보이는 철저히 체제옹호와 홍보 이상의 자료를 수집하는 것이 쉽지 않다는 특성이 있다. 이는 북한 연구에 있어서 크렘린놀로지에 대한 의존으로 이어지거나, 북한의 체제이데올로기에 집중한 연구로 이어지는 경향으로 나타났다. 크렘린놀로지는 그나마 북한이 가지는 폐쇄성을 우회할 수 있는 연구방법이었고, 체제이데올로기라는 연구주제는 북한의 체제옹호와 홍보, 그리고 공식문서에 대한 접근방법으로만 연구가 가능했기 때문이다. 하지만 크렘린놀로지는 결국 추론의 객관성을 올리는 한계가 존재하는 방법이며, 체제이데올로기는 일단 체제이데올로기의 효능을 입증하는 과정에서는 실증과 행태분석이 필요하지만 체제옹호, 체제홍보, 공식문서만으로 이를 분석하는 데에는 근본적으로 한계가 있다.

북한에 대한 연구에 보다 기여할 수 있는 방법론이자 기존의 연구를 강화하는 방식이 필요하다. 즉 텍스트마이닝이 필요하다면, 방법론적인 기여에서의 확실함이 있어야 한다. 또한 기존의 연구가 처하기 쉬운 딜레마의 폭을 좁히는 차원이 존재한다면, 연구적 차원에서 큰 기여라고 할 수 있고, 이는 곧 북한 연구에서 텍스트마이닝을 사용해야 하는 이유가 될 것이다.

궁극적으로 텍스트마이닝은 맥락적으로만 연결되는 텍스트를 이어진 텍스트를 하나의 데이터 분석의 틀로 묶을 수 있는 연구 방법이다. 물론 북한 연구에서 장점이 될지 아니면 또다른 연구에서의 문제가 될지는 보다 고민해 봐야 한다. 이미 북한 연구에서 과연 텍스트마이닝적인 접근이 필요할 지에 대한 질문은 여러 번 제시되었다. 그러나 북한을 리스크의 차원에서 분석하기 위해서는 사회과학적 차원의 엄밀성을 필요로 하게 되고 따라서 사회과학적인 차원에서의 텍스트마이닝적인 접근이 북한연구에 접목가능한지 살펴볼 필요가 있다. 즉 텍스트마이닝의 접근이 북한 연구에서 필요한 이유는 텍스트마이닝의 강점에도 있으며, 북한연구의 특수성에서도 요구되고, 그리고 이 둘이 중첩되는 영역이 존재하기 때문이다.

2. 텍스트마이닝 분석과 사회과학에서의 필요

텍스트마이닝 연구의 시작은 언어 연구에서 나타났다. 다만 이것이 사회과학에서 자리잡은 배경에는 단순히 언어연구적 차원보다는 양적연구의 발전과 함께 했다. 많은 양적 사회과학방법론을 다루는 중급 이상의 수준의 교과서에서 텍스트마이닝은 다뤄지고 있다. 이는 텍스트마이닝이 적어도 사회과학에서는 행태주의-증거기반의 연구방법론 위에서 논의되고 있음을 보여준다. 더불어 사회과학에서 사용되는 텍스트마이닝은 사회과학적인 방법론과 많은 부분 결합되며 복합방법론으로 작동해왔다.

아우구스티누스는 어휘라는 것이 본래 사전적으로 정의되며, 문장은 이렇게 정의된 어휘들로 구성된다고 말하며 이것의 총합으로 만들어진 언어는 결국에는 세상의 모든 사물들과 대응 구조를 가진다고 보았다(Saint Augustine of Hippo 2019). 실제로 대부분의 어학사전은 어휘들을 정리함에 있어서, 그 어휘만의 '고유한 의미'를 정의하며, 결국 사전은 언어를 학습하는 차원에서의 아우구스티누스의 철학이 반영되어 만들어졌다고 할 수 있다. 이와 달리 비트겐슈타인은 삶의 형태가 변하면 당연히 그에 맞춰서 언어도 변화할 수밖에 없으며, 결국 어휘의 의미는 이러한 언어의 사용의 실제 안에서만 이해되고 통용될 수 있다고 주장한다(Wittgenstein 2001). 우리는 언어와 생활 자체를 구분하지 않고 사용하고 이미 생활의 차원에서 사용되는 언어의 의미를 인지하고 있고, 사용하고 있기 때문에 의미는 결국 생활안에서 지속적으로 변하며 결국에는 다의성을 띄게 되고, 다의성에 인해 특정 단어가 어떤 문장에서 사용될 때 그 의미가 무엇인지에 대해서 불확실성이 존재하게 된다(김수현 외 2020: 4-5). 그렇기 때문에 언어를 분석하는 작업은 당연히 섬세한 작업을 가지게 되고 이를 체계화하려는 시도를 필요로 하게 된다.

모든 데이터를 총합함에 있어서, 데이터의 80%는 우리가 흔히 숫자와 통계로 익숙한 구조적 데이터가 아닌 비정형적 데이터(unstructured data)로 구성되어 있다. 그리고 여기에는 우리에게 매우 익숙한 언어와 텍스트가 포함된다. 데이터의 비율만큼 여기에는 굉장히 많은 정보가 담겨 있으나, 매일 엄청난 양의 문서가 생산되는 현대에 와서는 인간의 인지능력과 수집능력만으로의 거대한 텍스트데이터들을 다루는 것에는 제한되는 지점이 적지 않다. 오늘날에는 컴퓨터 프로그램을 이용하는 방법으로 수많은 텍스트데이터를 분석함으로 우리가 필요로 하는 정보를 효율적으로 분석 및 획득할 수 있게 되었다(김수현 외 2020: 2). 여기에서 말하는 텍스트마이닝은 결국 자연어 처리 기술(Natural Language Processing)을 이용하여 거대한 텍스트데이터로부터 우리가 필요로 하는 정보와 지식을 끄집어내는 기술을 말한다. 텍스트마이닝은 과거의 분석방법의 한 일부에 지나지 않았지만, 지금의 텍스트마이닝은 주류의 방법론에 올라왔으며 단순히 특수 분야에만 활용되거나 데이터 사이언스에서만 사용되는 것이 아니라 전방위적인 방향에서 이것이 활용되고 있는 모습을 보인다.

텍스트데이터는 앞에서도 언급했듯이 비정형적인 데이터이다. 다시 말하면 텍스트는 그 자체만으로는 다루기 쉽지 않은 데이터라고 할 수 있다. Hearst(1999)는 텍스트라는 데이터의 특성을 의미가 분명하지 않고, 추상적인 단어로 이뤄져 있으며, 동일한 어휘라고 하더라도 그것이 어떤 맥락에서 사용되고 있는지에 따라서 그 의미가 변하며, 유사한 개념의 어휘의 문제라고 하더라도 그것이 표현되는 방식에 있어서 관용적으로 사용되는 굉장히 다양한 방식이 있으며, 양적 접근의 입장에서는 단어 모두 각각의 차원이 존재하기 때문에 쉽게 다룰 수 없는 복합성을 가지고 있다고 본다. 그리고 이러한 특징들을 다시 시각화하는 것은 당연히 쉽지 않은 일이 된다(통계교육원 2017).

컴퓨터 기술이 발전하고 이른바 대부분의 문서가 워드프로세싱 프로그램에 의해 만들어 지면서 수십년전부터 최근에 이르기까지 많은 문서들은 디지털의 형태로 작성되고 축적되고 있다. 이렇게 컴퓨터를 통해서 생산되는 문서는 결국 컴퓨터가 문자형으로 표현하기 위한 수단으로 그 코드가 일정한 정수값으로 표현 가능하게 하는데, 이것이 바로 문자 인코딩(character encoding)이다. 컴퓨터로 문서를 작성하고 생성할 때, 모든 문서 데이터는 인코딩의 과정을 거쳐서 컴퓨터 내에서 다뤄지고 저장된다. 그리고 컴퓨터는 연산장치를 통하여 화면이나 종이의 출력하는 형태로 문자를 보여준다. 다시 말하면, 텍스트는 컴퓨터에 일종의 정수 값으로 다뤄지는 동시에 사람이 문자의 형태로 읽을 수 있는 데이터 형태로 규정할 수 있다. 만약 텍스트가 아닌 정형화된 양적 데이터의 경우에는 수학적인 기법과 처리과정을 통하여 원하는 분석결과를 상대적으로 용이하게 결과에 접근할 수 있다. 결국 아래의 그림과 같이 쿠데타 원인을 분석하는 시계열 데이터나, 생존 데이터처럼 분석에 바로 이용되는 목적으로 특정한 기준에 의해 만들어졌기 때문에 가능하다.

	ccode	year	attempt	success	chgdp	chmilex	soquall	lmilper	counterbal	dem	auth	lgdppcl	instab	milreg	powthy_peace	_powthy_sp~1	_powthy_sp~2	_powthy_sp~3	Effectiven~r
1	2	1960	0	0	.0491207	.0244158	9.904647	7.752765	.	1	0	9.406607	8	0	0	0	0	0	.
2	2	1961	0	0	.0085656	-.0264727	9.887312	7.74327	.	1	0	9.415135	9	0	1	-.8863636	-.7045454	-.4090909	.
3	2	1962	0	0	.0037774	.0535037	9.939	7.743703	.	1	0	9.418906	4	0	2	-7.090909	-5.636364	-3.272727	.
4	2	1963	0	0	.046764	.0956536	9.834183	7.939872	.	1	0	9.46461	25	0	3	-23.93182	-19.02273	-11.04545	.
5	2	1964	0	0	.0321453	-.0016418	9.871405	7.901007	.	1	0	9.496249	14	0	4	-56.72727	-45.09091	-26.18182	.
6	2	1965	0	0	.0465803	-.0206903	9.855324	7.896181	.	1	0	9.541777	18	0	5	-110.7955	-88.06818	-51.13636	.
7	2	1966	0	0	.054269	.0119891	9.87734	7.886081	-1.646377	1	0	9.594625	17	0	6	-190.4545	-152.1818	-88.36364	.
8	2	1967	0	0	.0484317	.303799	9.992778	8.035927	-1.447195	1	0	9.64192	57	0	7	-296.0227	-241.6591	-140.3182	.
9	2	1968	0	0	.0089005	.1165572	10.01332	8.125631	-1.248012	1	0	9.650782	52	0	8	-426.8182	-360.7273	-209.4545	.
10	2	1969	0	0	.0390603	.070035	10.03194	8.174703	-1.048829	1	0	9.689098	5	0	9	-582.1591	-513.6136	-298.2273	.
11	2	1970	0	0	.0238262	.0088441	10.06643	8.149024	-.849646	1	0	9.712645	7	0	10	-761.3636	-704.5455	-409.0909	1.412222
12	2	1971	0	0	-.0105185	-.0444342	10.14057	8.029433	-.849646	1	0	9.70207	1	0	11	-963.75	-937.75	-544.5	1.369467
13	2	1972	0	0	.0290318	-.0380974	10.22277	7.908387	-.849646	1	0	9.730689	0	0	12	-1188.636	-1217.455	-706.9091	1.436829
14	2	1973	0	0	.0510598	.0370949	10.41697	7.750615	-.849646	1	0	9.780488	0	0	13	-1435.341	-1547.886	-898.7727	1.461486
15	2	1974	0	0	.0556978	.0096086	10.47821	7.698936	-.849646	1	0	9.83469	2	0	14	-1703.182	-1932.273	-1122.545	1.47165
16	2	1975	0	0	-.0066812	.0959495	10.5974	7.671361	-.9617553	1	0	9.827987	4	0	15	-1991.477	-2369.041	-1380.682	1.472174
17	2	1976	0	0	-.027192	.0586921	10.67706	7.64874	-1.07365	1	0	9.800418	2	0	16	-2299.545	-2858.818	-1675.636	1.47165
18	2	1977	0	0	.0567194	.0007147	10.6888	7.637716	-1.185327	1	0	9.855587	2	0	17	-2626.705	-3397.432	-2009.864	1.459483
19	2	1978	0	0	.0491314	.1089075	10.79943	7.630461	-1.296782	1	0	9.903549	2	0	18	-2972.273	-3983.909	-2385.818	1.466182
20	2	1979	0	0	.0501419	.0824573	10.87866	7.630461	-1.408013	1	0	9.952475	0	0	19	-3335.568	-4616.477	-2805.955	1.462374
21	2	1980	0	0	.0252911	.1192893	11.00455	7.617268	-1.519014	1	0	9.977451	0	0	20	-3715.909	-5293.364	-3272.727	1.460891
22	2	1981	0	0	-.0092787	.1774793	11.1596	7.625595	-1.078224	1	0	9.968129	2	0	21	-4112.613	-6012.795	-3788.591	1.458415
23	2	1982	0	0	.0154897	.1799335	11.30048	7.650169	-.6388847	1	0	9.9835	0	0	22	-4525	-6773	-4356	1.458553
24	2	1983	0	0	-.0418715	.155732	11.41382	7.681561	-.2009245	1	0	9.940727	0	0	23	-4952.387	-7572.204	-4977.409	1.629493
25	2	1984	0	0	.0339417	.106206	11.49965	7.696667	.2357255	1	0	9.974106	0	0	24	-5394.091	-8408.637	-5655.273	1.473562
26	2	1985	0	0	.0742291	.0914097	11.57763	7.706163	.6711291	1	0	10.04571	0	0	25	-5849.432	-9280.522	-6392.045	1.511722
27	2	1986	0	0	.0245942	.0341782	11.60138	7.716015	1.105346	1	0	10.07001	0	0	26	-6317.728	-10186.09	-7190.182	1.513249
28	2	1987	0	0	.023217	.0829111	11.66996	7.727095	.	1	0	10.09296	0	0	27	-6798.295	-11123.57	-8051.136	1.51848
29	2	1988	0	0	.0272702	.0319648	11.69658	7.731931	.	1	0	10.11986	0	0	28	-7290.455	-12091.18	-8972.363	1.51413
30	2	1989	0	0	.0312577	.0290875	11.7385	7.718686	.	1	0	10.15064	0	0	29	-7793.523	-13087.16	-9950.318	1.478523
31	2	1990	0	0	.02622	.0459148	11.78785	7.714231	.	1	0	10.17652	0	0	30	-8306.818	-14109.73	-10981.45	1.4815
32	2	1991	0	0	.006807	-.0173799	11.79747	7.68708	.	1	0	10.18331	0	0	31	-8829.658	-15157.11	-12062.23	1.499208
33	2	1992	0	0	-.021162	-.0944454	11.7309	7.654443	.	1	0	10.16192	2	0	32	-9361.363	-16227.54	-13189.09	1.528767
34	2	1993	0	0	.0228118	.0933843	11.91454	7.560081	.	1	0	10.18447	0	0	33	-9901.25	-17319.25	-14358.5	1.568916
35	2	1994	0	0	.0176442	.0373241	12.01018	7.501082	.	1	0	10.20196	0	0	34	-10448.64	-18430.46	-15566.91	1.566799
36	2	1995	0	0	.0341989	-.0147378	12.05217	7.444249	.	1	0	10.23559	0	0	35	-11002.84	-19559.39	-16810.77	1.591539
37	2	1996	0	0	.0190444	-.0524533	12.05235	7.390182	.	1	0	10.25446	2	0	36	-11563.18	-20704.27	-18086.54	1.625435
38	2	1997	0	0	.027634	-.0020875	12.08161	7.358831	.	1	0	10.28172	0	0	37	-12128.98	-21863.34	-19390.68	1.628235
39	2	1998	0	0	.0341314	-.0033544	12.10406	7.333023	.	1	0	10.31528	0	0	38	-12699.55	-23034.82	-20719.64	1.633729
40	2	1999	0	0	.0298215	.0122248	12.12937	7.319865	.	1	0	10.34466	0	0	39	-13274.2	-24216.93	-22069.86	1.643332

[그림 5] 기존 사회과학연구에서 사용되는 구조화된 시계열 데이터

출처: (Powell 2012)

시계열 데이터는 패널분석이나 ARIMA와 같은 분석모델을 바로 사용하기 위해 ID-TIME의 형태로 데이터가 만들어져 있다. 그렇기 때문에 시계열 데이터 분석이 아닌 다른 분석을 사용하기 위해서는 이른바 데이터 전처리작업이 필요하다. 마찬가지로 문서를 인코딩한 값은 연산을 어떻게 진행할 수 있다하

여도, 양적 의미를 가지고 있는 것은 아니기 때문에 원자료의 형태로는 분석에 바로 투입하여 사용하기에 한계가 있다. 오랜 시간 동안 텍스트는 단순히 읽고 정보를 주고받기 위해 이용되어 왔지만, 텍스트 그 자체를 정보의 원천으로 간주하지는 않았다. 따라서 이른바 전처리 작업으로의 텍스트 마이닝이 나타났으며, 결국 연산이 용이하지 않은 비정형적인 텍스트를 수치 또는 벡터화 하여 정형화된 자료로 바꾸어, 분석에 활용할 수 있게 만드는 방법이다(김수현 외 2020: 7).

텍스트마이닝은 처음에는 매우 특수한 영역의 분야연구방법론으로 고안되었으나, 점차 대중화되었다. 그러면서 처음의 텍스트마이닝의 의미는 변하기 시작했다. 앞에서도 언급한 바 있지만, 텍스트마이닝은 결국 텍스트데이터 마이닝(Text Data Mining)이라는 굉장히 협의한 분석 방법이었으나 오늘날에는 품사 태깅(part-of-speech tagging), 사전 구축 등 여러 방법을 활용하는 자연어 처리와 전산언어학을 포괄하는 연구 방법 및 분석방식을 의미하는 광의의 개념으로 쓰이고 있다(Hearst 1999: 4). 즉 오늘날 텍스트마이닝은 공학적 차원의 좁은 의미에 국한되지 않고, 정치학을 비롯한 사회과학에서 텍스트마이닝의 의미는 확장되었다. 기존의 좁은 의미의 품사태깅, 사전 구축보다는 빈도분석, 네트워크 분석 등 오히려 그 외의 영역이 넓어진 것을 보여주고 있다. 다시 정의하자면, 텍스트마이닝은 자연어 처리 기술을 통해 직접적인 연결이 나타나지 않는 비정형 자료인 텍스트에서 드러나지 않는 관계 또는 패턴을 도출해, 활용 가치가 높은 정보 또는 지식을 만들고 구축하는 기법이라 할 수 있다(Preiss, Stevenson, and Gaizauskas 2015).

텍스트마이닝은 우리의 삶에서 이메일 서비스에서 보이는 자동 스팸 메일 분류 및 유사 문서 검색, 및 불필요한 개인정보 삭제 추천 등 다양한 방식으로 활용된다. 텍스트데이터는 말뭉치(corpus)에서부터 크게는 문서, 작게는 문단과 문장, 그리고 단어로 나눌 수 있으며, 그 형태에 따라 분석 방법은 달리 적용된다. 보통은 문서나 단어를 기준점으로 분석이 이뤄지며, 구체적인 방법론으로는 대표적으로 빈도 중심의 분석 방법과 머신러닝을 통해 도출된 알고리즘이 활용된 방법으로 이뤄진다(이해정, 신훈식, 이혜진 2021: 159). 텍스트마이닝의 목적은 결국 일종의 함의 발굴에 있다고 할 수 있다. 기존의 텍스트 분석이나 문헌 분석, 더 나아가 아카이브 분석과 일맥상통할 수도 있으며, 다를 수도 있다. 다른 부분은 기존의 분석들이 텍스트의 문맥을 본다고 한다면, 텍스트마이닝은 문맥보다 말초적인 차원에서의 분석과 해석을 통해서 문맥에서 드러나지 않는 것들을 드러내려 한다. 일맥상통하는 지점은 바로 나타나지 않는 함의를 드러내는 데에 연구 목적이 있다는 점에서 전통적인 방법의 연장선에 해당하는 것이다.

오늘날 텍스트마이닝은 하나의 방법론이나 분야에만 머무르는 것이 아니라 각광을 받고 있는 빅데이터 분석 또는 데이터 사이언스의 대표적인 방식으로 위치하였다. 또한 지속적으로 발전 중인 머신러닝 등 ICT를 통해 자료에 내포되어 있는 정보를 정형적인 형태로 변화함으로 여러 학문분야에 기여하고 있다. 텍스트마이닝은 언어학, 전산학, 통계학이 집약되어 발전하고 있는 연구분야로 전산처리기술의 발달에 기반하고 있는데, 텍스트를 텍스트마이닝을 통해 처리하기 위해서는 초당 수백만 페이지의 텍스트를 인식하고 이를 분석해야 한다(Cambria and White 2014). 또한 텍스트마이닝은 검색엔진을 비롯하여 인터넷 정보검색(information retrieval) 등 일상생활 그 자체에서도 우리가 늘 사용하는 편리한 도구로 이미 활용되고 있다(김수현 외 2020, 6). 결국 텍스트마이닝이 연구방법으로 발전하게 된 가장 큰 계기는 내적으로는 컴퓨터

공학의 발전과 텍스트마이닝 기법을 적극적으로 여러 영역에서 도입한 이후라고 할 수 있다.

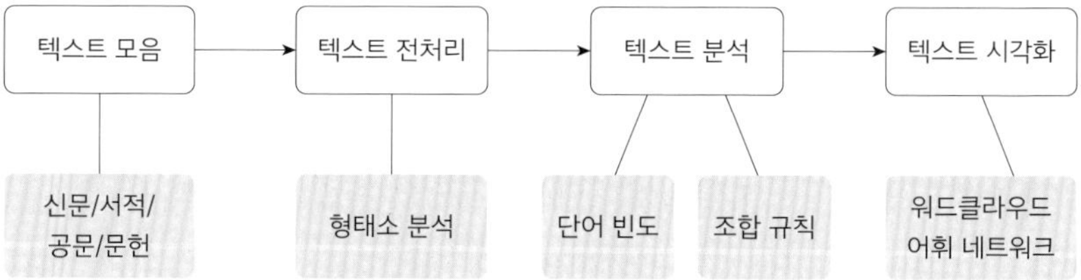

[그림 6] 텍스트마이닝의 과정

텍스트마이닝은 위의 과정처럼 진행이 된다. 기본적인 원자료는 북한에서 생산해 내는 텍스트가 될 것이고, 이를 데이터 분석에 걸맞게 처리하는 전처리 과정을 거친 후 이후 기존에 사용되던 방식에 의한 분석에 들어간다. 텍스트마이닝을 통한 분석 방법을 세부적으로 나열하자면 토픽트래킹(topic tracking), 소셜네트워크 분석(social network analysis), 감정분석(sentiment analysis) (Liu 2012), 오피니언 마이닝(opinion mining), 정보 추출(information extraction), 텍스트 분류(classification), 텍스트 군집화(clustering) 등이 있다(Fan et al. 2006). 각각의 분석방법은 분석 목적에 따라 적절하게 선택할 수 있으며, 이는 텍스트마이닝이 단순히 연구 방법론이라기보다는 데이터 접근에 대한 방법에 가깝다는 것을 보여준다. 다시 말해, 다변량회귀분석과 같은 위치에 두기보다는 그보다 상위의 차원에 텍스트마이닝이 위치하는 것으로 간주할 수 있다.

텍스트마이닝 자체에 주목할 것이 아니라 어떤 텍스트마이닝을 사용하는지에 따라서 전혀 다른 연구가 될 수 있다. 다변량회귀분석과 같은 방법론은 가설 검증으로 많은 경우 한정되지만, 텍스트마이닝은 텍스트분석의 종류에 따라서 굉장히 다양하게 분석이 가능하기 때문이다. 질적분석에서 사용하는 아카이브 분석을 텍스트마이닝을 통해 만든 체계를 통해서 접근할 수도 있으며, 소셜네트워크 분석과 텍스트 군집화를 통한 네트워크 연구방법론을 접목할 수도 있다. 더 나아가 감성 분석, 텍스트 분류 등을 통해 양적 접근의 방식처럼 가설 검증 역시 가능할 것이다.

텍스트마이닝의 연구 방법론을 소개한다면 다음과 같이 언급할 수 있다. 가장 기반이 되는 분석 방법인 형태소(단어) 분석은 언어에 있어서 가장 최소단위라 할 수 있는 형태소(morpheme)나 단어 분석은 텍스트를 분석하는 가장 일반적인 방법으로, 문법적 규칙에 따르거나 빈도에 의해 나타나는 확률에 의하여 구성되는 품사표기(part of speech tagging), 개체명 인식(named entity recognition), 그리고 철자 교정, 마지막으로 단어 식별(tokenization) 기법 등을 이용한다. 앞에서 언급했던 대로 이는 가장 텍스트마이닝의 기본형이고, 현재의 텍스트마이닝 이전의 언어공학이 나타날 때부터 나타난 방식이다.

둘째로 문자열 분석은 글자의 개수(n-gram)를 설정해, 전체 텍스트 코퍼스를 분석하여, 설정한 문자열이 등장할 때 다음에 어떤 글자가 등장할지 여러 방식의 확률분포를 통해 예측하는 기법이다. 과거에는 문자열 분석을 통하여 간단한 방식의 인공지능에 의한 글의 창작과 챗봇이 나타났지만, 오늘날에는 문자열 분석을 통한 다음 단어의 예측은 여기에 머신러닝과 딥러닝을 접목하여 더 정밀한 모델링을 통해 수행되고 있다. 또는 네트워크 모델과 연계하여 동시출현 단어 분석을 보강하는 방법의 기반이 되기도 한다.

셋째, 핵심 어구 추출은 텍스트를 어휘의 차원에서 관련 있는 단어들로 분리하는 청킹(chunking)이라는 기법을 통하여 핵심 어구를 뽑아내거나, 개체 인식, 관계 추출(relation extraction) 등으로 활용한다. 앞에서 언급한 형태소 분석, 문자열 분석, 핵심 어구 추출은 사회과학에서는 그 자체로 분석방법이 되는 것이 아니라 그 이전 단계, 즉 분석방법을 하기 위한 기반이 된다. 이는 물론 전처리 다음 단계에 해당하며 실제로 언어학에서는 바로 분석방법이 되기도 하지만, 그 자체로 사회과학에서 활용하기에는 자체적 한계가 있다.

넷째, 벡터 공간 모델은 1970년대에 등장하였고(Salton, Wong, and Yang 1975), 현재에도 많이 활용되는 방식이다. 벡터 공간 모델은 문서(document)와 단어(term)를 벡터(vector)와 차원(dimension)에 여러 방법과 수식을 통해 위치시켜 통계적인 수치를 도출한다. 이에 따라 TF-IDF, 카이 제곱 검정과 같은 방식을 통해서 중요하지 않은 단어를 제외하고 문서의 유사도를 구하거나, 핵심적인 위치에 있는 단어들을 도출한다. 유사도가 크다면 문서들 간의 일관성은 적지 않으며, 오히려 획일적인 경향이 있음을 주장할 수 있다. 반대로 유사도가 낮다면 문서들 간의 일관성이 높지 않다고 간주할 수 있으며, 유사도를 다시 네트워크로 전환하여 분석할 수도 있으며, 유사도가 높은 텍스트들끼리 묶어낼 수도 있다.

다섯째, 동시출현 단어 분석은 단어들 사이의 관계를 분석하기 위하여 설정된 문맥 내에서 두 단어가 동시에 나타나는 빈도를 도출한 뒤, 통계적인 방법을 통해 유의미한 단어 쌍을 만들어 낸다. 보통은 동시출현 단어 분석은 단어 쌍을 추출하는 것에서 멈추지 않고 네트워크 분석을 접목하여, 단어 쌍을 연결하는 노드들을 구현할 수 있다. 이렇게 만들어진 문서에서의 단어쌍 네트워크를 통해 중심성 분석을 통해서 문서의 담론을 분석하거나, 문서 논조의 변화를 추적에 활용 가능하다.

여섯째, 토픽 모델링은 엄청나게 많은 대량의 텍스트에서 쉽게 나타나지 않는 주제 구조를 도출해내고 이를 다시 분류하기 위한 양적 차원의 추론 알고리즘이다. 대표적인 모델인 동시에 가장 많이 활용되는 모델은 LDA(Latent

Dirichlet Allocation)모델이다(김인수 외 2021). 각각의 창발적인(emergent) 주제를 각 행에 배열되는 단어들의 확률분포를 통해 표현한다. 토픽모델링을 통해 이 문서가 말하는 바가 무엇이며, 큰 아카이브 안에서의 문서 분류를 하거나 빅데이터 안에서 논조의 변화를 보거나 비중을 분석한다.

일곱째, 감정분석은 기존에 존재하는 기반으로 전체 텍스트의 감정의 차원을 정량화하는 기법이다. 통상적으로 긍정, 부정과 같은 '평가어' 분석이 감성분석으로 이해되나 이는 실제론 기쁨, 우울, 화남 등 심리학, 특히 감정심리학이 다루는 감성 카테고리에 기반한 정량화라고 할 수 있다. 본래 심리학의 분석방법에서 나온 것으로, 정치학에서는 정치심리학의 발달과 함께 진지하게 논의되고 있는 방법이기도 하다. 특히 분노, 공포, 역겨움과 같은 감정은 정치적 행태와 적지 않은 연관성이 나타난 바 있고 이러한 차원에서 텍스트마이닝 연구는 정치학의 지평을 넓히는 지점으로도 활용될 가능성을 보여준다.

여덟째, 의미연결망 분석은 동시출현 분석 기법에 기반하거나, 단어 간의 의미 혹은 맥락에 기반하는 연결을 규정하고, 해당 연결 관계를 시각화하거나 중요개념을 네트워크 안에서의 중심성(centrality)에 근거하여 추출하는 방법이다. 네트워크 분석은 앞에서도 언급했다시피 텍스트마이닝 분석에 이미 많은 부분 활용되고 있다. 사실 네트워크방법론은 텍스트마이닝과 별개의 방법론의 영역에서 발전해온 연구이지만, 오늘날에는 네트워크방법론을 소개하는 책에서 텍스트마이닝의 기반한 방식을 중요하게 소개하고 있다(김용학, 김영진 2016).

마지막으로 최근 텍스트 분석에서 활용되는 머신러닝 기법을 설명하는 경우들이 있으나, 머신러닝의 여러 기법들은 이미 대부분 학계에서 이미 수십 년간 통용되어 왔던 방식들이다. SVM(Support Vector Machine), 의사결정트리

(Decision Tree, 랜덤 포레스트(Random Forest) 등이 대표적인 모델들이라 할 수 있으며, 최근에는 머신러닝 단독으로만 사용되는 것을 넘어 딥 러닝(Deep Learning) 기법이 활용되고 있다. 엄밀히 말하면 머신러닝과 딥러닝은 텍스트마이닝의 방법은 아니다. 그러나 머신러닝와 딥러닝이 텍스트마이닝이 결합되었을 때 분석활용도가 더 넓어진다. 대표적으로 텍스트에 기반한 학습모델을 통해서 질의를 할 수도 있고 이를 통한 분석이 가능하다(통계교육원 2017).

텍스트마이닝은 기본적으로 정량적 분석을 기반으로 한다. 다른 정량적 분석과 텍스트마이닝의 가장 큰 차이는 텍스트데이터라는 비정형데이터를 대상으로 한다는 것이다. 텍스트데이터라는 비정형데이터를 정량적인 분석을 함으로 얻을 수 있는 효과는 두 가지가 있다. 첫째, 질적분석의 약점인 편향적 해석의 문제를 피할 수 있다. 많은 경우 텍스트의 질적해석은 관점과 데이터 선택에서의 편향의 문제를 내포하기 때문에, 이를 예방하기 위해서는 섬세한 작업이 필요하다. 일반적인 독해를 이용하여 진행되는 문헌분석은 연구자가 가지고 있는 사전지식이나 북한에 대한 정치적 성향이 문헌을 독해하는 데 있어서 편향으로 나타날 여지가 있다. 특히 북한에 대한 정치적 대립이 나타나는 한국의 상황에서는, 전문성을 가진 연구자의 독해가 이뤄진다고 하더라도 정치성 성향에 따라서 연구 결과가 취사선택되거나 편향될 가능성이 적지 않다. 즉 북한연구의 사회적인 통용의 정도를 강화하기 위해서는 연구 방법의 과학화, 객관화가 불가피하다(김상권, 박철수 2019: 61).

이러한 차원에서 텍스트마이닝은 기존의 북한연구가 가지는 문제를 어느 정도 보완해줄 것으로 기대된다. 텍스트마이닝은 데이터 자체를 선택하기보다는 데이터를 최대한 모아(mining), 선택편향의 문제를 최소화하며 정량적인 모델링에 입각하여 분석이 이뤄지므로 관점의 편향 문제 역시 어느 정도 억제된다. 실제로 연구자가 북한연구에서 사용할 대량의 문서를 모두 독해하고, 여기에서의 정량적인 패턴을 도출해낸 뒤, 시각화를 통해 보여주는 것은 사실상 불가능하다. 또한 연구자가 수행한 정보처리과정을 객관화하기가 쉽지 않기 때문에 다른 연구자가 동일한 자료를 보유하고 있다고 하더라도 이를 다시 재현하는 것은 쉽지 않다(오경섭, 이경화 2016: 11). 이러한 차원에서 북한연구에서의 텍스트마이닝은 수치화되지 않은 비정형화된 텍스트를 정형화된 데이터로 변환시켜, 체계적 분석을 가능하도록 하는 동시에 연구의 재현성 역시 확보할 수 있다. 그리고 분석 결과는 텍스트마이닝에서의 데이터 전처리과정(preprocessing)과 내용분석에 적용되는 알고리즘(algorism)에 의해서 결정되므로(김상권, 박철수 2019: 61), 객관성과 재현성을 어느 정도 확보할 수 있다. 실제로 많은 연구자들은 신년사를 비롯한 북한 텍스트에 대한 질적 연구를 통해 북한의 체제적인 혹은 집단적인 "심상"을 해석해 왔는데, 여러 해석 방법들이 고안되어 왔고, 성과가 어느 정도 나타났다. 북한 연구자들의 독해와 해석은 북한연구의 중요한 2차 자료임은 부인할 수 없으나 북한 텍스트의 양적 축적이 개별연구자의 독해범위를 벗어나는 수준으로 진행되고 있다는 것을 고려해야 하며, 단순히 문자뿐만 아니라 음성과 영상으로 확대되는 등 텍스트의 종류가 다양해지고 있다는 것도 고려할 필요가 있다. 또한 시계열의 차원에서도 북한의 자료들을 분석해야 하는 범위가 50년을 이미 훌쩍 지났다는 사실을 고려하면, 기존의 북한연구에서 이뤄진 분석과 해석 차원을 보완하고 기존의 연구를 지원할 수 있는 방식의 객관적 분석의 방법에 대한 수요는 점점 더 강화되고 있다(박종희, 박은정, 조동준 2015: 56).

실제로 경제학에서는 2005-2017년 중 한국은행 금융통화위원회 의사록을 텍스트마이닝 분석을 통하여 논조를 측정하였다. 여기에서 도출된 논조의 지표가 기준금리에 대하여 상관관계를 보이며 설명력과 예측력이 있음이 나타났다. 특히 의사록의 논조는 해당 연구 과정에서 머신러닝 방법론을 통해 만들어진 시장설명모델과 어휘에 대한 감성사전을 활용했으며, 이를 통해 측정한 의사록의 논조의 설명력과 예측력이 기존의 설명모델들과 유사한 수준으로 나타났다(이영준, 김수연, 박기영 2019). 이를 기존의 사회과학에서 이뤄지던 접근으로 말하자면, 어떤 현상을 분석할 수 있는 '지표'를 가지고 '모델'을 만들고 이것이 '기존의 현상에 얼마나 부합하는지 살펴본 것'이다. 이러한 방법은 북한연구에도 적용 가능하며, 북한의 행태를 예측하기에 더 적합할 수 있다. 앞에서도 언급했듯이 북한의 데이터는 많은 부분 공개되어 있지 않으며, 텍스트데이터를 통해 지표화하고 모델링한다면, 북한을 예측하는 데까지도 활용될 수 있다.

텍스트마이닝에 기반한 분석이 지향하는 가장 큰 목적은 비정형데이터에서 찾기 어려운 함의를 드러내기 쉽게 정량화한다는 것이다. 이런 과정에서 기존의 데이터 분석과 해석이 찾지 못한 문제를 도출하는 장점이 있다. 뿐만 아니라, 다루는 데이터가 텍스트라는 점에서 텍스트마이닝 방법론이 강점이 두드러진다. 즉 다른 데이터들이 제한될 때에도, 텍스트는 보통 생산될 수밖에 없는 1차 자료이기 때문에 접근이 가능하기 때문이다. 이렇게 생산된 텍스트를 해석하고 분석함에 따라서 다른 방법론으로는 분석이 쉽지 않은 연구대상을 다룰 수 있다는 것이다.

텍스트마이닝을 통해서 먼저 고려할 수 있는 접근은 북한의 가치체계에 접근할 수 있다. 언어는 세계를 표상한다는 관점은 이른바 신념체계와 가치체계를 분석함에 있어서 텍스트를 분석해야 하는 당위를 제시한다(Wittgenstein 2001). 신념체계와 가치체계를 분석해야 하는 이유는 행태결정에서 이것이 중대하게 작동하기 때문이다. 심지어 이것이 합리적 선택의 차원에서도 그 합리성을 결정하는 데 있어서 신념체계와 가치체계는 중요한 의미로 작용한다(Elster 2007). 따라서 이를 분석하기 위해서는 언어는 좋은 도구가 되며, 집단적인 차원에서 공유되는 신념체계와 가치체계에서라도 이는 의미가 있다. 오히려 공적인 영역에서 사용되는 언어는 그 공적 집단의 신념체계와 가치체계를 이해하는 사실상 유일한 도구가 된다.

더 나아가 연구에 정치심리적인 접근을 하기 위해 필요한 선택을 가능하게 할 것이다. 많은 정치심리적 접근이 정형적인 데이터를 기반으로 하지만, 정형적인 데이터를 창출하는 것이 쉽지 않다면 비정형 데이터를 통해서 이를 가능하게 해야 한다. 이러한 차원에서 텍스트마이닝을 활용하는 것은 의미가 있다. 특히 정치심리적 접근이 연구에서의 여러 의미를 제공하고 있는 최근의 정치학에 대한 기여를 고려한다면 더욱 그러하다(Davis and McDermott 2021; Kertzer and Tingley 2018). 다만 텍스트마이닝은 결국 하나의 도구일뿐, 그 자체로 목적이 되지는 않음을 염두에 두어야 할 것이다. 그리고 텍스트마이닝이 한계가 없는 방법론은 더욱 아니며, 도구로 적절한 곳에 사용되어야 하는 방법론이다.

3. 북한에 대한 텍스트마이닝 접근의 필요성

북한에 대한 텍스트마이닝 접근이 필요한 가장 큰 이유는 북한에 대한 데이터 접근이 용이하지 않기 때문이다. 따라서 북한연구에서 기존에 심도 있는 연구를 하기 위해서는 질적 차원에서 접근하는 연구들이 주를 이뤄왔다. 이를 통한 연구에서의 성과들도 있어왔지만 대체로 북한연구 전반에서의 분석에서의 객관적 분석보다는 분석틀과 기존 이론을 활용한 설명과 해석이 주를 이뤄왔다. 이는 사실상 북한연구 안에서 소통 불가능한 '고원'이 되는 문제로 이어졌다. 각각의 해석과 설명이 의미가 있는 것은 타당하나, 북한이라는 지역과 행위자를 연구함에 있어서 각기 독립적인 담론으로 누적되어 왔기 때문이다. 이른바 북한연구의 공동의 장은 커뮤니티로는 기능할 수 있었지만, 커뮤니티의 기능으로 북한 연구가 발전할 수 있었는가에 대해서는 회의적이었다.

북한연구에 있어서 필요한 중요한 지점 중 하나는 상호통약 가능성이었다. 상호통약의 가능성이 높아질수록 공동의 학술장을 창출가능성도 높아지며, 이는 북한 연구에서 분석의 질과 양을 모두 높이는 기반이 될 수 있다. 북한 연구에 있어서 각각의 연구가 따로 진행되는 방향이 있다는 점에서 상호통약가능성을 높이는 의미가 있고, 방법론으로 텍스트마이닝은 더욱 의의가 있다고 할 수 있다.

신년사에 대한 분석을 사례로 들어보겠다(대한민국 통일부 2017). 2016년과 2017년을 비교한 이유는 이 분석을 실제로 통일부에서 텍스트마이닝이 아닌, 질적 분석을 통해 이뤄진 과정을 보여주고 있기 때문이다.

[표 5] 2016-2017 북한 신년사 정치/군사 영역 비교분석

분야	2016년	2017년
정치 군사	• 사회주의 정치사상 공고화를 위한 인민 대상 사상교육 강화 • 당 중심의 일심단결 강조 및 세도, 관료주의, 부정부패 극복 • 인민에 대한 당. 국가기관의 책임 강조 및 청년 중시 정책 표명	• 당사업에서 인민대중제일주의 철저 구현 • 당·인민의 일심단결 강조 및 세도, 관료주의, 부정부패 척결 • 당대회 과업 관철에서 당조직 및 사회단체의 역할 강조 • 당정치사업을 통한 훈련강화 및 싸움준비 완성
정치 군사	• 군에 대한 당적 통제를 바탕으로 진짜 배기 싸움꾼 양성 및 전투동원 준비 • 인민군의 국가건설에 헌신 • 다양한 군사적 타격수단 개발	• 조선인민내무군 등 만단의 전투동원태세 확립 • 우리식 주체무기 더 많이 개발

출처: (대한민국 통일부 2017)

본 분석은 일반적인 내용분석을 통해서 이뤄졌다. 두 해의 신년사를 등장하는 내용을 통해 비교하여 이렇게 해석하는 것은 신년사의 문장 구성과 내용 위치의 해석에 따라서 바뀔 수 있다. 대표적으로 당 중심에서 인민이 추가되었다는 해석은 가능할 수 있지만, 이것을 객관적으로 이러한 추가가 어떻게 이뤄졌는지 설명하는 것은 간단하지 않다. 특히 부정부패의 극복과 척결의 의미구조의 차이를 규명하는 것은 해석만으로는 쉽지 않다. 물론 이는 신년사의 문장에서 가져온 단어이지만, 차이가 나는 단어들 역시, 의미적으로는 동일 개념으로도 사용될 수 있다. 그렇다면 이러한 극복과 척결의 차이가 사실상 수사의 차이였음을 제시해야 한다. 물론 텍스트마이닝의 단순 빈도분석은 이를 구분하기가 쉽지 않지만, LDA와 같은 토픽 분석이나 엔그램을 통한 네트워크 분석이 이뤄진다면 해당 차이는 어느 정도 실증적으로 규명 가능하다.

또한 인민대상 사상교육 강화가 인민대중제일주의 철저 구현으로 북한 체제의 억압구조가 바뀌었다고 설명할 수도 있지만, 억압구조가 완성되었기 때

문에 인민대중제일주의로 체제이완이 이어지고 있다고 해석할 수 있다. 실제로 당중심의 단결강조에서 당과 인민의 양면 강조가 이뤄지는 것도 해석의 다양성이 존재한다. 단순히 당에서 인민으로 체제 통치 강조대상이 확장되었다고 설명할 수도 있지만, 이와 같은 해석은 구체적인 증거를 보다 더 필요로 한다.

구체적 분석을 위한 텍스트마이닝의 활용은 다음과 같은 의의가 있다. 예를 들어 어휘 인접 사용을 통해 어떻게 개념이 복합적으로 구성되는지 살펴보는 엔그램을 사용한다면 당-인민 관계가 자연스러운 개념확장인지 아니면 체제의 억압과 통치구조의 변화가 있는 지를 보다 엄밀하게 분석할 수 있다. 물론 언어분석이라는 점에서 실제 행태로 이어졌는지는 알 수 없으나, 기존 해석보다는 보다 엄밀한 언어분석을 할 수 있다는 점에서 유의미하며 더 나아가 상호통약성으로도 이어질 수 있다. 북한연구에 있어서 가장 많이 이뤄진 신년사에 대한 분석 역시 관점과 해석의 초점에 따라서 통약불가능성이 생기지만 텍스트마이닝을 통해서 어느 정도 보완될 수 있다. 특히 텍스트마이닝에서 하나의 분석에만 머무르는 것이 아니라 여러 분석의 조합을 통해서 이는 더욱 강화될 수 있다.

텍스트마이닝이라는 방법론이 북한 연구에 활용되는 가장 큰 장점은 북한이라는 사례가 자료에 접근하는 것이 용이하지 않기 때문이다. 북한은 여러 지점에서 자료에 대한 접근이 쉽지 않다. 북한이 구축한 자료라는 것도 애당초 한계가 있으며, 북한에서 만들어지는 민간의 자료라고 한다면 새터민의 인터뷰 이상의 자료를 구축하는 것이 용이하지 않기 때문이다. 심지어 북한이 제시하는 자료 그 자체를 공적인 신뢰성을 가지고 완전히 확신하기가 쉽지 않다. 텍스트마이닝의 한계 중 하나가 이른바 노이즈, 즉 레토릭을 지나치게 과대평가할 수 있다고 한다면, 북한에서 나오는 자료들 역시 자료의 진실성 차원에서의 문제가 존재하기 때문에 북한에 대한 자료분석은 텍스트마이닝의 한계와 사실상 일치하며 시계열 역시 분절되어 있는 지점이 많기 때문에 시계열 분석의 한계 역시 존재한다. 오히려 텍스트마이닝 분석으로 접근할 수 있는 자료가 더 풍부하며, 설령 체제홍보와 같은 레토릭이라도 하더라도 그러한 레토릭에 내재된 정권의 의도나 함의를 분석할 수 있다는 점에서 텍스트마이닝 분석은 유의미하다. 이를 다시 2017년 신년사 분석의 사례를 통해서 확인해보겠다.

[표 6] 2016-2017 신년사 원칙기조-정부비난 영역 비교분석

구분	2016년	2017년
원칙 기조	• '자주 통일의 새시대' • '통일문제는 '우리민족끼리', '자주적으로' 풀어나가야 • "조국통일 3대원칙', '6.15 공동선언', '10.4선언'은 실천을 통해 정당성이 확증	• '7.4공동성명 발표 45돌, 10.4선언 발표 10돌 • "자주 통일의 대통로 열어나가야' • "남북관계 개선은 평화와 통일에로 나가는 출발점', '온 겨레의 절박한 요구'
정부 비난	• "내외 반통일세력' 강조 • "체제 변화', '일방적인 통일' 노골적 추구하며 남북대화와 관계개선 흐름에 역행 • '통일문제를 외부에 청탁하는 것은 매국행위 • '한미군사훈련으로 정세 격화 및 남북관계 엄중한 장애	• '南 당국은 우리의 애국애족적 호소와 성의있는 제의 외면 • '반공화국 제재 압박과 북침 전쟁소동에 매달리며 북남관계 최악의 국면으로 몰아넣음 • '지난해 전민항쟁은 보수 당국에 대한 쌓이고 쌓인 원한과 분노의 폭발

출처: (대한민국 통일부 2017)

2016년과 2017년의 신년사 비교분석은 북한의 의도와 인식 변화를 확인하기 위해 이뤄졌다. 단기간에 변화를 측정한 것이지만, 결국 어떤 단어나 문장이 등장하는지를 비교한다. 실제로 2016년과 2017년의 차이는 적지 않다. 앞에서 나타난 정치/군사의 측면에서는 차이가 적지만, 원칙기조와 정부 비난은 차이가 적지 않다. 차이가 적지 않을 때의 다이나믹을 보여주기에도 텍스트마이닝

을 통한 접근도 용이하지만, 적지 않게 차이가 날 때 이러한 차이가 어느 정도의 차이로 나타나는지도 해당 연구방법으로 제시할 수 있다. 공통점 안에서의 차이를 발견하는 것에도 텍스트마이닝은 방법론 차원에서의 가치가 있지만, 상이점이 클 때에도 그 상이점의 정도를 보여주는 차원에서도 텍스트마이닝과 텍스트마이닝을 응용한 접근은 의미가 있다.

그러나 이는 결국 연구자의 관점이 지나치게 투영되거나 선택적 편향의 문제가 여전히 남아있다. 이를 보완하는 동시에 확실한 분석기준 위에서 해석이 이뤄진다면, 도출되는 해석이 보다 강고해질 수 있다. 같은 맥락에서 텍스트마이닝은 일관적인 준거 틀 제공이 가능하다. 물론 텍스트마이닝만이 유일한 준거 틀을 제공할 수 있는 것은 아니지만, 텍스트마이닝이 연구자의 직관에 도움이 될 수 있으며, 편견을 보정해 줄 만한 틀로 제공할 수 있다는 의미이다.

LDA 분석은 이런 지점에서 기여를 할 수 있는 바가 적지 않다. LDA 분석은 문서에서 어떤 주제로 나타나는지 확률적 토픽 모델이다(Blei, Ng, and Jordan 2003). 문서에 나타난 문장, 어휘로부터 전체 글에 대한 잠재적인 정보를 탐색할 수 있으며, 이미 한국의 여러 연구에서도 활용되고 있다(윤순욱, 김민철 2020; 홍태호 외 2018). LDA를 통해 2016년과 2017년의 신년사를 비교해본다면 단순한 내용 해석을 넘어 더 나은 분석으로 이어지게 할 수 있으며, 단순히 2년간의 비교가 아니라 더욱 누적하여 순차적으로 분석을 하거나 정권지도자별로 비교분석을 하는 데에 시간적인 차원에서도 용이하다.

지금까지 언급한 방식의 분석들은 북한 연구를 발전시키는 데 기여할 수 있다. 다만 여기에서 멈추지 않고 이를 넘어서 텍스트마이닝을 응용하는 방법들이 북한 연구에 기여하는 바가 적지 않다. 북한이 생산하는, 그리고 북한 관련 자료의 텍스트마이닝을 넘어서 이렇게 만들어진 데이터베이스를 기반으로 하여 응용한 접근이 가능하다. 구체적으로, 머신러닝과 딥러닝을 통해서 보다 북한에 대한 이해와 예측을 높일 수 있다.

텍스트마이닝을 응용한 연구방법들은 단순히 북한이라는 국가를 넘어서 개인의 리더십에 대한 심층적인 접근 역시 가능하다. 북한은 권위주의 국가 중에서 개인에게 많은 부분 권력이 집중되어 있는 국가이다(Geddes, Wright, and Frantz 2014). 북한은 권위주의적 내적 속성 역시 리더십의 교체에 따라서 크게 바뀌었고(和田春樹 2002), 북한 연구에 개인 리더십에 초점을 맞추는 것은 가장 효율적인 접근이 될 수 있다. 하지만 북한의 개인 리더십 접근의 현실적 한계가 명백해 연구의 효율성 저하로 이어질 수 있다. 이를 보완하는 것이 텍스트마이닝과 텍스트마이닝을 통해서 구축한 데이터베이스, 그리고 머신러닝과 딥러닝을 통한 접근이 보다 북한의 개인 리더십에 대한 풍부한 설명을 제공할 수 있다. 북한의 개인 리더십은 단순히 북한 정권의 정책결정에 최대 행위자가 될 뿐만이 아니라, 북한이라는 국가의 권위주의 성격마저 결정하였다. 김일성, 김정일, 김정은으로 권력승계가 이뤄지면서 일관성이 있는 개인 중심의 권위주의가 유지되었음에도 불구하고, 각각의 리더에 따라 정권의 특징이 발현되었다는 것은 북한연구에서 개인 리더십을 분석하는 것이 유의미하다는 것을 방증한다. 그리고 텍스트마이닝과 이를 통해 AI를 응용하는 연구를 진행한다면, 1차자료만으로 개인 리더십을 해석하는 것에 비해 보다 객관적인 분석과 풍부한 설명을 제공할 수 있다.

기존에 북한연구에서 활용되던 크렘린놀로지와의 연계 및 발전 지점으로 텍스트마이닝은 특히 적절한 방법론이라 할 수 있다. 크렘린놀로지는 프라우다 같은 기관지, 퍼레이드 주석단 자리, 당대회 명단, 호칭 분석을 통해 당내 권력관계나 서열, 심지어 주요 인사들의 내용까지 파악하려는 것을 목적으로 하며, 냉전시기 사회주의 블록의 국가들을 분석하기 위한 분석방법이라 할 수 있다. 크렘린놀로지는 적은 데이터를 연속적 추론을 통해 여러 가능성 사이에서 가장 설득력이 있는 결론을 도출해내는 것을 목표로 한다. 다만 크렘린놀로지는 여전히 해석의 편향 문제로 설명이 간단하지 않으며, 반증가능성의 문제 역시 내포한다.

크렘린놀로지의 현실적 한계 안에서 이를 극복하는 방식으로의 텍스트마이닝은 의미가 있다. 크렘린놀로지가 다루는 데이터 역시 사실 규정하자면 비정형데이터의 형태이고, 텍스트마이닝의 목적 역시 비정형데이터에서 분석적인 객관성을 유지하면서 함의를 찾는 목적이 있다는 점에서 적합한 지점이 있다. 따라서 크렘린놀로지의 단점을 보완하고 장점을 극대화하는 차원에서의 텍스트마이닝은 북한연구에 적용하기에 기존의 연구방법의 장점을 극대화하는 동시에 문제해결을 위한 적합한 방법이라 할 수 있다.

4. 북한에 대한 텍스트마이닝 접근현황

텍스트마이닝을 통한 연구는 형태소분석, 빈도분석, 단어 연관 네트워크 분석, 감정분석, LDA 토픽모델 분석 등이 존재한다. 그리고 기존의 북한 연구에서 해당 방법이 아예 적용되지 않았던 것은 아니다. 많은 수는 아니지만, 앞에서 언급한 방식들이 적용된 연구들이 있어왔고, 이는 북한연구에서 지평을 넓히는 데 기여한 바 있다. 흥미로운 지점은 텍스트마이닝을 이용해 나오는 연구들은 전통적인 북한연구의 지평 위에 있다는 것이다. 보통 사회과학에서 새로운 방법론의 등장은 연구방향에 어느 정도 큰 변화를 줬다. 특히 국제정치에서는 방법론의 변화가 거대 이론들에 대한 주제를 다루기 보다는 '중범위 이론'들의 강조로 나타나기도 했으며 연구 주제도 굉장히 미시적인 차원으로의 변화를 이뤄왔다(Lake 2013; Sil and Katzenstein 2010). 이와는 다른 결에서 북한연구는 새로운 방법론적 접근으로의 텍스트마이닝이 도입되었지만, 대부분의 연구방향이 전통적 연구 분야, 주제들을 다루고 있다. 실제로 이렇게 나타나는 사례가 북한의 신년사, 대남 전략, 북한의 군사도발과 같은 소재 연구와 중국에서 입수한 자료 등에 기반한 추론, 북한 경제와 같은 주제들이 텍스트마이닝으로 다뤄져 왔다.

신년사 분석은 북한 연구에서의 오랜 기간동안 주요한 소재였다. 북한에 대한 텍스트마이닝 역시 기존의 북한 연구처럼 신년사를 대상으로 하는 연구가 시초가 되었다(김상권, 박철수 2019; 박종희, 박은정, 조동준 2015; 박철수 2021). 또한 북한의 외교성명이나 조선중앙통신과 같은 공식문서 기반의 텍스트마이닝 분석이 이뤄졌다(오경섭, 이경화 2016; 이창용, 문호석 2016; 이해정, 신훈식, 이혜진 2021; 이현지, 이화준 2021). 이렇듯 기존의 전통적 연구의 연장선상에서 이뤄지고 있음을 확인할 수 있다.

다만 많은 연구들이 전반적으로 빈도 중심으로 다뤄지고 있다. 텍스트마이닝에서 빈도분석은 중요한 분석 방법이긴 하지만, 가장 기초적인 접근이기 때문에 분석의 함의를 높이는 데에 한계가 명백하다. 빈도분석의 가장 큰 문제는 빈도 분석 그 자체만으로는 텍스트마이닝의 최대 약점이라 할 수 있는 레토릭의 함정에 빠질 수 있다는 것이다. 빈도분석 외에 다른 보완할 수 있는 방법론이 결여되어 있다면 빈도분석은 많이 언급될수록, 혹은 텍스트 내의 등장 비율이 단순히 높다는 점에서 특정 어휘와 토픽이 과대평가될 가능성이 크다. 따라서 다른 방법론과의 결합과 텍스트마이닝을 보다 진전시킨 방법론을 도입함으로써 해당 지점은 해결되어야 한다.

텍스트마이닝을 본격적으로 활용한 연구 중 하나는 오경섭과 이경화(2016)의 연구이다. 연구자들은 북한의 대남정책과 통일담론에 어떤 의도가 있는지 살펴보기 위해 조선중앙통신과 노동신문에 대한 텍스트마이닝을 진행하였고, 기존의 연구방식처럼 질적해석 방법을 통해 2012년 1분기~2016년 2분기까지 김정은 정권의 대남정책과 통일담론을 분석했다. 이 과정에 추출된 대남정책·통일담론을 다루는 문서들은 각각 유사도 분석과 벡터 공간 모델링, 토픽 모델링, 네트워크 분석 등의 방법을 통해 분석이 이뤄졌다(오경섭, 이경화 2016: 12). 북한의 공식문헌, 조선중앙통신·노동신문 등을 분석한 결과, 김정은 정권은 기존의 북한의 대남전략이자 통일담론이었던 민족해방 민주주의혁명을 목표로 한 대남전략을 고수하는 것으로 나타났다(오경섭, 이경화 2016: 147). 또한 김정은 정권의 통일담론 연구에서 통일과 관련된 문서의 상관도를 텍스트마이닝으로 분석한 결과는 2012년 중반부터 2013년까지의 시간적 지점이 김정은 정권 내의 통일담론에서 차이를 보이는 변곡점이라는 결과를 도출했다(오경섭, 이경화 2016: 149).

이 연구는 다양한 텍스트마이닝 방법을 통해 북한의 대남정책과 통일담론을 살펴보려 하였다. 다만 여전히 과연 이러한 데이터가 충분한 양인지에 대한 비판이 남아있다. 김정일의 대남정책이 여전히 과거의 방식의 연장선에 있음을 분석하지만, 이러한 분석은 기본적으로 다이내믹 자체가 없는 안정성을 제시하는 방식으로 제시해야 한다. 여전히 담론 자체가 민족해방 민주주의혁명에 잡혀 있다는 분석은 유의미하나, 사회과학적 연구에서 이른바 안정적 지속 안에서의 다이나믹은 존재한다. 지속 자체만을 보여주는 것을 넘어서 다이나믹에 대한 접근과 분석이 어느 정도 필요했고, 사실 이를 살펴보기 위해서는 보다 긴 시간의 데이터를 누적할 필요가 있다. 김정은 정권 통일담론의 변곡점이 2013년에 있다고 지적하지만, 2012-2016년으로 시계열이 한정되어 있었다는 점에서 4년안에서의 특정 1년을 도출하는 것은 보다 충분한 데이터의 누적이 필요하다. 최소한 이것이 김정은 시기에만 존재하는 특징적인 변곡점인지, 아니면 정권 등장 및 후계 이후에 나타나는 현상인지에 대한 분석이 추가적으로 필요하다.

사실 위의 연구가 문제를 보이는 것은 분석 목적이 대남정책과 통일담론을 보고 있기 때문이다. 넓은 개념으로 이러한 개념을 분석하기 위해서는 보다 많은 데이터를 다룰 필요가 있다. 기본적으로 텍스트마이닝도 데이터 분석의 접근인만큼 분석 목적과 분석 대상에 따라서 분석해야 할 적절한 데이터 양이 존재한다. 북한연구의 한계가 데이터의 적절한 양이 축적하기 쉽지 않음을 고려할 때 이러한 문제는 이해할 여지가 존재한다. 다만 데이터 미축적의 문제는 데이터 접근의 한계도 있겠지만, 데이터의 디지털화가 빈약하다는 문제이다. 따라서 이를 보완하기 위해서는 북한의 텍스트데이터들을 디지털화하는 고민이 추가적으로 필요할 것이다.

텍스트마이닝을 활용한 북한연구의 접목이 필요한 분야는 바로 북한 동향 분석이다. 과거부터 북한 동향분석은 대북정책의 기조 결정과 밀접한 관련으로, 북한의 행태를 사전에 전망하여 대응책을 모색할 수 있었기 때문에 중요했다. 기존에 통용되어 오던 북한 동향 연구는 북한전문가들이 중심이 되어 과거 사건들을 사례분석하여 향후 비슷한 맥락 선상에서 북한의 행동을 예측해보고, 적절한 대응을 수립해야 한다는 것을 주장하는 형태로 나타나왔다. 해당 북한 동향 분석은 여전히 적실성을 상실했다고 말하기에는 어렵지만, 전문가의 개인적 성향과 맥락, 기호 등에 의해 주관적 차원에서 영향을 받고 있고, 결국 분석의 객관성과 간주관성 차원에서 편향성의 문제를 해결하지 못하는 문제로 이어진다. 즉 전문가의 개인역량에 의존한 북한 동향 연구에 북한 문헌이라는 비정형데이터를 분석하는 텍스트마이닝 분석을 절충할 수 있다면, 보다 간주관성을 확보할 수 있는 북한 동향 분석이 이뤄질 것이다. 더욱이 한국이 많은 관심을 가지고 있는 북한의 대남 도발과 연관된 연구는 기존에 있어서 편향성을 해결하기 굉장히 어려운 분야였고, 이를 해결하는 것은 한국의 정책적 현실에서도 큰 의미를 가진다(이창용, 문호석 2016: 105).

김수현 외(2020: 53)는 북한의 경제학술지인 「경제연구」 연도별 제목을 전처리하여 벡터로 변환한 후에 벡터의 코사인 값(cosine similarity)만으로 분류하였다. 그 결과는 김일성, 김정일, 김정은 등 지도자에 따라 잘 분류되는 것으로 나타났으며, 그 외에도 대내외 주요 경제적인 다이내믹에 따라 유사도가 분류되었다. 이는 북한의 수출입의 추세변화와 맞아떨어지는 면이 적지 않다. 북한의 수출입은 1998년까지 축소되었고 이 시기는 고난의 행군으로 호칭되며 북한체제가 붕괴할지도 모른다는 예측이 나타나던 시점이었다. 1999년 이후부터 2005년에 이르기까지는 북한은 장마당이라는 이름으로 시장화가 나타나기 시작했고 북한 체제는 이를 수용했다. 그러나 2006년부터 2010년까지 시장화를 통제하려 들었으나, 김정은의 승계가 본격적으로 이뤄진 2011년부터는 시장이 가동되며 수출입이 크게 증가하였다. 하지만 2017년 이후 대북제재가 다시 강화되면서 수출입 또한 대폭 감소하였다. 일련의 경제적인 환경의 변화는 사전 정보 없이 텍스트를 분석하여 분류하였음에도 잘 나타난다.

북한의 변화를 다루는 데 있어 텍스트마이닝은 좋은 접근이 될 수 있다. 북한은 늘 자신들이 변하지 않는다고 강하게 이야기하지만, 여러 연구들은 북한의 변화를 추적하는 데에 집중하고 있다(김근식 2013; 2014; 和田春樹 2002).

이러한 지점에서 긴 시계열로 누적된 데이터를 바탕으로 한 텍스트마이닝의 접근은 의미 있는 분석을 창출할 수 있다. 특히 텍스트 변화는 미묘한 담론의 변화마저 측정할 수 있다는 점에서 북한의 다이나믹을 포착할 수 있는 좋은 방식이 될 수 있다.

북한 연구에서 텍스트마이닝을 활용할 수 있는 분야 중 하나는 북한의 문화에 대한 분야이다. 특히 이 분야는 북한의 권력과 사회, 경제와의 연결을 많은 부분 해석에 의존해왔다. 북한 문화에 대한 분석을 텍스트마이닝을 통해 정형성을 어느 정도 확보한다면, 북한의 문화와 북한의 사회구조, 권력구조와 어떤 영향을 가지는지 보다 엄밀하게 검토할 수 있다. 특히 북한의 홍보자료에 대한 접근이 여전히 문화비평의 영역에서만 이뤄져 왔다면, 본질적으로 보다 엄밀한 검토를 통해 접근할 수 있다.

북한의 체제 홍보 차원에서의 유튜브를 텍스트마이닝의 차원에서 분석한 연구도 있다(박성호, 이화준, 김용호 2021). 북한은 국가체제의 차원에서 폐쇄성이 굉장히 높다. 이러한 북한이 소셜미디어에 쏟는 노력은 당연히 북한의 체제와 당국의 이익을 확대하고 달성하는 선택으로 간주할 수 있다. 실제로 북한이 현재의 국제적인 제재 하에서 이익을 실현할 수 있는 방식으로 유튜브가 선택되었으며, 여기에서는 일상적인 어조와 방식을 통해서 체제 홍보가 이뤄지고 있다고 주장된 바 있다. 즉 북한은 정보화가 가지는 체제 취약성의 확대라는 문제를 우회하면서, 정보화를 국가의 통제와 국가이익 확대의 수단으로 추진해야 하는 독재자의 딜레마(Dictator's Dilemma) 문제를 해결하는 동시에 정보화를 통해 확보한 정보기술을 통해 지배체제를 강화하고 권력 집중을 더 심화하게 하는 '빅데이터 역설(Big Data Paradox)'을 실증적으로 실현하고 있다는 설명이 가능하다. 이를 분석하는 차원에서 북한의 유튜브 분석은 북한이 강조하고 있는 담론이 무엇이며 북한이 어떤 경로의 방향성을 보이고 있는지 파악하는 중대한 기준으로 해석할 수 있다(박성호, 이화준, 김용호 2021: 126-27). 같은 맥락에서, 유튜브의 영문자막은 체제 홍보를 위한 텍스트 자료로 간주하기에 충분하며 이는 결국 '북한이 보여주고 싶은 모습'으로의 텍스트 자료라는 해석이 가능하다. 위 연구는 이를 분석함으로 북한이 보여주고 싶어하는 이미지를 전시하는 방식은 일상적이고 동시에 그 소재가 다양하고 심지어 관광과 같은 비정치적인 요인으로 많이 전이되었지만, 메시지는 과거와 크게 달라지지 않았음을 보여준다.

북한의 문화콘텐츠에 대한 텍스트마이닝 분석은 질적분석과 결합한 혼합방법론(Mixed Method)에 입각한 분석은 기존의 연구보다 더 나은 결과로 이어지게 만들 수 있다. 혼합방법은 양적자료와 질적자료를 모아, 두 형식의 자료를 묶어서 철학적 가정과 이론적 틀을 포함하는 다른 설계를 이용하는 연구방법이다(Creswell 2013: 7). 이러한 혼합연구는 질적방법과 양적방법의 장점을 모두 취할 수 있으며 서로의 시너지를 극대화하여 보편적 이론의 가능성을 높이는 동시에 설명의 차원에서의 강화를 모두 가질 수 있다(Creswell 2013: 217). 같은 맥락에서, 텍스트마이닝은 사용 데이터의 일관성과 적절성을 확보할 수 있다. 하나의 텍스트데이터를 가지고 텍스트마이닝을 통해 양적분석을 진행하고, 동시에 이를 질적분석을 통해 강화한다면 데이터의 일관성을 통해 분석의 강도를 높일 수 있으며, 이는 앞에서도 언급했듯이 분석할 자료가 한정적인 북한연구에서 기여할 수 있는 바가 크게 할 수 있다.

감정분석이 이뤄진 연구도 간간히 존재하는데(김상권, 박철수 2019), 북한에서 나타나는 레토릭이 북한의 주요한 사건과 어떻게 연결되는지를 보여주는 연구이다. 이러한 접근은 북한의 레토릭을 추측에 기반한 크렘린놀로지를 넘어서 북한의 텍스트를 분석하는 데에 기여할 수 있다. 그러나 해당 감정분석 연구는 기본적으로 감정사전에 기반하는데, 북한의 언어 사용이 한국어와 완전히 같은 맥락 위에 놓여 있다고 말하기 어렵다. 감정사전을 부분적으로 수정함으로써 분석은 가능하나, 북한에서 사용되는 언어의 감정이 제대로 반영되어 있는지는 확실하지 않다. 한국어의 감정분석의 틀을 북한에서 그대로 적용할 수 있는지에 대해서는 북한의 일상언어를 비롯한 보다 섬세한 조사가 필요하다.

여전히 아쉬운 문제는 정치심리학의 많은 고려가 북한연구에서 이뤄지지 않는다는 것이다. 물론 정치심리학의 많은 고려가 이뤄지지 못하는 이유는 계속 언급했던 데이터의 접근과 신뢰의 문제가 핵심이다. 그러나 이와는 별개로 정치심리학의 영역이 북한연구와 거리가 있기 때문이다. 정치심리학의 많은 연구가 양적-경험적 방법론에 기반하고 있음을 고려할 때, 어느 정도 데이터의 구조화가 수반되어야 해당 분석이 가능하기 때문에 텍스트마이닝이 결과적으로 필요하다.

한편, 북한에 대한 텍스트마이닝의 접근에는 여러 문제가 있다. 첫째는 텍스트마이닝이 활용되는 방식이 방법론의 장점 강화보다 전반적으로 기존 연구 방향의 연장선으로만 이뤄지고 있다. 즉 텍스트마이닝이 적합한 방법론인지에 대한 검토를 통해 분석이 이뤄지기 보다는 기존 분석을 재확인하거나 강화하기 위하여 텍스트마이닝 분석이 이뤄져 왔다. 이는 방법론적 차원에서의 적절성의 문제를 가져올 수 있기 때문에, 해당 문제들에 대한 적극적인 고려가 필요하다. 기존 연구의 연장선에서 텍스트마이닝 분석을 적용하는 것 역시 분석의 기반을 단단하게 한다는 점에서도 의미가 있지만, 더 나은 적합성을 가진 분석 제시에는 미치지 못하고 있다는 문제가 있다. 이 지점은 텍스트마이닝 분석의 채택 당위에 대한 질문으로 이어지게 한다.

텍스트마이닝이 과연 북한연구에 필수적인지를 되묻는 질문은, 자료의 제한과 분석의 함의를 텍스트마이닝이 보완 및 강화하는 것은 사실이지만, 그것이 북한연구에서 텍스트마이닝이 반드시 필요한 이유가 되지는 않는다는 것이다. 즉 텍스트마이닝 연구의 당위는 텍스트마이닝으로 창출할 수 있는 연구에 있다. 따라서 북한에 대한 텍스트마이닝 연구는 단순히 텍스트마이닝 분석과 시각화에서 멈출 것이 아니라 텍스트마이닝으로 도출한 데이터를 통한 연구와 데이터를 활용할 수 있는 연구로 이어져야 할 필요가 있다.

이러한 차원에서 기존에는 다뤄지지 않던 북한자료들의 해석을 텍스트마이닝을 통해 분석하는 작업이 보다 유용할 수 있다. 북한연구의 많은 방법론들은 북한 자료에 의해 결정되었고, 분석방법은 곧 데이터에 종속되었다. 그러나 텍스트마이닝은 기본적으로 다른 분석방법과 비교할 때 데이터가 텍스트로 되어 있고 어느 정도의 양이 축적되어 있다면 데이터에 종속될 필요가 없는 방법론이기 때문에, 더 다양한 자료들을 보다 자유로운 차원에서 접근할 수 있다. 같은 맥락에서 북한의 체제 홍보자료들을 분석하는 것은 의의가 있고, 진지하게 시작되고 있다(박성호, 이화준, 김용호 2021; 박한우 2018).

둘째는 텍스트마이닝 소프트웨어의 문제이다. 북한의 텍스트를 분석하는 텍스트마이닝의 분석 소프트웨어는 상당수 한국어 형태소 분석기에 의존하고 있다. 한국어와 북한의 문화어는 문법적, 표현적으로 같은 언어인 것은 맞지만, 동일하지 않기 때문에 한국어 형태소 분석기를 활용함이 적절한지는 해결되지 않았다(최운호, 정회선 1998). 북한연구에 적용하면, 기존의 해당 분석기를 활용한 텍스트마이닝 연구가 과연 적절하게 이뤄졌는가에 대한 문제가 남는다. 기존의 분석과정에서 처리된 시각화자료들을 살펴볼 때 이미 이러한 문제들이 노출된 바 있다. 따라서 북한에 대한 텍스트마이닝을 보완하기 위해서는 이를 분석하기 위한 소프트웨어 기반의 접근이 필요하다.

북한연구에서 본격적인 텍스트마이닝 활용에 앞서, 어떤 작업이 선행되어야 하는지를 종합해보았다. 기존 연구들은 한국과 북한이 사용하는 한국어의 유사성에 전제하여, 한국어 기반의 문법체계에 기반한 분석을 수행했으나 문법과 어휘의 차이는 이를 간단하게 전제할 수 없음을 보여준다. 따라서 향후 보완되어야 하는 지점이 어디에 있는지를 구체화할 수 있다.

5. 북한 분석의 새로운 열쇠, 텍스트마이닝

북한연구에 텍스트마이닝은 많은 부분에서 기여할 수 있는 지점은 적지 않다. 방법론의 측면에서도, 북한의 특수성을 설명하는 차원에서도 마찬가지이다. 텍스트마이닝을 적극적으로 북한연구에서 활용할 필요가 있다. 이는 기존의 북한연구의 약점을 보완하는 동시에 북한연구의 지평을 넓히는 계기를 만들어 줄 것이 충분히 기대된다.

그러나 텍스트마이닝을 활용한다고 하더라도, 텍스트데이터는 전통적인 구조화된 양적인 데이터의 완전한 대체는 불가능하다. 텍스트데이터는 근본적으로 사람이 인지하고 있는 지식과 발화된 의견의 반영물이다. 이와 달리 구조화된 양적인 데이터는 사람의 인지와 맥락을 매개할 필요가 없을 수 있다. 특히 객관적 자료의 경우 기존의 측정하는 방식의 양적 통계지표들이 보다 적절한 의의를 제공할 수 있다. 실제로 소득을 측정함에 있어서 이러한 통계를 텍스트마이닝을 통해 집계하여 생산할 수는 없다. 즉 텍스트데이터는 전통적인 통계 방법을 보완하거나 구조화된 자료와 동반하여 분석이 이뤄질 때 효용이 높아질 것이다. 따라서 대체 가능성과 데이터의 보완성을 적절히 활용해가면서 방법론에 따라 분석을 수행할 필요가 있다(김수현 외 2020: 56).

나아가 텍스트마이닝에서 유의할 점이 많이 있다. 첫째, 기존에 존재하는 자연어 처리라는 개념이 데이터 전처리-프로세싱-분석-해석으로 이어지는 텍스트 마이닝에서 가장 처음의 단계이다. 많은 사람들이 자연어 처리를 복잡한 데이터의 분석을 위한 거의 유일한 처리로 잘못 이해하는 경우가 적지 않다. 둘째, 앞에서 설명한 벡터 공간 모델, 동시출현 단어, 토픽 모델링은 복잡한 텍스트에 사용하는 매우 성긴 필터와 같다. 따라서 해당 필터만으로 현실계에서의 휴리스틱과 경험 이상의 함의를 가지는 통찰을 발견하는 것은 쉽지 않다. 셋째, 감성분석, 의미연결망 분석, 머신러닝은 서로 융합되면서 보다 정교하게 발전할 여지가 많으며 적극적으로 수행할 필요가 있다. 여기에서 빅데이터의 크기가 많이 강조되고 있지만, 방법론 차원에서의 중요한 문제들을 해소하지 않는다. 따라서 이를 해결하기 위한 새로운 이론적, 방법론적 고려가 필요하다. 마지막으로, 같은 맥락에서 머신러닝 또한 더 나은 방법론적인 고민과 데이터의 축적이 필요하다. 특히 인공지능의 학습을 위한 초기의 데이터를 처리하지 않으면 편향이 크게 확대될 가능성이 적지 않으며, 인간의 상식과 통찰력, 그리고 인간이 흔히 전제하는 가정을 적용하여 피드백을 만들어내는 과정이 머신러닝의 품질과 모델의 해석적 가치를 결정한다(통계교육원 2017).

북한연구에서 텍스트마이닝을 사용한 연구들을 살펴보았을 때, 기존의 텍스트마이닝을 활용한 연구들은 텍스트마이닝을 통해서 보다 북한을 이해하고, 북한을 분석하는 질적 다양성을 제공할 수 있었다. 그러나 기존 연구의 한계는 북한연구와 텍스트마이닝이라는 접근방법에서 기인하는 것들도 있었지만 보완할 수 있으며, 보완해야 하는 지점이 적지 않다. 이러한 지점들이 보다 보완되어야 연구에 기여하는 바가 증대할 것이다.

그럼에도 불구하고 북한연구에서 텍스트마이닝은 현재 도입되어 여러 연구에서 활용하고 있으며, 실제로 북한을 리스크로 분석하는 차원에서도 활용할 여지가 적지 않다. 북한에 대한 리스크 관리의 정책효용 측정이나 북한의 리스크 변동 전망 등이 쉽지 않았던 이유는 북한의 행태를 측정하는 것이 한계가 있고 예측할 만한 지표를 구축하는 것이 간단하지 않았기 때문이다. 이러한 작업에서 텍스트마이닝을 적용하고, 북한의 리스크의 강도와 방향을 예측하거나 리스크 관리의 대응책을 도출하는 데에도 기여할 수 있다.

북한연구에 텍스트마이닝을 적용하면서 유의할 점은 보다 더 남아 있다. 텍스트마이닝의 최대 단점 중 하나는 적정량 이상의 데이터를 확보해야 한다는 것이다. 물론 적은 양의 데이터도 연구설계에 따라서 여전히 유효할 수 있지만, 기본적으로 텍스트마이닝은 데이터가 어느 정도 누적되는 것이 필요하다. 기존의 북한 데이터는 인적자원의 투입을 통해 누적해왔는데, 기본적으로 많은 인력과 비용을 필요로 한다. 따라서 이러한 문제 역시 보완이 필요하다. 다음 장에서는 본 장에서 나타난 문제들을 어떻게 보완할 수 있고, 북한연구에서 텍스트마이닝 분석을 어떻게 응용할 수 있을지에 대한 가능성을 제시해보고자 한다. 기존의 북한연구에 텍스트마이닝을 적용하기 위해 어떠한 조치들이 필요하고 그것들이 어떤 효과를 창출할 수 있는지, 그리고 이를 응용하는 과정에서 어떤 연구들이 가능한지 제시해볼 것이다.

IV

북한에 대한 텍스트마이닝 분석의 과제와 기대

IV

북한에 대한 텍스트마이닝 분석의 과제와 기대

1. 무엇을 더 해결해야 하는가?

2021년 노벨경제학상은 데이비드 카드, 조슈아 앵그리스트, 구이도 임벤스 교수에게 돌아갔다. 이들은 모두 경제학에서 인과관계의 차원의 실증분석 연구 패러다임을 바꾼 학자들이다. 기존의 설문 중심이던 인과관계 실증분석을 '자연 실험'을 통한 결론 도출로 이어지게 하면서, 중심적인 연구방향을 사례 중심 분석으로의 길을 열었다. 스웨덴 왕립과학원 노벨위원회는 수상에 대한 이유로 "올해 경제학상 수상자들은 사회의 많은 큰 질문에 대한 답을 무작위 실험과 자연실험 등을 통해 보여줬다"며 "노동시장에 대한 새로운 통찰력을 제공하고, 자연 실험을 통해 인과관계에 대한 어떤 결론을 이끌어 낼 수 있는지 보여줬다"고 선정 이유를 밝혔다(이승호, 윤상언 2021). 경제학의 이러한 방법론적 강화는 이른바 인과관계의 분석 가능성을 크게 높였다고 할 수 있고, 이는 경제학의 접근 방법론 분야는 매우 강화되어 왔다.

이러한 경제학의 변화는 경제학에서만 멈추지 않았다. 사회과학 전반에 이러한 방법론적인 혁신은 정치학에서도 예외가 아니었다. 먼저 미국정치 영역에서 이러한 흐름은 실험방법론을 통해 강화되기 시작했고, 이는 비교정치와 국제정치, 심지어 정치사상에도 확산되어 가고 있다(Friedman, Lerner, and Zeckhauser 2017; Hafner-Burton et al. 2017; Powell 2017; Stein 2017). 이러한 흐름은 기존의 정치학에서의 합리적 선택이론 및 모델들과 맞물리거나(Gartner 2008; Lake 2013; Ostrom 1998), 합리적 선택이론과는 별개의 행태결정이 있음에 주목한다(Davis and McDermott 2021; Elster 2007; McDermott 2007; Smith et al. 2017).

이러한 흐름에서 북한연구가 괴리된 지점은 적지 않다. 북한연구에서 기존에 사용되어오던 방법론은 북한의 현상을 해석하는데 중점이 있었지만, 북한정치와 사회의 현상 원인에 대한 설명과 메커니즘에 대한 설명을 하기에는 부족한 지점이 있었다. 북한연구를 둘러싼 사회과학이 발전하고 있지만, 북한연구는 이러한 사회과학의 흐름과 괴리가 있었다. 이러한 괴리가 그 자체로 문제인 것은 아니지만 북한연구가 기본적으로 최근의 사회과학 접근방법과 괴리를 가진다는 것은 그 자체로 불리한 지점이 있다고 할 수 있다. 이러한 차원에서 텍스트마이닝은 북한연구에 있어서 최근의 사회과학 접근이 가지는 장점을 수용하는 데 도움이 될 수 있고, 더 나아가 기존의 북한연구가 잡지 못했던 부분을 포착하는 데에 기여할 수 있다. 그리고 이러한 기여가 북한리스크 관리에 대한 접근에 기여점이 있다.

북한연구에서 텍스트마이닝의 현재가 있다면 해결해야할 과제와 그 미래가 있을 것이다. 과제는 현재의 연구들이 부족한 지점과 더불어 앞으로 나아가는 데 있어서 해결해야 할 문제들이 될 것이다. 이것을 명확하게 아는 것이 연구분야와 연구방법의 발전에 있어서 크게 도움이 될 것이다. 단순히 최신의 방법론을 북한연구에 동원하는 것이 연구의 장점을 극대화하고 단점을 보완하는 것이 아니며, 어떤 측면에서 북한연구를 발전시킬 수 있고 무엇을 기대할 수 있는지에 대한 성찰이 필요하다. 이런 성찰이 있어야, 북한 연구에서의 텍스트마이닝이 기여할 수 있는 바와 어디까지 혁신할 수 있는지를 제시할 수 있을 것이다.

앞 장에서는 텍스트마이닝이 북한 연구에 어떻게 기여할 수 있고, 현재 어떻게 사용되고 있는가를 다뤄봤다. 그리고 현재의 한계와 보완이 필요하다고 언급하였다. 따라서 본 장에서는 이를 본격적으로 논의해볼 것이다. 텍스트마이닝이 북한연구 발전에서 여러 방법론적인 기여의 차원에서 필요하나, 이것에 대한 보완과 조정이 어떻게 이뤄져야 하는지 구체적으로 논의해야 할 필요가 있다. 그리고 이러한 작업이 이뤄질 때 북한연구에서만 성과가 나타나는 것이 아니라 사회과학적인 측면에서 데이터가 적을 때의 연구방법으로도 기여할 수 있을 것이다.

텍스트마이닝을 북한연구에 접목하기 전에 반드시 이뤄져야하는 작업이 있다. 앞 장에서 언급했듯이 텍스트마이닝은 한 단계에서 완성되지 않고 여러 단계를 거치며 분석이 이뤄진다. 이렇게 여러 단계를 거치며 이뤄지는 텍스트마이닝을 사용하기 위해서는 각 단계마다 적절한 기술적 성취와 적용이 필요하다. 북한연구에서 텍스트마이닝이 적용되기 위해서 필요한 작업은 이러한 문제와 맞물린다.

본 장에서는 먼저 북한연구에서 텍스트마이닝 접근을 하기 위한 검토를 먼저 진행할 것이다. 그리고 진행해야 할 프로젝트를 먼저 짚어보고, 무엇이 구체적으로 보완이 필요하고 이를 통해 기대할 수 있는 것이 무엇인지 자세히 살펴볼 것이다. 본 장에서는 텍스트마이닝에 대한 내용보다 텍스트마이닝을 하기 위한 기반 조건에 대해서 논할 것이며, 무엇이 촘촘한 텍스트마이닝 분석을 만들 수 있는 지에 대해서 살펴볼 것이다.

2. 북한에 대한 텍스트마이닝 분석에 필요한 과제

텍스트마이닝을 북한연구에 접목하기 위해 필요한 작업을 검토하기 위해서는 텍스트마이닝의 단계를 먼저 살펴볼 필요가 있다. 각 단계에서 북한과 북한이 사용하는 언어의 특수성을 고려해야할 문제가 곧 북한의 텍스트마이닝을 보완하는 데 필요한 과제가 될 것이다. 즉 북한연구에서 나타나는 문제들을 해결할 수 있는 기제들이 이를 해결해야하는 데 있어서 필요한 작업에 해당한다. 여기에서 시각화 단계는 사실 기존의 틀을 그대로 사용해도 지장이 없기 때문에 별도의 보완은 필요하지 않다.

텍스트 분석 역시 사실 기존의 틀과 크게 다르지 않다. 이는 라틴 문자권에서 적용된 바를 그대로 할 수 있으며, 이미 한국어로도 수행가능한 Meccab, KoNLP와 같은 패키지들이 존재한다. 이러한 패키지는 단순히 텍스트 분석을 하는 것 이상을 수행하는 종합적인 텍스트마이닝 패키지이고 그대로 북한 연구에 적용하는 것에 문제가 없는 것은 아니나, 텍스트 분석 단계에서는 적용을 하더라도 문제가 없다. 이는 한국어의 한국과 북한에서의 유사성이 크기 때문이다. 이러한 유사성의 차이가 한국어 텍스트 분석의 틀을 그대로 사용하여도 문제가 없게 한다.

다만 여기에서 나머지 단계는 모두 보완이 필요한 것이 현실이고, 이는 한국어가 한국과 북한에서의 이질성이 존재하기 때문에 나타나는 문제이다. 이러한 이질성에 의해 한국어 텍스트마이닝 패키지를 텍스트분석과 텍스트 시각화 단계 외의 단계에서 그대로 적용하는 것은 한계가 존재한다. 먼저 텍스트데이터 수집에 있어서 북한의 자료는 굉장히 한정적인 차원이 존재한다. 많은 텍스트마이닝 연구는 기본적으로 웹크롤링과 함께 발달해왔다. 많은 경우 데이터 수집을 웹 상에서 진행해 왔다. 이렇게 진행되어온 가장 큰 이유는 웹 상의 존재하는 모든 데이터는 결국 디지털화 되어 있기 때문에 이를 바로 텍스트마이닝 분석에 적용할 수 있다. 그리고 대부분 이는 방대한 양을 자랑하기 때문에 빅데이터의 강점을 활용할 수 있다. 그러나 북한의 웹 자료는 그 양이 많지 않으며 오히려 크롤링 메커니즘을 만든다고 하여도 활용에는 한계가 있다. 여전히 북한 자료의 많은 부분은 오프라인에서 생산되며, 이는 대부분 디지털화되어 있지 않다. 그리고 디지털로 생산된다고 하더라도 이러한 북한의 자료는 대부분 북한의 내부망이 제한되어 있기 때문에 접근에 한계가 명확하다.

다만 북한의 여러 문헌 자료들은 충분히 존재하며, 이는 대부분 디지털화 되어있지 않다. 디지털화에는 적지 않은 시간과 노동력이 필요하지만 이를 줄이는 OCR 기술이 존재한다. 따라서 OCR을 북한의 문서에 적용하는 것이 텍스트 수집에 최선의 방법이 되며, 이를 적용할 수 있게 하는 작업이 반드시 필요하다. 이에 따라, OCR 자체가 북한 연구에 바로 적용하기에 수행해야 할 작업들을 모색하고자 한다.

또한 북한의 자료를 전처리하는 작업에서도 북한의 언어에 최적화하는 작업이 필요하다. 북한의 언어가 의사소통하는 데 있어서 한국의 언어와 큰 문제는 존재하지 않지만, 표기법은 상호 동일하지 않다. 특히 문법에서도 이질성이 존재한다는 점은 텍스트마이닝을 함에 있어서 여러 고려가 필요함을 보인다(최운호, 정희선 1998). 이는 북한의 언어를 분석하는 작업에서의 형태소 분석기에 대한 보다 섬세한 고려가 필요함을 보여준다. 따라서 형태소 분석기를 수정해야만이 북한의 자료들을 더욱 엄격하게 분석할 수 있음을 말한다.

3. 텍스트 자료의 축적을 위한 OCR 개발

북한연구에서의 텍스트마이닝에서 OCR이 필요한 이유는 궁극적으로 북한의 텍스트자료를 축적하기 위함이다. 많은 경우 OCR의 중요성에 대해 그동안 강조되지 않았다. 그러나 북한의 많은 텍스트 자료들은 디지털화되어 있지 않거나, 설령 디지털화가 되어 있다고 하더라도 그 양이 많지 않다는 문제가 있다. 사실 이 지점이 북한연구에서 텍스트마이닝이 효용을 가지는 데 한계를 가져오거나 연구를 어렵게 하는 요인으로 작동해온 것이 어느 정도 사실이다. 따라서 북한 텍스트를 OCR로 옮기는 것이 필요하고 북한 텍스트도 궁극적으로 한국어라는 점에서 기존의 존재하는 한국어 OCR들을 고려해 볼만 하다.

다만 북한의 텍스트를 OCR을 진행하는 과정에서 여러 문제가 있다. 먼저 고려해야 하는 문제는 바로 다른 라틴 문자계열과 달리 고립어가 현재의 OCR 기술에 적용하기에 한계가 어느 정도 명확하다는 것이다. 대부분의 라틴 문자계열의 언어에서의 OCR은 인식률이 95%가 넘지만, 한국어를 비롯한 고립어의 경우 일반적인 OCR 기술에서는 인식률이 90% 정도 수준에 머무르는 경우가 적지 않다. 이는 대체로 한국어에서 발생하는 오인식의 사례를 보면 확인 가능하다. 대체로 한국어 OCR은 '판'과 '관', '품'과 '뭄'과 같은 글자를 구분하는 데 어려움이 있다. 물론 90%의 인식률이라고 하더라도 사용하는 것이 불가능한 것은 아니다. 그러나 이런 경우에는 OCR 이후의 후처리에 적지 않은 노동력과 시간이 필요하다. 이는 자료의 규모가 적을 때는 별 문제가 되지 않지만 자료가 방대할수록 OCR의 효용이 떨어지는 문제로 이어진다.

따라서 이러한 문제를 극복하기 위해서는 OCR을 보완해야 한다. 문제는 어떻게 보완할지에 대해서 고려해야 한다. 기존의 방식에서는 앞에서도 언급했듯이 인식률을 올려야 하지만 한계가 있다. 이를 극복하기 위해 기존에는 이뤄지지 않은 머신러닝을 적극적으로 고려할 필요가 있다.

머신러닝은 인간이 학습을 통해 정확도를 점진적으로 개선하는 방식을 모방하기 위한 데이터와 알고리즘의 사용에 초점을 맞추는 인공지능 연구 및 컴퓨터 사이언스의 한 분야이다(IBM 2020). Nealey는 1962년에 IBM 7094 컴퓨터에서 처음으로 인공지능 기반의 게임을 실행했고, 컴퓨터에게 졌다. 오늘날 할 수 있는 것에 비하면 이 정도의 업적은 미미해 보이지만, 이는 인공지능 분야에서 중요한 이정표로 간주되고 있다. 이후 수십 년에 걸쳐, 데이터베이스의 용량확대와 처리 능력을 둘러싼 기술적 발전은 Netflix의 영상 추천 엔진이나 자율주행차 등과 같은 오늘날 우리가 아는 혁신들을 가능하게 했다.

머신 러닝 알고리즘의 학습 시스템을 세 가지 주요 부분으로 구성된다. 첫째는 의사결정 프로세스로 일반적으로, 머신 러닝 알고리즘은 예측하거나 분류하는 데 사용된다. 레이블링되거나 레이블링되지 않을 수 있는 일부 입력 데이터를 기반으로, 알고리즘은 데이터의 패턴에 대한 추정치를 생성한다. 둘째는 오류 함수이다. 오류 함수는 모델의 예측을 평가하는 역할을 한다. 알려진 사례가 있는 경우, 오류 함수는 비교를 통해 모델의 정확도를 평가할 수 있다(UC Berkeley School of Information 2020). 마지막으로는 모델 최적화 프로세스이다. 이는 모델이 훈련 데이터에 보다 잘 부합할 수 있다면, 가중치는 조정을 거쳐 기존의 사례와 모델 추정치 간의 불일치를 준다. 알고리즘은 이러한 평가를 반복하여 프로세스를 최적화하며, 정확도의 임계값이 충족될 때까지 가중치를 자체적으로 업데이트한다.

이 과정에서 OCR을 구현하는 데 있어서 고려될 만한 학습법은 LSTM이 있다. LSTM은 Long-Short term Memory를 줄인 말이며, 인간의 기억-학습과 같은 논리적 방식으로 이를 학습시키는 것이다. LSTM은 RNN의 방식 중 하나로, 학습시간이 필요한 작업을 수행하기에 알맞다. LSTM이 제안된 이후로(Hochreiter and Schmidhuber 1997), 추후 연구를 통해 계속 발전해오고 있다(Olah 2015). LSTM은 여러 방법으로 활용되고 있다. LSTM은 일정 이상의 시간의 데이터를 다루기에 긴 기간의 데이터에서 파생되는 문제를 회피하기 위하여 명시적으로(explicitly) 설계되었다. 긴 시간의 정보를 기억하는 것은 분석 모델의 기초적인 행동일 뿐, 모델이 그것을 모두 학습하기 위하여 자원을 낭비하는 것을 막은 것이다.

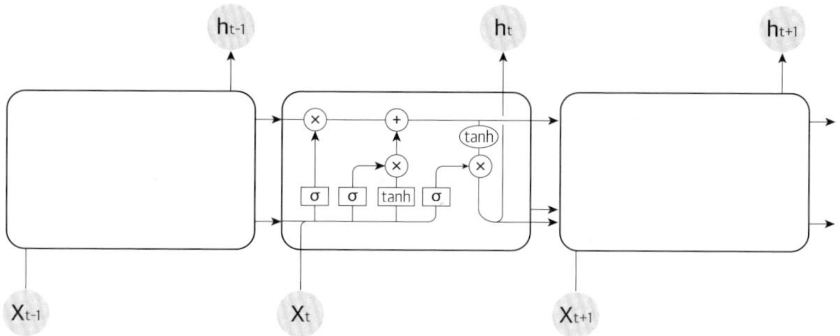

[그림 7] LSTM의 구조

출처: (Olah 2015)

LSTM의 기본 메커니즘에는 4개의 상호작용하는 layer가 들어있다. 위 그림에서 각 선(line)은 한 노드의 output을 다른 노드의 input으로 vector 전체를 보내는 흐름을 나타낸다. 동그라미는 vector 합과 같은 pointwise operation을 나타낸다. 박스는 학습된 neural network layer다. 합쳐지는 선은 일체화를 의미하고, 갈라지는 선은 정보를 복사해서 다른 쪽으로 보내는 fork를 의미한다. LSTM의 핵심은 cell state인데, 모듈 그림에서 수평으로 그어진 윗선에 해당한다. Cell state는 컨베이어 벨트와 같아서, 작은 linear interaction만을 적용시키면서 전체 체인을 계속 구동시킨다. 정보가 전혀 바뀌지 않고 그대로 흐르게만 하는 것은 매우 쉽게 할 수 있다. LSTM은 3개의 gate를 가지고 있고, 이 문들은 cell state를 보호하고 제어한다.

LSTM의 첫 단계로는 cell state로부터 어떤 정보를 버릴 것인지를 정하는 것이다. 이전 단어들을 바탕으로 다음 단어를 예측하는 언어 모델을 사례로 설명한다면, cell state는 현재 주어의 성별 정보를 가져고 있을 수도 있어서 그 성별에 맞는 대명사가 사용되도록 준비하고 있을 수도 있을 것이다. 새로운 주어가 왔을 때, 우리는 기존 주어의 성별 정보를 고려하고 싶지 않을 것이다. 다음 단계는 앞으로 들어오는 새로운 정보 중 어떤 것을 cell state에 저장할 것인지를 정한다. 그 다음에 tanh layer가 새로운 후보 값들로 된 vector를 만들고, cell state에 더할 준비를 한다. 이렇게 두 단계에서 나온 정보를 합쳐서 업데이트할 재료를 만들게 된다.

다시 언어 모델의 사례로 돌아간다면, 기존 주어의 성별을 잊어버리기로 했고, 그 대신 새로운 주어의 성별 정보를 cell state에 더하고 싶을 것이다. 이 단계에서 실제로 이전 주어의 성별 정보를 없애고 새로운 정보를 더하게 되는데, 이는 지난 단계들에서 정했던 것들을 실천만 하는 단계임을 다시 확인할 수 있다. 언어 모델 예제를 생각해보면, 우리는 주어를 input으로 받았으므로 주어 다음에 오게 될 예측값인 output으로 적절한 답은 아마도 동사 개념의 무언가가 될 것이다. 예를 들어 최종적인 Output은 앞에서 본 주어가 단수형인지 복수형인지에 따라 그 형태가 달라질 수도 있는 것이다.

최근의 OCR 소프트웨어 및 패키지들은 이러한 머신러닝의 강점을 어느 정도 고려하고 있다. 따라서 OCR 소프트웨어와 패키지 안에서 머신러닝을 통한 강화가 이뤄질 수 있다. 다만 이러한 기능은 대부분 영어를 비롯한 라틴 문자에만 많은 경우 한정되는 경향이 있다. 현재 OCR 소프트웨어 중 가장 좋은 기능을 보이는 ABBYY는 라틴 문자에만 한정되며 파이선에서 사용되는 OPENCV도 라틴 문자 외에 적용은 가능하지만 어려운 지점이 적지 않다. 따라서 이를 모색하여 고려할 필요가 존재한다.

머신러닝을 하는 과정에서의 학습자료는 매우 중요하다. 이러한 학습자료로 북한의 텍스트 자료들을 통해서 단어 구성의 패턴 등을 학습시켜 정확도를 높일 수 있다. 이를 위해서 북한의 보도, 논평, 논문 등을 사용할 수 있지만, 기존에 학습된 한국어 OCR은 한국의 글꼴들이 학습 대상이어서 한계가 있다. 북한의 포스터들을 학습하는 것이라면 이미지 학습만으로 어느 정도 가능한 영역에 있지만, 북한은 한국과 동일한 글꼴을 사용하지 않고 있으며, 따라서 추가적으로 북한의 글꼴을 학습하는 것이 필요하다. 이는 북한에서 사용되는 운영체제에서 추출하는 것으로 작업이 어느 정도 가능하다. 이를 통해 학습을 시켜 북한의 텍스트를 스캔 후 바로 디지털화하는 작업이 가능하게 할 수 있다.

반복하는 학습을 통해 구축된 OCR의 목표는 라틴문자의 OCR 수준 정도로 북한 문헌에 한해서 신뢰도를 95% 이상 만드는 것이다. 물론 90% 대에서 발생하는 OCR만으로 바로 문서로 옮겨지는 것이 아니라 전처리와 수정작업이 일정 부분 필요하지만 이렇게 완성도를 구축해야만이 OCR은 북한의 많은 인쇄물 데이터들을 처리가 가능해진다. 이렇게 만들어진 데이터는 단순히 북한의 어떤 특정한 데이터로만 한정할 것이 아니라, 빅데이터 차원의 접근 역시 가능하게 한다.

4. 섬세한 분석을 위한 북한어휘사전

많은 기존의 북한연구에서의 텍스트마이닝 활용은 KoNLP 패키지를 사용해 왔다. 다만 여기에서 북한과 한국의 언어 차이가 고려되지 않는다는 문제가 존재한다. 한국과 북한의 언어는 구어의 차원에서는 그 차이가 이해에 있어서 크게 문제가 되지 않지만 표기법에는 차이가 적지 않게 존재하며, 더 나아가 사용되는 단어와 단어의 용법 차이도 존재한다. 이러한 차이는 지역적인 방언에서 연유하는 바도 존재하며(최운호 1998: 61), 정치 이데올로기에서 비롯되는 차이도 적지 않다. 특히 북한의 언어 사용은 정치적 맥락에 의해 결정되는 바가 적지 않다는 점에서 북한과 남한의 언어차이는 더더욱 많이 벌어지는 측면이 존재한다. 북한의 표준어를 말하는 것은 서울말을 의미하는 것으로 오인할 수 있다고 하여, 김일성의 교시에 따라 평양에서 많이 쓰는 말을 중심으로 표준말을 규정하고 "문화어"라고 통칭했다(김민수 1997: 40, 294-306).

사실 기존 연구에서 이를 고려한다 해도 텍스트마이닝 분석 결과 나타나는 보통명사들을 사용자 사전에 추가하여 나타나는 방식으로 해결하는 것이 보편적이었다. 그러나 이는 빈도가 높지 않은 단어들에 경우 해결되지 않았다는 점에서 연구의 적절성 문제를 해결할 만한 방식을 고민할 필요가 있다.

김일성의 두 교시가 절대적으로 북한의 언어정책의 지침으로 작용하면서 그들의 언어정책의 기본적 방침으로 자리잡은 것으로 보인다. 이는 언어학에 관한 김일성의 교시인 "조선을 발전시키기 위한 몇 가지 문제-언어학자들과 하신 담화(1964)"와 "조선어의 민족적특성을 옳게 살려 나갈데 대하여-언어학자들과 한 담화(1966)"였다. 전자는 문자개혁 반대, 한자어 정리, 외래어 정리, 띄여쓰기'에 대한 규정, 어휘정리사업, 우리 말을 바르게 쓰는 기풍, 학교에서 조선어교육 강화에 대한 일반적 방침이었으며, 후자의 교시는 한자말과 외래어 정리, 고유어 살려 쓰기, 표준어에서 문화어, 한자 교육에 대해서였다. 후자의 교시는 전자의 교시와 유사지만 언어적 차원에서 민족적 특성에 대한 강조가 덧붙여진 것이다(이상혁 2020: 99-100). 이를 통해서 지속적으로 유지된 북한의 언어정책의 두 가지 특징이 어휘정리와 규범의 발전이었다.

이러한 어휘정리와 언어규범의 북한 내에서의 변화는 결국 많은 부분 어휘와 표기에 있어서의 차이를 가져오게 되었다. 우리가 가장 잘 인지하고 있는 두음의 문제부터 시작해서, 사회주의-김일성주의적인 어휘를 비롯한 여러 지점에서의 차이가 발생했다. 이에 따라서 한국과는 달리 다양한 단어가 도출되게 되었고, 이는 한국어와의 이질성을 드러내는 하나의 요소가 되었다. 이를 그대로 한국어 텍스트마이닝 패키지를 이용하여 돌리면 이러한 단어들이 분절되어서 엉뚱하게 분석에 나타나는 경우가 적지 않다. 이를 해결하기 위해 여러 연구는 사용자사전에 이렇게 분절되거나 엉뚱하게 나타나는 단어들을 추가하는 경우가 적지 않았다. 그러나 이는 매번 이를 확인하는 작업이 비효율적일 뿐만 아니라, 분석에서의 적절성을 고려해 본다면 더 많은 숙고가 있어야 할 필요가 있다.

문법 차원에서의 표기법이 다른 사례는 대표적으로 접합어의 표기법이 다르다. 사이시옷의 원칙 같은 경우가 다르기 때문에 이를 한국어의 형태소 사전을 통해서 말뭉치를 끄집어 낼 때 적절하지 않은 분석결과가 도출된다. 또한 두음법칙 같은 경우도 당연히 한국어와 표기가 다르기 때문에 이러한 문제 역시 보완이 필요하다. 이러한 문제들이 해결되지 않는다면 결국 이는 양적인 수치로 표기할 때는 무시할 수 없는 왜곡으로 나타나게 되고 이를 해결하기 위해 사전의 문제를 해결할 필요가 있다. 문자자료만을 대상으로 하는 형태소 분석기의 설계, 제작에 문화어와 표준어의 언어학적인 차이는 문제가 되지 않는다. 왜냐하면 문자 표기 방법에 반영된 언어학적 차이만 형태소 분석기를 설계할 때 실제로 차이가 나타나는 문제이기 때문이다. 음성, 음운론적인 차이가 문자 생활에도 세밀히 반영된다면, 아마 각 방언권마다 다른 형태소 분석기를 설계해야 하겠지만 문자 생활에는 이러한 요소가 잘 나타나지 않는다. 이러한 차이가 나타난 단순한 예로는 "예절, 노동" 등의 어휘를 북한에서는 "례절, 로동" 등으로 표기하며, 이를 해결하기 위해서는 북한의 사전을 가지고 어휘 사전을 구축하면 될 뿐, 문제가 되지 않는다(최운호 1998: 61).

사전의 문제는 북한에서 사용되는 공식적인 단어는 우선 추가해야 한다. 이러한 차원에서 북한에서 만들어진 사전을 추가하는 작업이 이뤄져야 한다. 여기에서 사용되는 사전은 북한의 공식적인 용어들을 담고 있는 이는 북한에서 어느 정도 공인된 단어로 여러 공식 문서에서 사용되는 단어들이기 때문에 이를 바로 활용할 수 있다. 이것이 한국어 텍스트마이닝 패키지 사전에 추가될 때 북한의 공식적인 문서를 적절하게 텍스트마이닝을 수행할 수 있을 것이다.

현재 한국어 텍스트마이닝 패키지인 KoNLP에 여러 사진을 사용할 수 있다. 많은 부분 언급되는 사전은 바로 카이스트에서 만들어진 Sejong(세종)이다. 세종사전은 현대 한국어 어휘의 체계적인 분석과 기술에 기반해 한국어 정보처리에 보편적으로 활용할 수 있는 기반 구축 사업의 성과물이다. 세종사전은 어휘 의미 정보와 어휘 통사 정보를 가진 정보화된 어휘부(Computerized Lexicon)로 자연어 이해와 생성의 전 단계에의 활용을 염두에 두고 만들어졌다(조은경 2016: 198). 이는 언어공학적 차원에서 세종사전이 만들어졌음을 보여준다. 그러나 Sejong은 많은 부분 언어공학적 엄밀성에 의해 많은 신조어들이 배제되었고, 이는 분석 자체에 Sejong만으로는 한계가 있음을 보여준다.

여기에 추가적으로 고려할 수 있는 사전으로 NIADic이 존재한다. 9만단어로 이뤄진 세종 사전과 달리 NIADic은 기존의 형태소 사전들에 비해 압도적인 숫자인 93만개의 단어로 이뤄져 있다. 이는 국립국어원이 만든 '우리말샘'을 포괄한다. 우리말샘은 기존 '표준국어대사전'에 수록된 50만 단어와 신어·생활어 7만5000단어, 지역어 9만단어, 전문용어 35만단어를 더해 모두 100만여 단어로 구성되어 있으며, 여기에 추가적으로 브랜드, 유명인, 장소, 신조어 등의 명사 위주로 모두 50만여 단어로 구성된 것을 중복된 것을 제외하고 합친 단어로 구성되어 있다. 이를 통해서 NIADic을 사용하면 Sejong 대비 적게는 2.56-5.36배의 형태소가 발생하므로 더 정확한 결과 도출이 가능하며, 어휘의 상호연관성 정도에서는 NIADic이 Sejong Dic 대비 2.3-5.176배 정도로 많은 어휘량 간의 연관성을 보여주며 단어 빈도수, 연관 분석어 정교화 등 품질이 향상되며 빅데이터 분석연구가 활발, 심층 분석이 가능하다(K-ICT 빅데이터센터 2021).

북한에서 사용되는 단어 중에서 NIADic에 추가된 단어가 적지 않게 존재한다. 그러나 여기에 나타나지 않는 단어는 분명 추가할 필요가 있다. 이를 위해 북한의 문화어 사전을 추가적으로 반영할 필요가 있다. 북한의 문화어 사전은 지속적으로 출간되었으며 주로 수정된 바는 북한체제와 큰 관계가 있었다.

그러나 현재의 나와있는 사전만으로는 여전히 충분하지 않다. 한국어 텍스트마이닝 패키지에는 한국어 신조어들을 반영하기 위해 인터넷 문서들이 대량으로 포함되어 있다. 즉 북한의 신조어들도 어느 정도 반영되어야 보다 적확한 분석이 가능할 것이다. 이것이 만약 전처리 없이 텍스트마이닝 분석과정에 들어가게 되면 노이즈로 분석에 투입될 가능성이 크기 때문에 이러한 신조어들도 어느 정도 반영 가능하게 할 필요가 있다. 특히 텍스트마이닝을 통해 북한의 현재를 분석하기 위해서는 이러한 작업과 업데이트를 지속적으로 유지하는 것이 필요하다(이상혁 2020: 120).

5. 북한연구에 있어서 텍스트마이닝에 필요한 남은 과제

북한 웹의 크롤링은 고려해야 할 지점이 몇 가지 있다. 첫째는 북한의 웹크롤링 작업이 한국의 국내법과 충돌하는 지점들이 존재한다는 것이다. 물론 연구 목적에서 이것이 용인되기는 하지만 이러한 법적 문제는 보다 고려해야하는 지점들이 있음을 보여준다. 따라서 이를 해결하기 위해 웹크롤러가 만들어지는 과정에서의 법적 문제가 고안된 방식의 크롤러의 존재 방식이 필요하다.

둘째는 북한의 웹사이트가 양이 그렇게 많지 않다는 것에 있다. 북한의 대부분의 웹사이트는 북한 내부망에 있고 여기에 현실적으로 접근하는 방법은 거의 불가능하다. 따라서 인터넷에 올라와 있는 자료에 한정해서 분석하기에는 그렇게 많은 자료가 아니다. 이를 웨이백 머신을 이용한 크롤링을 고려하더라도 그 자료는 한정적이다. 따라서 이를 굳이 웹크롤러를 이용하여 북한 자료를 수집하는 것보다 오히려 북한의 아날로그로 만들어진 텍스트 자료들에 초점을 맞추는 것이 보다 분석에 기여할 수 있는 바가 클 수 있다.

다만 북한과 관련된 자료들을 이용한 연구로 확장한다면 웹크롤러는 새롭게 고려될 필요가 있다. 이 과정에서 웹크롤러는 북한과 관련된 자료를 모으는 과정이 되어야 한다. 이는 한국에서도 이뤄질 필요가 있는 동시에 영어로 이뤄진 데이터들도 각각 수집되었을 때 효과가 극대화될 수 있다. 이른바 북한의 자료로만 웹크롤링을 하는 것이 아니라 북한을 다루는 많은 이야기들에 대한 텍스트마이닝을 위하여 웹크롤링을 진행하는 것이다.

여기에서 유의해야할 지점은 과거와는 달리 웹크롤링에 대한 여러 윤리적 문제가 존재한다는 것이다. 많은 홈페이지와 사이트가 웹크롤링에 대하여 이를 사생활 침해적인 요인이 있다고 간주하여 막는 경우가 있거나, 혹은 이를 차단하기 위해 여러 가지 보안 조치를 하는 경우가 적지 않다. 즉 이러한 문제가 말끔하게 해결되는 경우에만 관련 연구를 진행할 수 있다는 것이다. 다만 북한에 대한 웹크롤링에 집중한다면 이는 기본적으로 연구윤리의 차원에서의 사생활에 대한 문제는 여기에서 문제되지 않을 것이다.

마지막으로 웹크롤링에서 고려해야 하는 중요한 문제는 데이터 분석에서 매번 지적되는 노이즈의 문제이다. 웹크롤링을 통해 모이는 데이터들은 모두 분석에 바로 활용할 수 있는 데이터가 아니라 일종의 편향성이 증폭된 노이즈일 개연성이 적지 않다는 것이다. 많은 웹크롤링 연구가 부딪힌 지점 중 하나가 이것인데 많은 양적방법이 빈도분석적인 차원에 의존하는 모델을 사용하고 있기 때문이 이 문제가 확대되는 경향이 있다. 특히 북한의 웹들은 대부분 북한체제에 친화적이라는 차원을 생각하면서 이를 크롤링해야 하며 북한 내부에서는 사실상 인터넷에 접근할 수 있는 빈도가 굉장히 소수라는 지점을 분석의 차원에서 적극적으로 고려해야 한다.

사전의 문제에서도 언급된 바 있지만 북한에서 사용되는 한국어의 형태소 분석기도 결국 새롭게 고민할 필요가 있다. 앞에서도 언급하였듯이, 대부분의 북한연구에서 사용되는 텍스트마이닝이 문서를 기반으로 한다는 점에서 형태소 분석기가 반드시 수정되어야 하는 것은 아니지만, 북한의 구어들도 만약 분석의 대상이 될 수 있다는 것을 고려해 본다면 형태소 분석기는 보다 분석의 엄밀함을 더 할 수 있다. 특히 탈북자 인터뷰가 연구의 대상이 된다면 이러한 형태소 분석기는 적극적으로 고려될 필요가 있다.

문화어 형태소 분석에서 어절 구조는 표준어의 형태소 분석과 같이 단층으로 구성되지 않으며 계층적으로 구성되는데, 이것은 문화어가 통사론적 구성에 대해서도 한 어절로 표현하도록 규정하고 있기 때문이다(최운호 1998: 60).

북한의 조선말규범집에는 띄어쓰기에 대해서 붙여 쓰는 것에 대해 허용 규정은 없고 당연 규정만이 있다. 북한의 언어를 텍스트마이닝 작업에서 분석하는 과정에서 표준어 구조와 큰 차이를 보이는 지점이 띄어쓰기의 차이이다. 문화어에서는 모든 불완전명사와 이에 준하는 단위들은 붙여쓰기를 하며, 한정된 경우에서만 띄어쓰기를 할 수 있도록 되어 있다. 또한 보조 용언도 붙여쓰기를 하며 일부 어미가 개입되어 자립적 용언이 맞는 경우에 있어서도 붙여쓰기로 되어 있다. 이 부분에서는 규범집에서 설명을 위해 예로 든 어휘들과 조선말대사전의 어휘목록이 일치하지 않거나 불균형을 이루는 것을 파악할 수 있다. 이러한 불균형으로 인해 북한 문화어 형태소 분석기의 분석 단계가 표준어를 대상으로 한 한국어 형태소 분석의 단계보다 많아지게 된다. 이러한 어절 구조의 차이점은, 표준어의 어절은 기본적으로 형태론적 구성과 거의 일치하는 반면, 문화어에서는 형태론적 구성뿐만 아니라 통사론적 구성도 하나의 어절로 표현하도록 규정한다는 것으로 요약할 수 있다(최운호 1998: 77).

첫째, 품사론에 기반한 기초 태그값을 정의한다. 여기서 정의되는 기초 태그값은 표준어의 형태소 분석기에서 얻을 수 있는 정보와 유사한 것으로 형태소의 통계 분석, 정보 검색 등에 사용될 수 있는 수준의 것이다. 둘째, 형태-통사론적 차원에서 다룰 수 있는 정보에 대한 태그값을 일부 정의한다. 이러한 정보는 통사 분석을 위해 사용할 수 있는 것인데, 이러한 태그값 정보의 추출 과정이 어떻게 가능한지 보여주며, 표준어를 대상으로 형태소 분석기와는 달리 문화어 형태소 분석기는 부분적이기는 하지만 통사 분석의 하위 단위를 구성할 수 있음을 보여준다. 셋째, 문화어 어절 구조를 설계하며, 이러한 어절 구조가 표준어를 대상으로 한 형태소 분석기의 어절 구조와 어떻게 다른지에 대해서 보여준다. 이렇게 만들어진 형태소 분석기는 특히 북한의 구어를 측정하는 데에 의미가 있다. 기존의 유튜브를 다루던 연구들이 북한의 영어 자막을 대상으로 했지만(박성호, 이화준, 김용호 2021), 형태소 분석기가 구현 가능하다면 북한의 영상물을 그대로 분석 가능하게 할 수 있을 것이다.

6. 북한연구에 대한 텍스트마이닝의 기대값

북한 연구에서의 텍스트마이닝적인 보완은 북한 연구에서 많은 것을 기대할 수 있다. 먼저 정치심리학적 접근을 할 수 있다. 이미 많은 기존의 연구에서 설명되었듯이 북한에서 제일 중요한 변인은 정치지도자의 리더십 변인이다. 이러한 리더십 분석에 있어서 합리적 행위이론을 비롯한 사회과학에서 많이 사용되는 접근이 적용되기 보다는 크렘린놀로지에 기반한 여러 접근이 이뤄져 왔다. 앞에서도 언급하였듯이 이러한 문제를 텍스트마이닝과 이를 기반으로 하는 응용적인 접근을 통해 보다 엄밀성이 높은 접근이 가능해진다. 이를 통해 개인 리더십에 대한 정치심리학적 접근이 가능하게 된다. 심리학에 기반한 정치학에 대한 접근은 기존에 많이 강조되어 온 바 있으며, 이에 대한 연구적 이점이 분명히 있음이 드러난 바 있다(Davis and McDermott 2021; Kertzer and Tingley 2018; Pace and Bilgic 2019). 정치지도자 개인에 대한 정치심리학적 접근은 정치행태에 미치는 지도자 개인의 영향을 이미 크게 규명한 바 있다(Hymans 2006; Kertzer and Tingley 2018, 327-29; O'Reilly 2012). 북한에서 비롯되는 위기와 북한 내부에서 발생하는 위기가 이러한 심리적인 문제에 기반한다는 지점에서 북한리스크 분석에 이러한 접근은 보다 심층적으로 이뤄질 필요가 있다.

정치심리학적인 분석을 통해서 북한의 정치지도자의 감정을 분석할 수 있다. 행태결정에서의 감정의 중요성은 많은 부분 강조되어 왔고(Haidt 2001), 현재 정치행태 연구에서도 많은 부분 활용되며(Petersen et al. 2012), 더 나아가 국제정치학에서도 지속적으로 주목받고 있다(Fierke 2014; Hutchison and Bleiker 2014; Mercer 2010; Petresen 2011). 이러한 감정은 행태결정과 직접적으로 연결되며, 국가의 행태에 있어서는 국가의 권력이 개인에게 집중되고 다른 외부 변인이 축소될수록 국가의 행태결정에 직접적으로 영향을 미칠 것이다. 이른바 합리적 행위자 모형, 관료행태 모형, 정부정치모형을 여기에서는 제도나 관료에 의해 결정되는 것이 아니라 개인에 의한 결정이 이뤄지기 때문에 적용하는 것이 한계가 있다. 오히려 정치지도자의 감정을 분석하는 것이 보다 의미있을 수 있다. 이는 정치지도자의 저작과 연설문 등을 텍스트마이닝을 통해 감정분석을 진행할 수 있다. 그리고 감정분석에 근거하여 북한리스크의 방향에 대한 전망하는 데 기여할 수 있다.

나아가 감정분석에만 머무르는 것이 아니라, 앞서 언급한 머신러닝과 딥러닝으로 보다 분석을 연장할 수 있다. 이미 여러 연구에서 활용된 바 있는데 인공지능의 신뢰도가 어느 정도 확보 가능한 모델을 만들었을 때, 이를 활용한 일종의 강한 추측으로 '확립할 수 있는 연구'를 할 수 있다. 이른바 단순히 텍스트마이닝 자체로는 정치지도자에 대한 연구를 강화할 수 있지만, 이 수준에 머무르는 것이 아니라 텍스트마이닝을 통해 구축된 데이터를 컴퓨터공학의 발전으로 인해 고안된 분석방법들에 동원할 경우, 보다 심층적이고 더 나은 분석과 전망이 가능할 것이다.

또한 북한의 집단적인 심상을 연구할 수 있다. 여기에서 대표적인 사례로 북한을 연구하는 데 있어서 많은 부분 언급되는 것이 포위심성(seize mentality)

이다. 포위심성은 '외부세계가 자신들에 대해 상당히 부정적인 행동 의도를 지니고 있다고 믿는 집단 구성원들의 신념체계'이며, '외부 집단들이 자신이 속한 집단에 대해 나쁜 짓을 하거나 위해를 가할 의도를 가지고 있다고 믿는 집단 구성원들의 인식'으로 정의되며, 포위심성이 '필요한 때에 어느 누구도 우리를 도와주지 않을 것'(No-one will help us in time of need) 이라는 믿음이 수반된 핵심적인 신념체계로 여겨져야 한다고 강조한다(Bar-Tal et al 1989: 49). 포위심성은 이스라엘 유대인들에 국한된 것이 아니라 과거와 현재의 다양한 집단들에서도 나타난다는 특징이 있다(Bar-Tal et al 1992: 634). 즉 포위심성은 타 집단, 타 국가 혹은 세계가 자신들에 대해 적대적인 의도를 갖고 있다고 인식하는 일종의 심리적인 강박관념으로, 국제사회나 타 국가 혹은 타 집단들이 자신들이 위협으로 간주하는 상대를 직간접적으로 지원할 때 심화된다는 것이다(Bar-Tal et al 2009: 251). 다만 북한이 포위심성을 가지고 있다는 것은 일종의 연속적인 추론을 통해 기반하는 것이지 이것이 실증적으로 입증된 바는 없다. 따라서 북한의 포위심성이 단순히 지도자와 정치 엘리트의 집단적 심상인지, 아니면 북한 전체가 공유하는 집단적 심상인지 분석 가능할 것이다.

포위심성은 두 가지 부정적인 정서(emotion)로 구성돼 있다. 첫 번째 구성요소는 두려움(fear)이다. 즉 두려움은 실존적인 위협이 존재하고, 이 존재가 향후 자신들에게 위협을 가할 수도 있다는 불확실성으로 인해 발생하는 정서라고 할 수 있다. 포위심성의 두 번째 구성요소는 불신(distrust)이다. 불신은 인간의 본성과 관련돼 있다. 불신의 대상을 국제사회로 한정할 경우, 불신의 개념도 '안보를 제공하는 국제사회의 동기나 의도, 그리고 미래 행위들에 대해 안보수혜국들이 지니고 있는 불확실성의 인지상태'로 정의할 수 있을 것이다(부승찬 2017). 이러한 포위심성이 북한이 유발하는 리스크와 북한이 겪는 리스크 두 방향 모두 작동한다는 점에서 이 주제는 이스라엘의 안보정책 이상으로 북한에 적용하는 데 의미가 있다.

많은 감정연구에서 분노와 두려움은 기본적인 감정으로 많은 부분 다뤄져 왔다(Elster 2007: 160; McDermott 2004: 160). 이러한 분노와 두려움은 현재 텍스트마이닝의 감정분석을 통해서 분석가능하며 많은 부분에서 다뤄져왔다(Mansour 2018). 북한연구에서의 텍스트마이닝 접근을 통해서 이를 계량적으로 접근 가능할 것이다. 이는 북한연구의 분석지평과 활용도를 넓혀주는 데 충분히 기여할 수 있다. 포위심성을 다루기 위해서 북한의 담론을 본다지만, 이것을 지도자나 북한의 개인으로 분석의 폭을 좁히는 것도 충분히 가능할 수 있다.

엄밀히 말해 텍스트마이닝이 북한연구에 기여할 수 있는 방향은 북한연구가 '북한학'이라는 독자적인 지역연구로 나아가기 보다는, 보편적 차원의 이론에 기여하거나 모델링을 도출할 수 있는 방향의 연구로 나아가는 것을 목표로 한다. 즉 학문적인 차원에서 북한연구가 기존에 갖고 있던 지평을 넓히려는 것을 목표로 한다. 이러한 지평의 확대는 북한연구가 넓어지는 효과로 이어질 수 있으며, 방법론적인 엄밀성을 확보하여 북한 연구의 내실 또한 강화할 수 있다.

정책적으로는 기존의 해석과 추측의 영역에 있던 북한의 행태에 대한 모델링과 리더십에 대한 분석을 더할 수 있다. 특히 북한의 도발이나 협상 행태를 예측하기에 적절한 모델을 수립하거나, 북한의 리더십의 결정 근간에 있는 메커니즘에 대해 고려할 수도 있다. 또한 북한이 가지고 있는 집단적인 세계관의 특수성에 대해서 규명할 수 있다. 이를 통해 북한의 포위심성을 비롯한 문제들에 대해 분석하고 접근할 수 있을 것이다. 다시 말해, 정치심리학적으로도, 사회심리학적으로도 어느 정도 유용한 틀을 제시할 수 있으리라 생각한다.

본문에서 언급한 보완이 이뤄진다면 텍스트마이닝은 북한연구에 있어서 하나의 중요한 기반이 되리라 생각한다. 텍스트마이닝과 더불어 여러 새로운 방법론과 결합했을 때의 북한연구는 학문적으로도, 정책적 측면에서도 더 큰 이익이 될 것이다. 그리고 여기에 머무르지 않고 새로운 방법론과 접근, 분석틀을 제시해줄 것이다. 텍스트마이닝은 인공지능을 이용한 접근을 북한연구에 가능하게 해줄 것이며, 단순히 북한의 특수성을 설명하는 것을 넘어 사회과학적 보편적 이론과 북한의 간극과 그 연유를 설명하는 데에 일조할 것으로 기대된다. 이를 통해 북한연구와 사회과학적 접근의 유리를 어느 정도 좁혀줄 것이라 생각한다.

2부
북한리스크와 남북한 관계

앞에서 북한리스크를 어떻게 관찰할 수 있고 측정할 수 있는지에 대하여 다뤄봤다. 2부에서는 북한리스크가 어떻게 남북관계에 작동했는지를 본격적으로 살펴보려 한다. 북한리스크에는 두 가지 요인이 작동해왔다. 하나는 북한에 접근하는 한국의 대북정책이 외재적 요인으로 작동했으며, 다른 하나는 북한이 정권유지를 목적으로 나타나는 행태가 북한리스크를 주조하는 데 있어서 작동해왔다. 먼저 기존의 대북정책이 북한리스크에 어떻게 나타났는지를 살펴보기 위해 우리가 북한에 대해 보편적으로 가지고 있는 여섯 가지의 휴리스틱을 살펴볼 것이다. 이 여섯 가지의 휴리스틱은 그동안 '오해'로 작동하며 북한리스크를 완화하는 데 작동하기보다는 오히려 북한리스크를 제대로 인식하는 데 방해가 되거나 해결하는 데에 장애요인으로 작동해왔다. 다른 하나는 그동안의 대북정책이 어떻게 작동했는지를 살펴보면서 기존의 대북정책이 북한리스크와 어떻게 상호작용했는지를 살펴볼 것이다. 마지막으로는 북한의 내부 권력 승계와 국내정치가 어떻게 북한리스크에 작동할 수 있는지를 접근해볼 것이다. 이 장에서는 결국 북한리스크가 단순히 국제정치나, 북한의 국내정치로만 문제를 한정할 수 없는 복잡성(complexity)을 가지고 있음을 보여줄 것이다.

V

북한에 대한 여섯 개의 오해

V

북한에 대한 여섯 개의 오해

이 장에서는 우리가 북한에 대해 갖게 되는 여섯 가지 인식의 오류(misperception)를 짚어보고자 한다. 지난 30여 년간 북한 핵문제를 해결하지 못한 것도, 1996년 출범한 4자회담이 시작도 끝도 없이 흐지부지 끝나버린 것도, 그 많은 회담에 회담을 거듭하고도 6자회담이 아무 성과 없이 끝나버린 것도 다 이 오해에서 비롯된 것이다.

첫번째 오류는 북한 핵문제를 해결하지 않은 채 방관하는 것을 더 이상 악화시키지 않은 채 현상을 유지하는 것으로 믿는 것이다. 1990년 대 초반 북핵문제가 대두되던 당시부터 미국의 주요 관심사는 북한 핵문제 그 자체 보다는 핵비확산 체계의 유지였다. 미국이 북한에 대한 군사제재를 염두에 두었던 것은 이러한 커다란 목표가 북한으로 인해 와해될 것을 염려했기 때문이었다. 2000년에 들어서 미국의 관심은 온통 테러와의 전쟁이었고 북한 핵문제는 부차적인 것이었다. 이러한 상황은 북한 핵개발 팀에게 가장 소중한 자산을 안겨주었다. 그것은 바로 시간이었다. 모두가 불가능하다고 여겼던 북한이 핵을 개발할 시간을 주었던 것이다. 때문에 현상유지는 커녕, 오히려 악화되었다고 봐야 한다.

두 번째 오류는 북한의 핵무기 개발이 스스로 주장하는 바와 같이 미국의 적대시 정책에 대해 억지력을 갖추겠다는 국제정치적 동기에서만 비롯됐다는 오해이다. 북한의 핵무기는 불리해진 국제환경에 대한 반응과 함께 외부적인 위협을 활용해 국내적인 단결을 확보하고자 하는 국내정치적 도구이기도 하다. 강화된 응집력을 통해 국내정치적 지지를 확보하고 나아가 권력승계를 원활히 하기 위한 수단이라는 점을 간과해서는 안 된다.

세 번째 인식의 오류는 북한이 핵프로그램을 협상도구로만 활용한다는 것이다. 핵무기 보유로 인해 주한미군과 남한이 즐기던 군사적 우위에 변화가 발생한 만큼 북핵은 전략적이며 비대칭적 방어의 주요한 수단으로 작용해 왔다. 강성대국에 이어 핵경제병진으로 이어지는 국내정치적 담론의 중심에 자리잡아 왔으며 열악한 환경 속에서 그래도 핵무기를 보유한 군대의 일원이라는 자긍심을 북한의 군부 엘리트들에게 불러일으켰다. 북핵은 전략적으로나 국내정치적으로 이런 효과를 안겨줄 수 있는 유일한 기재라는 점에서 바라봐야 한다.

네 번째 인식의 오류는 경제적 보상으로 비핵화를 이룰 강성대국이나 핵과 경제의 병진을 주장할 때나, 혹은 우리 국가제일주의를 주장하더라도 정책의 최우선순위에는 김왕가의 정치적 생존이 자리잡고 있음을 잊어서는 된다. 경제발전이나 수 있다는 착각이다. 북한이 안주민의 삶을 향상하는 것은 북한이라는 국가의 우선목표임에는 틀림없으나 정권의 목표와는 차이가 있음을 분명히 해야 한다. 북한이 핵을 개발하기 시작하면서 겪어온 경제난과 기아에 수많은 사상자가 발생했지만 김왕가의 유지와 정치적 생존에 우선순위를 뒀음은 지난 30여년 간 우리 모두가 지켜봐 온 사실이다.

다섯 번째 오류는 북한이 결코 핵을 포기하지 않을 것이란 섣부른 결론을 미리 내는 것이다. 앞서 언급한 바와 같이 북한의 핵프로그램은 어디까지나 수단의 성격을 띠고 있는 것이지 그 자체가 궁극적 목표는 결코 아니다. 이 점은 북핵문제 해결에 대해 상당히 시사하는 바가 크다. 핵프로그램을 북한의 궁극적 목표로만 간주한다면 북핵문제 해결에는 상당한 노력과 대가를 치러야 하겠지만 북한의 권력을 유지해 주는 수단이라면 상황이 달라질 수 있기 때문이다. 필자는 이런 주장을 25년 전부터 제기해 왔다. 북한은 체제유지라는 간단명료한 목표를 위하여 핵개발을 추진했던 것이며 핵개발의 의도가 있음도 물론이다. 북한의 위기의식은 여러 유형의 대안으로 연결되었겠으나 핵개발의 방향과 수준을 단순한 대체에너지의 개발이라는 단계를 넘어 핵무기의 개발이라는 가장 확실하고 유효한 방향으로 결정된 것으로 보인다. 그러므로 북한의 핵개발은 체제유지에의 위협요소에 대한 종속변수이며 따라서 북한의 핵문제를 해결하기 위해서는 독립변수의 변화 또는 변질을 유도해야 하는 것이다(김용호 1996: 404-5).

즉 북핵으로 하여금 북한의 권력, 특히 김왕가의 정치적 생존이 위협을 받게 되는 상황을 초래한다면 북핵은 포기가능한 대안으로 전락하게 되기 때문이다. 그렇다면 핵 때문에 김왕가의 정치적 생존이 위협받는 상황을 조성하는 문제 역시 논의의 대상이 돼야 한다.

여섯 번째 오류는 김정은 정권이 김일성이나 김정일 정권과 마찬가지로 도발과 제한된 개혁만을 통해 정권을 유지하는 수세적 정책을 계승할 것으로 보는 것이다. 김일성과 김정일의 절대권력이 유지되면서 그에 추종하는 엘리트 그룹에 대한 보상자원도 고갈됐을 뿐 아니라 향후 족히 40년의 통치를 내다보는 김정은에게 현상유지정책으로는 인민들의 지지를 확보할 수 없다. 혁명적 수령관의 무오류성을 탈피해서 인민들에게 고맙다고 말하는가 하면 경제정책의 실패를 인정하는 등 최근의 움직임은 이 같은 점을 시사하는 것으로 해석된다. 그렇다면 이러한 여섯 가지 인식의 오류에 대해 보다 자세히 살펴보기로 한다.

1. 북한리스크는 국제정치의 부산물인가?

미국은 북핵문제를 한반도와 동북아라는 지역적인 범위를 넘어 세계적 핵 비확산과 테러와의 전쟁이라는 전지구적 프리즘으로 바라본다. 우선 냉전시대 유지됐던 공포의 균형이 와해된 탈냉전의 국제정세는 깡패국가들을 규정하기 시작했고 그들의 핵개발은 용납할 수 없는 일이 됐다. 그 첫 케이스가 바로 북한이 된 것이다. 특히 인도와 파키스탄 분쟁에서 파키스탄이 사실상의 핵보유국이 되자 북한핵이 초래할 동북아의 핵 도미노 현상에 대한 우려가 증폭된 것과 맞물린다. 때문에 우리에겐 본질적 문제로 보이는 위기가, 미국에겐 부차적인 문제로 보일 수 있게 된다. 2000년대 들어 테러와의 전쟁에 온 관심을 쏟게 된 미국은 북한의 대량살상무기와 핵물질 등이 테러집단으로 수출될 가능성에 촉각을 곤두세우고 바라보지 않을 수 없게 됐다. 이와 같은 우려는 북한의 실질적인 비핵화보다 그 파급효과에 더욱 관심을 기울이게 되는 기현상을 초래하게 된 것이다.

또한 북핵문제를 다룸에 있어 클린턴 행정부는 외교적 고립이나 정권안보, 지역적 경쟁구도나 우위와 같이 핵무장을 초래하는 다른 사안들에 대해 좀 더 신중한 분석을 했어야 했다. 오로지 국제정치적 차원에서만 북핵을 바라봤다는 것이다. 북한이 핵을 개발하게 된 요인은 크게 두 가지로 집약될 수 있다. 하나는 625전쟁 이후부터 지속돼 오던 안보딜레마이고 또 하나는 3대에 걸쳐 진행돼 온 부자간의 권력승계와 그로 인한 김왕가의 정치적 생존이라는 자승자박적 부담을 안게 된 것이다. 동구권의 붕괴와 독일통일, 소련과 중국의 남한과의 수교 등은 북한의 안보환경을 열악하게 했을 뿐 아니라, 86아시안게임과 88올림픽게임으로 외교 고립마저 초래하게 됐다. 서독이 동독을 흡수통일 후 북한이 의지하던 두 동맹국이 남한과 수교를 한 가운데 정녕 북한은 미국이나 일본과 외교관계를 트지 못한 것은 가히 충격의 연속이라 할 수 있다. 북한의 외교 고립이 시작된 것이다.

나중에 다시 논의되겠지만 북방정책은 남북한의 4강과의 교차승인을 통한 국제정치적 안정을 추구하는 것이 정책의 핵심이었다. 그럼에도 불구하고 북한이 미국 및 일본과 오늘날까지 수교하지 못하게 된 것은 핵개발과 무관하지 않다. 과연 정책의 실패인지 아니면 남한과의 경제협력에만 중점을 둔 옐친 정부의 대북 고립정책이 초래한 것인지 논란은 거듭될 것이다. 러시아의 옐친 정부는 북한을 제외한 모든 정부에 남아도는 무기를 팔 것이라고 공언할 정도로 북한과의 외교를 최하위에 두는 정책을 추구했기 때문이다.

북한에게 있어서 미국의 세계 유일 강대국으로의 등극은 위협이 아닐 수 없었다. 1990년 1차 이라크 전쟁에서 미국은 북한과 엇비슷하게 평가되던 이라크군을 종잇장처럼 짓밟아 버리며 세계 최강대국으로 등극하게 된다. 2개월간의 공습 끝에 지상군이 투입된 사막의 폭풍(Desert Storm)작전에서 미국은 사상 최초의 일방적 승리를 거두게 되고 항복하는 이라크병사들의 모습은 북한에게 충격으로 다가왔다. 미국과의 지상전에서 승리할 수 없음을 깨달은 북한에게 남은 선택은 핵 개발이었다.

1990년 북한의 핵개발에 대한 미국의 부정적 시각은 다극체제하의 핵질서가 양극체제에 비해 훨씬 불안정할 것이란 국제관계이론에 배경을 두고 있었다. 또한 다극체제하에서 보다 많은 국가들의 핵보유가 핵도미노 현상을 초래할 것이란 염려도 깔려 있었다(Mearsheimer 1985). 양극체제가 핵확산을 억지하는 한편 다극체제는 핵확산을 초래할 것이란 논리다. 이와 같은 경고주의(Alarmist)적 시각은 냉전시대 핵의 균형이 오히려 국제질서를 안정적으로 유지했다는 현실주의적 사고에 뿌리를 두고 있었는데 탈냉전기의 다극화세계에서는 그런 균형을 기대하기 힘들다는 것이었다.

클린턴 행정부에겐 전세계적 차원의 핵 비확산이 중요했던 것이었을 뿐 북한의 비핵화가 주관심사가 아니었다. 1994년 제네바에서 북한과 핵합의(Agreed Framework)에 서명할 때에도 과거 핵개발의 투명성을 확보함으로써 완전 비핵화를 추구하기 보다는 핵활동의 동결에 만족했었다. 당시 한스 블릭스(Hans Blix) IAEA 사무총장은 1994년 이전의 핵투명성을 확보하지 않을 경우 이미 추출된 플루토늄이 핵무기제조에 사용될 것인지의 여부를 확인할 수 없다고 주장했지만 주목을 받지 못했다. 이미 미국과 남한의 관심은 한반도에너지개발기구(Korean Peninsula Energy Development Organization, KEDO)의 설립과 대북투자에 있었다.

한반도에너지개발기구를 설립해 북한에 경수로 발전기 2기를 건설하고 중유를 공급하는 과정에 주도권을 확보하려는 외교전이 펼쳐지기도 했다. 한국언론의 관심도 어떤 기업이 어느 정도 규모의 대북투자를 확보했는가에 쏠려 있었다. 북한의 과거 핵투명성은 그렇게 남겨졌고 이 과정에서 북한의 핵개발팀은 핵무기를 개발할 소중한 시간과 자원을 확보한 것이다. 11년 뒤 북한은 핵무기 보유를 선언했고 12년 뒤에 첫 핵실험을 성공리에 마친다.

2002년 고개를 들기 시작한 2차 핵위기 때에도 미국의 관심은 북한의 비핵화보다는 핵물질을 이전하지 못하도록 통제하는 데에 있었다. 9.11이후 테러집단의 손에 핵물질이 들어가는 상황을 막아야 할 필요성이 대두되면서 2003년 5월 부시 대통령이 폴란드에서 PSI구상을 처음 밝힌다. PSI란 핵 비확산 안보(Proliferation security initiative)체계를 의미하는 것으로 미국은 완전하고 검증 가능하며 불가역적인 비핵화(complete, verifiable and irreversible dismantlement, CVID)를 추구할 때도 대량살상무기의 유통과 거래를 추적하고 차단하기 위한 PSI체계의 구축에 역점을 뒀다.

미국은 북한에 CVID를 제안하면서 경제지원 및 에너지제공 패키지와 체제안전을 보장해 주면 핵프로그램을 완전히 폐기할 것이라고 생각했다. 반면 북한은 "행동 대 행동"원칙에 따라 핵시설의 완전해체와 경제패키지가 동시에 이뤄져야 한다고 주장했다. 양측의 주장이 평행선을 그리는 가운데 북한은 핵원자로를 계속 가동할 수 있었고 6자회담은 아무 가시적인 성과를 내지 못한 채 공전에 공전을 거듭하게 된다.

PSI구축에 대해선 미국은 발빠르게 움직였다. 무려 90여개국이 PSI에 참여했으며 유엔안보리 결의안 1540호를 통해 국제적인 정당성을 확보하기도 했다. 이 결의안은 대량살상무기 관련 거래를 방지하기 위한 전 회원국의 협력을 의무화했다. 미국 정부에 관세 및 국경보호권을 통해 대량살상무기 관련 물질의 거래를 통제할 수 있는 권한을 부여했을 뿐 아니라 PSI참가국 모두에게 "확산의심국가와 관련된 모든 거래를 통제하며 관련정보의 교환을 원활하게 하고 통제활동과 관련된 일체의 조치를 취해야 하는 의무를 부과"했다.[2]

PSI체계를 구축함으로써 미국은 북한으로 오가는 모든 항공 및 해상화물에 대해 정선명령을 내리고 조사할 수 있으며 관련된 정보를 교환할 수 있는 법적, 제도적 권한을 갖게 됐다. 북한 내에서 진행중인 핵개발 프로그램보다 핵물질의 이전을 방지하는 데에 주력한 것이다. 한국은 2009년 4월 아홉번째로 PSI에 참가하게 됨으로써 북한선박에 대한 정선과 수색을 할 수 있는 법적 권한을 갖

2 "interdict transfers to and from states of proliferation concern, develop procedures to facilitate exchange of information, strengthen national legal authorities to facilitate interdiction and take specific actions in support of interdiction efforts."

게 됐다. 북한은 남한의 참가를 전쟁선포로 간주하겠다며 으름장을 놨지만 한국은 2010년 11월 PSI전문가그룹에 21번째 회원국으로 참가하는 등 미국과의 협력을 강화해 나갔다.

2. 북핵은 북한을 리부트(reboot)시켰는가?

북한의 핵무기 보유는 새로운 위협이기보다 과거의 도발행태가 새로운 형태를 띤 것으로 이해해야 한다. 북한의 도발행위를 촉발했던 국제적 및 국내정치적 환경을 분석해보면 핵개발 당시 상황과 유사하다는 것을 알게 된다. 과거 북한은 도발을 통해 권력승계 같은 주요한 정치일정을 앞두고 위험부담의지를 과시하고 국내적 단결을 도모해 왔다. 남한의 정치불안을 틈타고 남한내 혼란을 가중시킨다거나 정부전복을 위해서 대남도발을 이용했다. 때로는 남한이나 미국의 대북정책에 영향을 주거나 군사적 위협을 받으면 반격하겠다는 결연한 의지를 보이기 위해 도발을 활용해 왔다.

핵개발도 마찬가지다. 북한이 핵을 개발하기 시작할 무렵의 국제 및 국내환경은 북한의 도발을 촉발한 환경과 무관하지 않다. 북한의 대남도발은 항공기 납치, 어선 납북, 무장공비 침투, 암살 등 다양한 형태를 띠었다. 도발과 핵개발은 국제환경이나 국내정치적 환경이 유사하다. 북한의 대남도발을 분석해 보면 불리한 국제환경, 북한의 중요한 정치일정, 남한 내부에서의 정치적 혼란이 중첩되던 시기에 발생한 것으로 나타난다.

북한의 대남도발이 가장 활발히 일어났던 기간은 1960년대 후반과 1980년대 초반이었다. 1960년대 후반은 한국의 베트남전 참전으로 북한의 위기의식이 상승했던 시기였다. 또한 중국에서는 홍위군이 김일성의 개인숭배를 비판하기도 했던 시기였으며 김정일이 대규모 숙청을 주도하며 정치적 영향력을 확대하려고 노력하던 시기기도 했다. 또한 남한에서는 3선개헌 반대를 주장하는 대학생들의 시위가 증가하던 때였다.

1980년대 초반 역시 북한에게 불리한 환경들이 조성되어 있었다. 레이건 행정부 출범과 동시에 한국 및 일본과의 안보협력이 강화됐고 김정일은 이를 한미일 '삼각군사동맹'으로 표현하며 비난했다. 남한에서는 반정부 시위가 극에 달하던 시기였다. 무엇보다 북한에서는 김정일로의 권력승계가 공식화된 6차 당대회가 열린 직후이기도 했다.

두 차례에 걸친 북핵위기를 촉발시킨 환경 역시 유사하다. 북한이 핵 비확산조약에서 탈퇴할 것을 밝힌 1993년은 북한에게 상당히 불리한 국제환경이 전개돼 있었다. 소련의 해체와 동구권의 붕괴, 독일의 서독에 의한 흡수통일 등은 유례없는 위기의식을 북한에 안겨준 사건들이었다. 국내정치적으로도 김정일로 군권이 이양되는 중요한 정치과정이 전개되고 있었다.

1991년 조선군 총사령관에 임명된 김정일은 1993년 국방위원장에 추대됨으로써 명실상부 북한의 군을 장악하게 됐다. 사실상 권력승계의 성패를 가름 짓는 가장 중요한 과정이었다. 중국에서도 시진핑이 군권을 거머쥐고 주석직에 오른 첫 지도자라는 점만 보더라도 이 과정이 얼마나 중요한 것인지 잘 알 수 있다. 김정일로의 군권 이양은 이렇게 김일성 사망 1년 전에 마무리된다.

북핵문제가 불거지자 남한에서는 김영삼 정부의 무능을 지적하는 비판여론이 거세게 일어났다. 단순히 대북정책의 실패를 질타하는 선을 넘어 전반적인 국정운영능력까지 의문을 제기하는 수준까지 이르렀다. 제네바에서 북한과 미국이 핵협상을 벌이는 동안 김영삼 정부는 아무것도 하지 않은 채 뒷전에 물러나 있다는 비난을 고스란히 안아야 했다. 비전향 장기수 이인모 노인을 북한에 송환하고 쌀을 지원하는 등 유화적인 대북정책을 추진하면서 임기를 시작한 김영삼 정부가 남북한관계를 냉각시킨 장본인으로 묘사되면서 그의 대북정책은 "냉탕과 온탕을 오간다"는 오명을 안아야 했다. 김영삼 대통령에 대한 지지도가 하락한 것 역시 대북정책에서 기인한 것이었다.

북한이 평양을 방문중이던 제임스 켈리(James Kelly) 차관보에게 농축우라늄 프로그램의 존재를 시인했던 2002년 10월의 국제환경 역시 북한에게 불리하긴 마찬가지였다. 2001년 아프가니스탄에서 승리를 거둔 조지 부시(George W. Bush) 대통령은 아버지 부시(George H. W. Bush) 당시 미완의 승리로 남겨둔 1990년의 이라크전쟁을 마무리 짓고 사담 후세인을 제거하기 위한 전쟁을 개시한다. 당시 거센 국내외의 반대여론에 직면했지만(New York Times 2002), 결국 미국은 2차 이라크전쟁을 개시하고 그렇게 미국의 일방주의외교가 시작된다. 동시에 북한의 위협인식을 상승시킬 수 있는 언어들이 최고지도자들에 의해 구사된다. 우선 그 유명한 "악의 축(Axis of Evil)" 발언이 부시대통령에 의해 언급됐고 뒤이어 북한을 "무법자 정권"으로 표현하기도 했다. 체니 부통령은 "핵 개발을 추진하면서 국민의 빈곤에는 관심 없는 무책임한 지도자"라고 김정일을 비난했다. 콘돌리자 라이스 국가안보보좌관도 "폭정의 전토기지(Outpost of Tyranny)"란 표현으로 북한을 비난했다가 미국과 북한과의 설전(war of words)을 촉발하기도 했다(BBC 2005).

북한이 우라늄 프로그램을 '자백'하던 시기에 남한에서는 두 여중생이 훈련중이던 미군의 장갑차에 치여 희생된 사건으로 인해 반미감정이 들끓고 있었다. 해당 장갑차를 몰던 미군들이 무죄로 풀려나면서 이 사건은 주둔군 협정에 대한 전면적 개정을 요구하는 시위로, 다시 전국적인 촛불시위로 번져 나갔다.

상관관계에 대한 의견은 분분하지만 반미감정이 절정에 달했던 기간 한국의 대선이 치러졌고 "미국에 할 말은 해야 한다"는 후보가 당선되기에 이르렀다. 반미감정은 선거가 끝난 뒤 당선자가 자제를 당부한 뒤가 되어서야 수그러들었다(김용호, 김현종 2003).

2002년에는 북한에서도 의미 있는 사건들이 진행되고 있었다. 겉으로는 아무 일도 없는 것처럼 보여 졌지만 1942년생인 김정일이 60세가 되는 해이기도 했다. 김일성이 60세가 되던 전후부터 본격적인 후계자 수업을 받았던 김정일이 자신의 60세 의미를 간과하지 않았을 것이다. 필자는 2002년무렵부터 또 다른 권력승계가 진행되고 있을 개연성에 대해 언급하기 시작했고 북한이 핵무기 보유를 선언한 2005년부터는 북핵문제가 제2의 권력승계와 무관하지 않다는 주장을 했다. 이런 주장을 실은 발표가 언론에 거의 전부 소개되기도 했다.[3]

이처럼 북한이 우라늄 농축 프로그램의 존재를 시인한 시기는 북한의 국내정치, 남한의 국내정치는 물론 국제환경까지 모두 맞물려 있는 시점이었다. 이는 시기적 특성은 북한의 테러행위, 나아가 1990년대 초반 1차 핵위기의 환경과도 연속성을 나타내는 것이다. 북한의 천안함 폭침과 연평도 포격이 있었던 2010년도 이러한 연속성을 내포한다. 우선 김정은이 후계자로 공식 등장한 직후라는 점이 인상적이다. 또한 오바마 행정부와 이명박 정부가 북한에 대한 압박정책을 조율하던 중이었으며 남한 내에서는 광우병 파동과 미국과의 무역자

3 당시 부교수였던 필자는 논문작성 등으로 관련 내용에 대한 언론기고가 어렵다고 난색을 표하자 그래도 해당 기자는 포기하지 않고 발표문을 거의 모두 소개하는 기자정신(?)을 발휘했다. 다만 다음 내용을 서두에 포함시켰다. "김 교수가 이날 세미나에서 공개 배포한 발제문과 30여 분간 진행된 모두발언 내용 가운데 관련 부분을 소개한다. 독자의 편의를 위한 본래의 뜻을 해치지 않는 범위 내에서 쉽게 풀어 정리했음을 밝혀둔다." 후에 이 기자는 우리 학과 박사과정생으로 들어와 수업을 듣기도 했고 지금은 학계에서 활발히 활동하고 있다(황일도 2005).

유화협정(Free Trade Agreement, FTA) 서명으로 인해 거센 국내정치적 저항이 전개되고 있었던 시기였다. 남한에서 촛불시위가 번져가고 있던 시기였다. 이처럼 북한의 도발적 행위의 배경에는 다차원적인 환경의 변화가 작용하고 있었다고 볼 수 있다.

3. 북핵은 협상카드인가?

핵무기 개발 프로그램을 북한의 협상카드(bargaining chip)로 보는 관점은 미국과 남한의 인식상 오류가 초래한 대표적 사례로 볼 수 있다. 이와 같은 시각은 북핵이 협상의 진전에 따라 포기될 수 있는 하나의 카드로 보고 있다. 북한이 원하는 바를 얻기 위한 수단으로서 바라본다는 것이다. 북한에게 핵무기는 협상카드 이상의 의미가 담겨 있다. 핵무기를 보유하게 됨으로써 미국 및 남한의 재래전력에 대한 열세를 한 방에 떨쳐버릴 수 있게 된 것이 가장 중요한 의미다. 이라크와 리비아와 달리 핵무기를 보유한 북한에겐 천안함 폭침이나 연평도 포격 같은 도발을 벌일 지라도 전면적 보복공격을 자제할 수밖에 없다. 핵전쟁으로의 확산위험 때문이다. 남한이나 미국이 북한도발에 대해 동일수준 대응을 원칙으로 수립한 것 역시 북한의 핵보유가 공군력에서의 열세를 만회하는 기능을 수행한다는 사실을 시사하는 것이다. 피해규모를 기준으로 본다면 남한이 북한에 비해 비대칭적으로 취약한 것은 사실이고 남한의 여론 역시 공포감의 확산에 취약한 것 역시 사실이다. 때문에 핵무기를 사용할 의지가 있다는 위협을 통해 협상에서의 우위를 점하고 유리한 결과를 도출하기 위한 수단으로서 북핵을 바라보는 시각이 전혀 틀린 것은 아니다.

그러나 북핵은 단순히 협상카드의 수준에 머물러 있지 않다. 핵무기의 보유는 김정일 시대 강성대국의 상징과도 같은 기능을 했으며 선군정치를 이끄는 유일한 수단이기도 했다. 오로지 핵무기만이 북한이 강성대국이 되었다는 유일한 근거였다. 남한에 없는 강대국들만의 무기라는 점에서 북한의 군부의 충성심을 담보하는 자긍심의 중요한 원천이 바로 핵보유였다(최선영 2005).

아랍의 봄은 북한으로 하여금 결코 핵을 포기해서는 안 된다는 교훈을 주었을지도 모른다. 리비아의 카다피가 대량살상무기를 폐기한 다음 시민봉기에 의해 실각하게 되고 이런 카다피를 미국이 포기하는 장면은 북한의 김정은에게 의도치 않은 메시지를 전달해 주었을 것이다. 적지 않은 전문가들의 뇌리를 스쳐 지나간 '만일 카다피가 대량살상무기를 포기하지 않았더라면'하는 생각은 김정은의 뇌리에도 스쳐 지나갔을 것이다.

그러나 김정은 시대에 들어서면서 강성대국이라는 용어는 점차 사라지게 된다. 강성대국이라는 용어는 김정일이 사망한 직후인 2012년 신년사에서 단지 5차례 언급됐을 뿐이다. 2010년의 16차례와 2011년의 19차례에 비하면 커다란 변화라고 하지 않을 수 없다. 이제 강성대국을 대신할 핵/경제 병진정책이 김정은 시대를 이끌 구호로 나서게 된다. 2012년 비록 장거리 미사일 실험에서는 성공하지만 식량과 에너지, 그리고 생필품 및 전반적 재정에서 궁핍함을 벗어나지 못하고 있어 새로운 시대의 새로운 운영원리가 필요했을 것이다. 핵과 경제의 병진정책은 핵무기로 미국을 위협할 수준까지 도달했지만 경제는 미국은 커녕 후진국 중에서도 하위에 머물고 있어 핵무기의 수준만큼 경제를 끌어올리겠다는 김정은의 강력한 의지의 표현으로 해석해야 한다. 병진정책에 대해선 후에 상술하기로 한다.

결론적으로 북핵은 협상카드보다 김왕가의 정치적 생존을 유지해 주는 가장 중요한 전략적 및 정치적 수단으로서 기능한다. 2011년 12월 김정일이 사망한 직후 북한은 핵무기와 인공위성을 김정은은 반드시 지키고 발전시켜야 할 최대의 "혁명적 유산"으로 칭한 바 있다(정용수, 권호 2011).

4. Money Maketh Peace?

경제적 보상을 통해 북핵문제를 해결할 수 있다는 발상은 북한이 북한 자체의 생존보다는 김왕가의 생존을 우선시하는 한 현실적인 대안이 될 수 없다. 1, 2차 북핵위기가 진행되는 동안 미국과 한국은 경제패키지를 통해 북핵문제를 해결할 수 있다는 전제하에 북한에 다양한 경제적 보상을 핵포기의 대가로 제시했다. 북한이 핵만 포기한다면 대규모 경제지원을 통해 북한경제를 발전시킬 수 있다는 청사진을 제시하면서 핵포기를 유도했지만 30년 동안 북핵문제는 답보상태를 유지하고 있다.

이 점에서는 북한의 경제수준이나 경제패키지의 컨텐츠를 분석하기보다 북한정권의 정책우선순위를 살펴보는 것이 훨씬 의미 있다. 간단히 설명하면 북한정권의 최우선순위는 김왕가의 정치적 생존으로 지극히 정치적이면서 개인적인 것인 반면 국가로서의 북한의 생존이나 북한경제의 발전은 그보다 낮은 우선순위를 차지하고 있다.

[표 7] 북한의 정책 우선순위

목표	수단
우선순위 1 김왕가의 정치적 생존 (부자지간 권력승계)	핵무기, 선군정치, 핵경제 병진정책, 미국과의 평화협정, 6자회담의 유지, 김정일과 김정은의 통치자금
우선순위 2 국가의 생존	경제패키지, 경제제재조치의 해제, 남북경협, 에너지/식량 및 생필품 지원
우선순위 3 경제발전	경제지원, 시장경제의 부분도입, 경제특구 설치, 외국투자 유치

출처: (Kim 2011: 13)

김왕가의 정치적 생존이 북한이 추구하는 최우선 순위의 목표라는 점은 아사자가 발생하는 상황에서도 핵개발에 치중해 왔다는 사실만으로도 충분히 입증되는 것이다. 경제난이나 식량난은 미국이나 남한으로부터 핵을 포기하는 대가로 경제지원을 수용했더라면 충분히 방지할 수 있는 것들이기 때문이다. 북한이 제한적 경제개방과 개혁의 수준에 머물러 있었던 것도 경제수준의 향상이 주민들의 정치적 불만을 촉발시킨다는 독재자의 딜레마를 염려했기 때문이다.

결국 핵무기나 선군정치, 미국과의 평화협정, 심지어 6자회담이나 4자회담도 북한에게는 김왕가의 생존을 지속키 위한 수단들이었다. 이를 위해 안정적인 정치상황을 유지하는 것은 필수다. 또한 통치자금도 중요한 수단 중 하나다. 통치 자금이란 정권에 충성하는 엘리트그룹에게 물질적 반대급부를 제공해 주는 데 필요한 재정자원을 의미한다. 마카오에 있는 방코델타아시아 은행(Banco Delta Asia)의 북한계좌를 동결한 사건은 북한에게 통치자금이 얼마나 중요한가를 단적으로 보여주는 것이었다. 미국의 요청에 따라 중국이 동결한 이 계좌에 예치돼 있던 금액은 2,400만불 규모였다. 당시 북한은 6자회담에서 핵동결을 약속한 대가로 수 억불 규모의 경제패키지를 약속 받은 상황이었지만 계좌동결 이후 북한은 6자회담에서의 합의를 파기해 버렸다. 2,400만불 때문에 몇 억불 규모의 경제패키지를 쓰레기통에 던져버리는 것이 이해하기 힘든 대목이지만 앞서 얘기한 북한의 정책우선순위를 생각하면 그리 어려운 일도 아니다. 통치자금은 1순위를 위한 것이고 경제패키지는 2순위 혹은 3순위를 만족시키기 위한 수단에 불과한 것이다.

경제난을 극복하기 위한 재원의 확보는 2순위에 위치하기 때문에 일단 김왕가의 정치적 생존이 확보되는 것이 우선이다. 북한의 국가적 생존이나 경제발전은 어디까지나 김왕가의 정치적 생존이라는 1순위 목표에 종속될 뿐이다. 여기서 잠시 이명박 정부의 대북정책을 살펴보면 재밌는 점이 발견된다. 이명박 정부는 '비핵개방 3000'을 대북정책의 핵심개념으로 선정한 바 있는데 세 개념 모두 북한의 1순위 목표를 위협하는 것이었다. 핵을 포기하고 대외개방을 하면 1인당 소득 3000불 수준으로 경제를 발전시켜 주겠다는 것이다. 핵보유는 앞서 설명한 바와 같이 김왕가의 정치적 생존을 지켜주는 핵심 수단이며 대외개방을 하면 바깥세상 소식에 눈을 뜬 주민들이 김왕가에 더 이상 충성하지 않게 될 것이다.

3천불 소득 역시 주민들로 하여금 독재정권에 충성하지 않게 되는 촉발점이 된다. 독재자는 자신의 독재를 합리화하는 수단으로 경제발전이라는 명분을 내세우고 가난에 허덕이는 국민들은 이를 받아들인다. 그러나 일단 3천불 수준으로 생활이 향상되면 점차 정치적 자유를 원하게 돼 독재자를 축출하게 된다는 게 근대화이론에서 제시하는 설명이다. 공교롭게도 이 이론에서 가장 많이 인용되는 사례가 바로 한국이다. 1987년 민주화 항쟁이 진행되던 해 우리나라의 소득이 바로 3천불을 돌파하기 때문이다. 독재자의 딜레마에 대해선 후에 다시 한번 논하기로 한다.

5. 북핵은 '불멸'인가?

북한이 결코 핵을 포기하지 않을 것이란 생각 역시 인식의 오류에서 비롯된 것이다. 북핵은 김왕가의 정치적 생존을 유지하기 위한 수단일 뿐이지 그 자체가 궁극적인 목표는 아니다. 북핵이 더 이상 김왕가의 정치적 생존을 지원하지 않는다든가 오히려 김왕가의 생존을 위협한다면 언제든 포기될 수 있는 것이다. 관건은 그같은 상황을 만들어내는 데에 있다. 그런 상황은 강경정책이나 온건정책을 통해 모두 만들어 낼 수 있다.

강경정책을 구사한다면 핵무기 보유로 인해 김정은의 생존이 위협받는 상황을 조성하면 되고 온건정책을 구사한다면 생존을 위해 더 이상 핵이 필요치 않은 상황을 만들면 된다. 전자의 경우는 트럼프 행정부가 구사했던 참수작전을 전개하겠다는 시그널을 보냄으로써 유사한 환경이 조성됐었고 후자의 경우는 햇볕정책으로 상징되는 화해협력정책과 평화번영정책을 통해 추구됐다.

북한의 위험부담의지는 우리가 생각하는 것만큼 강하지 않다. 6자회담의 진행과정에서 흥미로운 사실이 관찰된다. 6자회담 진행과정에서 북한이 강경입장에서 협력적으로 협상입지를 전환한 시기와 상관관계가 발견되는 일들이 있다. 지금은 퇴역한 스텔스 폭격기 F-117이 남한에 배치된 후 북한의 협상입지가 협력적으로 전환된다. F-117이 전역한 이후에는 F-22와 핵 항모, 핵추진잠수함과 B-1B폭격기 등 4대전략자산이 북한의 도발이 예측되거나 도발 이후 긴장이 조성되면 한반도에 전개되곤 했다. 우연의 일치인지 상관관계인지 인과관계인지에 대해선 후에 다시 자세히 논의하도록 한다.

6. 북한은 겨우 연명하고 있는가?

김정은 정권이 할아버지나 아버지시대의 정책을 답습하며 김왕가의 정치적 생존과 정권을 유지하는 데 급급할 것이란 발상이 마지막 인식의 오류로 지적하고 싶다. 김일성 사망 직후인 1994년 그의 장례식 위원명단부터 이후 북한의 권력서열을 집약해 보면 흥미로운 사실이 도출된다. 후에 자세히 기술하겠지만 김정일의 어린 시절을 함께 보냈던 김일성의 소년 전령병 출신들이 김정일의 후계자 옹립과정에서 힘이 됐고 이후 그들은 김일성 사망이후 중용된다.

김일성이 과연 그들을 김정일에게 힘이 될 사람들이라 미리 점 찍어 두고 김정일시대를 위해 정치의 소용돌이 밖에 놔둔 혜안을 발휘한 것인지, '내 마누라를 가택연금 시킨 고얀 놈들'이란 프레임을 씌워 한직에 전전하도록 놔둔 것인지는 모른다. 그러나 확실한 것은 이들이 김정일의 후계자 옹립과정에서 김성애를 가택연금 시키며 생명을 건 무리수를 뒀고 그럼에도 불구하고 그들은 내쳐지거나 목숨을 잃기는커녕 직을 유지하며 때를 기다렸을 지도 모른다.

[표 8] 김일성 사망 이후 부상한 북한의 엘리트[4]

Name	2000	1997	1996	1994
조명록	3	11	13	89
리을설	5	10	12	77
김영춘	6	12	14	88
김일철	7	14	-	-
백학림	17	24	38	53
김익현	19	33	39	43

출처: (Chung and Lee 1998: 161; 로동신문 2000)

이미 김정은을 옹립하는 새로운 엘리트군이 정권의 핵심을 차지한 지 오래다. 김일성으로부터 김정일에 이르는 1차 권력승계에는 김일성의 1940년대 항일투쟁부터 6.25 전쟁에 이르기까지 모든 투쟁과정과 그에 얽힌 엘리트들이 배어 있다. 그들은 항일투쟁과 한국전쟁의 전설로서 김일성 사후 김일성의 유훈을 대변하는 선군정치의 표상으로 자리매김한다. 이 과정에서 김정은은 할아버지시대와 아버지시대의 엘리트군과 차별되는 자신만의 엘리트군을 형성했을 것이다. 결국 할아버지시대와 아버지시대에 상대적으로 넉넉한 생활을 영위했던 엘리트군들이 더 이상 그런 생활수준을 유지할 수 없게 된 것이다. 소수의 충성파 엘리트군들에게 제공할 수 있는 여유로운 삶을 위한 자원은 한정돼 있고 3대에 걸친 권력승계로 그 대상을 점점 넓어진 상황에서 선택과 집중을 해야 했던 것이다. 소위 선출인단 이론에서 지적한 바로 그런 상황이 북한에서 전개된 것이다. 선택은 간단하다. 누리던 사람들에게서 빼어 새로 부상한 엘리트들에게 나눠주는 것이다. 그렇게 된다면 이미 여유로운 삶을 즐기던 엘

4 2000년 순위는 김정일의 58세 생일 기념식에 공식 등장한 순서에 따른 것이다. 나머지 연도의 순위는 김일성 장의위원회 순서에 따른 것이다.

리트들은 불만계층으로 남게 된다. 그들에게 이런저런 명목으로 생활수준하향의 이유를 제시하거나 정치적 탄압을 가했다면 그들은 고스란히 반정권세력으로 자리매김하게 된다.

강경 정책이든 온건 정책이든 국민이 뽑은 대통령이기에 얼마든지 자신의 정치적 신념에 의해 선택할 수 있는 것이다. 그렇지만 그 후과는 감당해야 한다. 이 책에서 가장 강조하는 것은 대북정책의 목표는 북한주민이나 군부 같은 집합적 다수보다는 김정은과 김여정 등 정권 핵심 엘리트 개개인과 같이 특정할 수 있는 목표에 맞춰져야 한다는 것이다.

앞으로 자세히 살펴볼 이라크전에서 사담 후세인 제거에 동원된 무기가 한반도에 전개됐을 때 북한의 반응이나 트럼프 행정부 당시 참수작전을 시사하는 군사적 움직임에 대한 북한정권의 대응을 살펴보는 것은 향후 김정은 정권의 핵무기를 어떻게 다뤄야 하는지 알려주는 중요한 단서가 될 것이다.

VI

북한의 권력승계와 정치적 생존

VI

북한의 권력승계와 정치적 생존

북한은 김왕가가 유지되는 한 체제의 이익보다 김왕가의 정치적 생존이라는 이익을 최우선적으로 추진할 것이며 체제안보와 경제적 이익도 이에 종속된다. 즉 김일성·김정일·김정은으로 이어지는 가계의 안위가 북한보다 우선시된다는 것이다. 그리고 지금까지 핵무기의 보유는 김왕가의 정치적 생존에 커다란 기여를 해왔다. 때문에 해외투자의 유치나 남북경협, 미국으로부터의 경제 패키지가 아무리 큰 이득을 가져온다고 해도 김왕가의 정치적 생존에 부정적 영향을 주는 것으로 판단되면 단호하게 거부한다. 북핵협상에서 아무리 큰 규모의 경제협력카드가 비핵화를 이루지 못한 단적인 이유다. 4장에서 논의한 바와 같이 미국과 남한은 북한에게 1순위 목표의 포기를 요구하면서 그 대안으로 2순위의 목표를 충족시켜 주려고 했다. 마찬가지로 핵이나 미사일도발에 대한 제재로 경제적 압박을 가한다는 것 또한 북한에게는 효과적인 조치가 될 수 없다는 것이다.

북한의 인식과 우선순위를 반영해야만 효율적인 대북정책이 만들어진다. 즉, 북한을 고려한 수단들이 대북정책이 구사될 때 비로소 효율적인 정책이라 하겠다. 북한의 우선순위를 도외시 한 채 경제적으로 우월한 지위에 있다고 경제적 압박에만 기초한 대북제재 역시 자기만족에 불과했음을 지난 세월이 보여주고 있다.

그렇다면 항상 협상의 성패를 가름할 수 없는 북핵협상의 불확실성을 낮추거나 없애는 방법은 없는 것인가? 북한이 주요 정책의 변화나 인사변동, 행사개최 등 대부분의 사실을 실시간 공개하지 않고 관영언론에 의한 보도만 하니 대부분이 베일에 쌓여 있다고 볼 수 있다. 북한에서 파생하는 불확실성은 핵이나 미사일 실험발사, 군사도발이나 남한과 미국에 대한 경고성 메시지 등 국제정치적 파장을 불러오는 리스크, 정권 안정성을 비롯한 국내정치 상황, 엘리트 변동이나 후계 구도 변화, 혹은 주민동요 가능성 등 국내정치적 리스크, 화폐개혁이나 주요배급정책의 변화, 경제 특구 설치 등 대내외 경제상황의 변화를 수반하는 리스크 등으로 분류해 볼 수 있다. 이 글에서는 국내정치적 리스크로 인한 불확실성을 제어하는 방안에 대해 살펴보기로 한다.

앞서 수차례 논의한 바와 같이 북한의 도발행태는 유형화하여 예측가능성을 도출해 볼 수 있다. 북한은 국제사회가 그어 놓은 레드 라인을 의도적으로 넘어, 해서는 안 될 일을 먼저 하고 그 일을 관두는 대가를 요구함으로써 협상의 출발점을 설정한다는 것이다. 대개의 경우 레드라인을 넘어 북한이 행하는 행위가 미사일이나 핵무기와 같은 대량살상무기의 확산방지라는 국제사회 규범을 일탈하고 있다. 북한의 도발수위는 미국의 위험부담의지와 연동하며 지속된다. 미국의 실질적 제재의사에 따라 북한은 도발수위를 조정해 왔다는 사실은 이미 살펴본 바 있다.

우리가 여기서 살펴보고자 하는 것은 북한의 국내정치에서 파생하는 것으로 김정은 권력의 안정성과 후계구도의 변화, 엘리트 구성의 변동 등과 관련된 불확실성이라고도 볼 수 있다. 북한은 유사시 잃을 게 훨씬 많은 남한에 대해 비대칭적 위협을 일삼아 왔다. 경제적으로나 군사적으로 우위에 있어도 맷집이나 맞설 의지가 없으면 취약성이 드러난다. 바로 남한의 경우로 북한의 도발로 인한 경제적 손실이나 전사자 발생에 대해 북한과는 상대도 안 될 정도의 정치적 부담을 안게 된다. 미국정부도 전사자에 대한 부담을 덜기 위해 공습 위주의 전략으로, 또 오바마 행 정부 이후에는 드론을 활용하는 빈도가 크게 늘었다. 9.11 이후 미국은 아프가니스탄과 이라크에서 속전속결의 승리를 얻었지만 지상군 주둔에 대한 부담은 지속됐다. 전사자 수를 줄이기 위해 공습위주의 전략을 활용하자 조종사가 추락하는 경우가 발생했고 오바마 행정부 이후 이마저 줄이기 위해 드론을 활용한 전술로 전환해 나갔고 그에 따른 법적문제가 야기되기도 했다(Shane 2012/11/24). 드론은 무인항공기(Unmaned Aerial Vehicle, UAV)을 지칭하는데 지상작전 지원업무도 수행하지만 지도자 제거작전에도 동원된다.

1. 개인에 맞춰진 대북군사압박

참수작전이나 체제불안을 가중시키는 전략을 구사할 경우 그만큼 더 취약한 것이다. 북한이 우리 체제를 위협하기 위해 핵무기를 개발하고 실전배치하는 데 반해 우리는 북한체제를 위협하기 위해 확성기만 틀면 된다는 사실은 시사하는 바가 크다. 북한은 우리 체제를 위협하기 위해 우리 체제를 유지하는 다수의 핵심기간시설들을 목표로 설정해야 하지만 우리는 '적 지휘부 건물의 유리창'을 정확히 타격할 수 있는 순항미사일로 북한체제를 충분히 위협할 수 있다는 계산이 나온다. 북한 체제유지의 핵심은 외부로부터 유입되는 정보의 차단에 있다. 때문에 확성기 방송이나 탈북자 단체들에 의한 대북전단살포 등에 민감하게 반응하는 것이다.

재스민 혁명과 같은 내부로부터의 혁명이 북한에서도 발생할 가능성에 대해 연구해 본 적이 있다. 재스민 혁명을 촉발시킨 체제불안요소들이 북한에도 존재하고 있지만 이러한 요소들을 시민들의 불만으로 결집시켜 폭발할 촉발제가 결여돼 있다는 사실을 알 수 있었다. 촉발제가 없다면 단기적이고 급진적인 북한의 체제변화 가능성은 지극히 낮은 것으로 볼 수 있는데 대북전단 살포나 대북 확성기 방송이 촉발제의 역할을 할 수도 있다는 것이다. 따라서 북한이 김왕가 중심의 체제유지에 집착하면 할수록 우리의 선택지는 더욱 가볍고 간결해진다는 역설을 확인할 수 있는 것이다.

군사제재 가능성과는 별도로 북한이 '최고존엄'으로 표현하는 지도자를 비난하거나 위협하게 되면 격렬한 비방으로 맞서고 반대로 지도자에 대한 인정이나 존중의 표시는 대화로 이어지기도 한다. 그런데 '최고존엄'의 안위에 대한 위협이 말로 표현되지 않고 실질적 군사작전이 가능하다고 암시하는 행동으로 표현될 경우 정상회담 등 적극적인 대화공세에 나선다. 2013년 이후 남한과 미국이 보여줬던 위험부담의지의 단면은 김정은 정권의 위험부담의지를 확인할 수 있는 계기를 제공해 준다. 북한의 비대칭적 위험을 반영해 대북압박의 초점을 북한이 라는 불특정 대상에서 김정은이라는 지도자 개인에게 맞췄기 때문이다.

앞서 언급한 바 있는 개연성 있는 인과관계가 여기서도 발견된다. 박근혜 정부 출범 이후 퇴역한 F-117을 대신해 역시 스텔스 폭격기인 F-22 랩터(Raptor)와 죽음의 백조로 불리는 B-1B 랜서(Lancer)와 B-52폭격기, 핵추진 항모, 항공모함 등 미국의 4대 전략자산이 총동원됐다. 첫 여성대통령의 집권 이후 한반도 전쟁설이 나돌던 무렵 미국의 전략무기가 모두 출현했던 것이다. 북한의 당

창건 70주년을 맞아 핵실험이나 미사일 실험발사 등 도발이 예상되던 시점에도 전략자산은 어김없이 등장했다. 박근혜 대통령 탄핵이후 실시된 한미합동군사훈련에서도 항모 스태니스함이 한반도에 전개됐고 전략무기들이 한반도에 모습을 나타냈다.

북한이 핵실험 내지는 미사일 실험을 할 것으로 관측되었던 북한의 당 창건 70주년 기념일이었던 2015년 10월 10만4천톤급 항모 레이건호가 6000여명의 승조원과 F-18호넷 전폭기 등을 탑재한 채 부산항에 입항했으며 F-22랩터 또한 항공우주 및 방위산업 전시회 참가차 서울에 방문했다. 북한은 당 창건 기념행사의 일환으로 대내외에 과시하던 예년의 무력시위를 자제했다. 박근혜 대통령 탄핵 이후 실시된 한미합동군사훈련에서도 항모 스태니스함이 한반도에 전개됐고 전략무기들도 출현했다.

특히 오사마 빈 라덴을 사살했다는 언론의 친절한 설명까지 곁들이며 미 해군의 특수부대인 네이비실 팀 6가 훈련에 참가했다는 사실까지 대서특필됐다. 육군 특수부대가 터널 내에서 침투 작전을 훈련하는 장면까지 크게 보도됐다. 알카에다와 IS등 테러집단의 수뇌부를 제거하는 데에 주로 사용된 최신형 드론의 한반도 배치사실까지 보도되면서 북한에 대한 압박은 김정은 개인에 집중되면서 최고조에 달하는 모습을 보인 것이다.

김정은이 남한과 정상회담을 여러 차례 갖고 미국과의 정상회담에 나선 것은 전례없이 김정은 개인을 목표로 선정하고 압박의 수위를 최고조로 높인 것과 무관하지 않다고 판단된다. 트럼프 행정부의 대북압박은 그 목표를 북한이라는 집단적 혹은 불특정 다수가 아닌, 김정은이라는 지도자 개인에게 국한해 설정했기 때문이다. 클린턴 행정부로부터 조지 부시 행정부, 버락 오바마 행정부에 이르기까지 역대 행정부의 대북압박은 모두 김정은 개인보다 북한에 대한 공격가능성을 의미하는 것이었다. 클린턴 행정부의 군사제재 움직임(Clinton 2004: 591; Erickson 2017/08/09; Hwang 2004: 18; Perry 2006: 81-82)이나 조지 부시 행정부의 '악의 축'에 이은 '선제공격' 발언을 통한 대북압박도 김정은 개인이 아닌 북한에 대한 공격을 의미하는 것이었다.

김정은 정권이 남한과 첫 맞대결을 펼치던 2015년 8월. 남과 북은 8월 25일 새벽 2시에 43시간 10분간의 마라톤회담을 마치며 6개항의 합의사항을 발표한다. 당국 간 회담을 서울이나 평양에서 조속히 개최하고 여러 분야에서 대화와 협상을 진행해 나갈 것과 다양한 분야에서의 민간교류의 활성화를 약속했다. 특히 이산가족 상봉에 대한 합의가 이뤄져 그해 10월 금강산에서 헤어진 가족들이 눈물의 만남을 할 수 있었다. 뿐만 아니라 북한은 긴장의 근원이 된 지뢰폭발로 인한 남측 군인들의 부상에 대해 유감을 표명하며 준전시상태를 해제했고 남측은 북측의 요청에 따라 군사분계선 일대에서 모든 확성기 방송을 중단하는 등 모두 6가지 사항에 대해 합의했다.

그러나 8.25 합의는 6가지 합의 이상의 의미를 내포하고 있다. 8.25 합의는 김정은 정권의 위험부담 의지를 측정할 수 있는 소중한 기회였기 때문이다. 흔히 영화에서 수십만의 대군을 넓은 평지에 대치해 놓은 일촉즉발의 상황에서 양측의 수장들이 모여 대화하는 장면들을 간혹 연출한다. 군사들을 몇 리 밖으로 후퇴, 포로석방, 점령한 영토를 내어주고 후퇴 등의 전략적 요구를 주고받곤 한다.

젊은 나이에 적은 경험, 고모부까지 처형한 김정은 정권이 요구한 것은 스피커를 꺼달란 것이었다. 집권 초기에 보여줬던 폭력적 대내정치행태에도 불구하고 김정은 정권이 대외적으로 보여준 위험부담의지는 김정일 시절과 큰 차이를 보이지 않았다. 북한은 대형풍선을 전투기를 동원해 터뜨리는 유일한 국가이다. 음속으로 비행하는 최첨단 비행기를 상대해야 할 전투기 조종사들이 느낄 자괴감도 자괴감이지만 그만큼 김정은 체제의 아킬레스건을 드러낸 것으로 풀이할 수 있다.

북한도발외교의 부담요소로 부상한 것 중 하나가 민간인 피해에 대한 전세계적 거부감의 확산이라는 추세이다. 전시나 작전 중인 경우에도 부수적인 피해(collateral damage)에 의한 민간인 사상에 대해 전 세계적으로 부정적인 인식이 확산되었다. 현재 시리아 내전으로 고통받고 있는 난민들에 대한 인식의 변화 역시 이와 같은 추세가 반영된 것이다. 북한 역시 지난 2010년 연평도 포격도발때 민간인 사망자가 발생한 데 대해 유감을 표명한 바 있다. 연평도 포격 4일 만인 11월 27일 조선중앙통신의 보도를 통해 "연평도 포격에서 민간인 사상자가 발생한 것이 사실이라면 지극히 유감스러운 일이 아닐 수 없다"고 밝힌 것이다. 이는 향후 북한의 도발에 있어 민간인 희생자 발생이라는 변수를 고려하지 않을 수 없게 되었음을 의미하는 것이고 그만큼 북한의 선택지가 축소됨을 뜻하는 것이기도 하다. 북한이 기관총에 의한 총살로 처형한다는 소식이 연평도 포격이나 천안함 폭침보다 남한 젊은이들의 북한에 대한 부정적 인식에 더 큰 영향을 주었다는 사실 역시 이와 무관하지 않다. 남한사회의 인권에 대한 인식이 그만큼 상향되었음을 의미하는 것이고 북한 역시 이러한 점으로 인해 도발위주의 대외행태에 커다란 제약을 받게 될 것이다.

'서울 불바다론' 역시 커다란 위기를 맞게 됐다. 1994년 3월 19일, 남북특사교환 8차 실무접촉에서 북측 수석 대표인 박영수 조평통 부국장이 남측 수석대표인 송영대 통일원 차관에게 "서울은 여기서 멀지 않아, 전쟁이 나면 서울도 불바다가 될 거요, 송 선생도 무사하기 힘들거요."라는 발언으로 서울에 대한 직접 공격 가능성을 시사하기 시작한 이래 2008년 3월에는 "불바다 정도가 아니라 모든 것이 잿더미"가 될 것을 언급하였고 2013년 11월에는 "청와대 불바다"까지 언급한다. 불바다는 북한의 언어도발에 있어 단골메뉴로 자리매김해 왔다.

서울 불바다라는 공포 전술도 더 이상 효용성을 기대하기 힘들게 되었다. 중국인 관광객 증 가로 서울시내 어느 곳을 가든 어렵지 않게 목격되는 중국인 관광객들도 불바다에 휩쓸릴 수 있기 때문이다. 북한은 이제 청와대 앞 분수대는 물론 임진각과 서울 시내 방방곡곡 어디든 나타나는 중국인 관광객들만 교묘히 피한 불바다를 만들어야 한다. 중국인들의 관광이 주는 안보적 효과이기도 하다.

8.25 협상과정을 지켜보면서 가장 흥미로웠던 점은 북측이 준전시상태를 선포해 놓은 상태에서 한국의 위험부담의지에 대해 과연 어떤 정도의 강도로 대응할 것인지의 여부였다. 특히 김정은 정권의 내구력과 대외정책을 평가함에 있어 김정은의 젊은 나이로 인한 불안정성이 적지 않은 영향력을 행사할 것으로 분석되어왔기 때문에 이 점은 더욱 관심의 대상이 아닐 수 없었다.

8.25 합의가 내포하는 또 한 가지의 의미는 북한도발에 대한 남한의 대응수준을 확고히 북한에 각인함으로써 예측가능성을 확보하고 북한주도의 협상행태에서 탈피하는 계기를 마련했다는 것이다. 해서는 안 되는 일을 우선 하고 그 일을 관두는 대가를 요구해온 북한주도 협상의 패턴이 바뀌게 된 것이다. 북한이 도발하면 감당하기 힘든 군사적 압박을 예상할 수 있기 때문에 도발을 협상카드로 활용할 수 없게 됐다는 점을 의미하기도 한다.

2. 대내적 취약성과 평화제스처

북한은 대북 확성기와 전단살포를 선전포고로 간주하고, 조준격파하겠다는 위협을 이어왔다. 한낱 스피커와 종이 몇 장을 적으로 간주하고 무력을 사용하겠다느니 그만큼 정권의 취약성을 스스로 드러내는 셈이다. 북한은 대내정치적으로 불안정할 경우 대외적으로는 평화 제스처를 취해오는 경우도 발견되었다. 2012년 2월, 북한과 미국이 우라늄 농축 프로그램의 중단과 미국의 대북식량지원을 교환식으로 맞바꾼 2.29합의는 2011년 12월 김정일 국방위원장의 사망 불과 두 달 반 뒤였다. 북미간의 합의를 바탕으로 대외적 안정을 추구한 북한은 2.29합의 한 달 뒤인 4월 11일 김정은을 노동당 제1 비서에 추대함으로써 공식적인 승계절차를 일단락 지었다. 그 한달 동안 외부로부터의 위협에 신경쓰지 않고 대내 정치적인 정비작업에만 매진할 수 있는 여유를 가질 수 있었다는 의미다.

막상 제1비서 추진이 완료된 이틀 뒤에는 장거리 미사일 은하3호를 발사했지만, 궤도진입에는 실패한다. 2.29 합의를 스스로 파기하는 초강수를 두었지만 실패해 김정은의 권위에 커다란 타격을 받을 수 있는 상황이었다. 때문에 같은 해 12월 은하3호 2호기를 끝내 궤도진입에 성공시키고 만다. 이로 인해 2013년 1월 22일, 유엔 안보리 결의안 2087호가 통과되지만 행동이 수반되지 않은 결의안을 종이 한 장으로 밖에 생각하지 않는 북한은 이에 아랑곳하지 않고 한달 뒤인 2월 12일 3차 핵실험을 실시한다. 김정은의 첫 핵실험이란 도발에도 국제사회의 대응은 대북결의안 2094호의 형태로 나타나자 북한은 경제·핵무력 병진노선을 채택한다.

김정은의 위험부담의지도 김일성이나 김정일 시대에 비해 가일층 높아진

데다 처형과 숙청을 거듭하고 있던 국내정치적 불안정이 중첩된 결과가 미국과의 정상회담 추구로 나타난 것으로 풀이된다. 트럼프 행정부는 비록 '참수'라는 단어를 언급하지는 않았지만 네이비실 팀6나 스트라이커팀 등 적국 지도자 제거작전에 동원됐던 부대를 한반도에 파견함으로써 김정은에 대한 유례없는 압박을 강행했다. 연이은 측근의 숙청과 처형, 김정남 암살 등으로 표출되는 김정은 정권의 불안 정성 역시 북한과의 협상 가능성을 상향하는 요인으로 작용해 왔다. 김정은 역시 정치와 군사, 경제, 문화 등의 부분에서 아버지 김정일의 그늘에서 벗어나 자신만의 정책을 추구하는 김정은화(化)를 어느 정도 달성했지만 외교에서는 아직 이렇다 할 성과를 못 내고 있던 실정이었다. 중국 시진핑 주석이 남한과는 정상회담을 13차례나 가지면서 김정은은 만나주지 않았던 것 또한 미국과의 관계개선을 추진하게 된 원인으로 작용한 것으로 분석된다.

남한 및 미국과의 정상회담은 한반도의 긴장국면을 일시에 완화시켰을 뿐 아니라 미국과는 평화협정과 국교정상화 등 안보를, 남한과는 경제협력을 비롯해 전반적인 관계개선 등 실익을 추구하는 외교정책의 대전환을 의미했다. 뿐만 아니라 단 한 차례도 만나주지 않았던 시진핑과의 정상회담 물꼬가 트였고, 그의 방북도 예상될 정도의 개가를 이끌어냈다. 남한을 불바다로 만들겠노라고 호언장담하며 미국에 대한 선제타격까지 운운했던 김정은은 도대체 어떠한 계산 하에 국면의 전환을 추구했을까?

트럼프 행정부가 최고수준의 압박을 북한에 가했다는 의미는 지도자 제거 작전이 가능하다는 사실을 김정은에게 충분히 인식시켰음을 의미하는 것(Ellyatt 2017; Peter and Choe 2017)이다. 여기에 알 카에다와 IS등 테러집단의 수뇌부를 제거하는 데에 주로 사용된 최신형 드론의 한반도 배치사실까지 보도되면서 북한에 대한 압박은 임계치에 도달했다. 더 이상의 압박은 지도자에 대한 실제적인 무력사용으로 이어질 수 있는 단계까지 도달했음을 시사하는 것이다.

김정은이 문재인 대통령과의 정상회담을 준비하기 위한 사전방북단 일행에게도, 또 정상회담 석상에서도 미사일 실험발사 등으로 '새벽잠을 설치지 않아도 된다'는 발언을 수차례 한 것(정용수 2018; 최연진 2018)은 이에 상응하는 조치를 취해줄 것을 우회적으로 요구한 것으로 풀이할 수 있다. 자신에 대한 제거능력을 갖춘 전략무기의 배치나 병력, 혹은 작전이 실시될 때마다의 불편함을 우회적으로 표현한 것으로 풀이된다.

이처럼 북한을 다스리는 김왕가의 인식구조는 북한리스크를 읽는데 필수적 요소이다. 김일성의 집권부터 권력유지를 위한 투쟁과정은 고스란히 김정은의 권력유지행태와 위험부담 의지로 전수되고 있기 때문이다. 김정은 집권초기 장성택 처형과 잦은 숙청으로 상징되던 불안정도 사실은 김일성의 권력공고화 과정을 답습한 것으로 해석된다. 앞서 언급한 바와 같이 정확한 정보가 없는 상황에 서는 비교연구가 상당히 개연성 있는 예측을 가능케 해준다.

김일성이 개인숭배를 추구하던 자신의 권위에 도전하던 소련파와 연안파를 제거하기 시작하던 8월종파사건 이후 김정일로의 권력승계 구도가 기틀을 잡은 1970년대 초반까지 숙청과 처형은 김일성의 권력유지와 공고화에 결정적 역할을 했다.

[표 9] 8월 종파사건 이후 숙청 및 처형된 인물

소속	인물
국내파	박헌영
연안파	무정, 서휘, 윤공흠, 이필규, 최창익
소련파	박창옥
기타	김두봉, 박의완

출처: 국사편찬위원회(1998)을 바탕으로 필자 정리

자신의 권위에 도전하는 소련파와 연안파들을 숙청하는데 성공했지만 소련에서는 미코얀, 중국에서는 펑더화이가 날아와 김일성에게 원상 회복시키라는 명령에 가까운 압력을 가했다. 그들은 원상 복귀되었고 김일성은 자신의 숙청결정이 잘못이었다는 자아 비판적 기사를 게재하는 등(국사편찬위원회 1998: 796) 최대의 위기이자 씻을 수 없는 치욕, 무엇보다도 신격화를 의도한 권위에 대한 커다란 타격을 입게 된다.

이후 김일성의 행보는 단순한 권력유지가 아니라 죽이지 않으면 내가 죽는 목숨을 건 사투였다. 큰 나라의 압력이 그 아무리 무섭다 하더라도 내가 당장 죽게 생겼는데, 나더러 죽으라는데 받아들일 지도자는 없다. '주체'라는 용어가 사용되기 시작한 것도 이 즈음이다. 김일성은 당시 이론적이나 논리적 해석을 수반하지 않은 상태에서 '주체'를 하나의 구호 형식으로 제기하면서 자신의 반대세력을 제거하는데 하나의 이념적 도구로 사용하였다(서재진 2001: 26). 김일성의 사투는 10여년만에 결판이 났다. 1970년대에 들어 주체사상은 김정일의 주도로 이른바 '수령절대주의'를 정당화하는 이론으로 전개된 특징이 나타난다. 김정일은 자신의 권력세습을 정당화하기 위해 김일성 우상숭배를 강화하며 대를 이은 충성을 유도하는 정치적 영향을 받은 것이다. 다시 말해, 김정일은 권력의 실세로 등장하며 김일성 우상화 작업의 핵심인 주체사상을 통해 후계 구도의 이념적 도구로 삼은 것이다(서재진 2001: 66-69).

숙청과 처형이 잦았던 김정은의 집권 초기 모습은 단순한 권력공고화 과정이 아니라 김정은의 목숨을 건 사투였다고 해석할 수 있다. 김일성이 준비했던 권력승계와 김정일이 준비했던 권력승계를 비교하면 김정은에게 상속된 권력이 얼마나 불완전했다는 것을 안다는 것은 그리 어려운 일이 아니다. 북한의 두 차례 부자지간 권력승계를 비교한 연구는 적지 않지만(김창희 2012; 김태효, 강채연 2018; 이수석 2010; 이지원 2015; 정성장 2010; 한기범 2010), 권력승계의 내구력과 안정성을 기준으로 작성된 다음의 표는 김정은 집권 초기 불안정의 원인을 짚어준다.

[표 10] 북한의 권력승계

	김일성 → 김정일 권력승계	김정일 → 김정은 권력승계
첫 번째 주요 직책	당 선전선동부 부부장	미상
후계자 발표당시 직책 및 서열	정치위원(정치국원, 4위) 당 비서국 2위 당 군사위원회 3위	군사위원회 부위원장 4성장군
후계자 발표당시 나이	38세	28세
준비된 후견인	조명록, 리을설, 백학림	장성택(처형), 리용호(숙청)
잠재적 경쟁자	김평일(장기해외체류, 대사직 수행), 김영주(건강악화)	김정남(사망), 김평일(귀국)
경제상황	양호	악화

출처: Kim(2011: 191)을 바탕으로 필자 수정 및 보완

김정일로의 권력승계는 20여년에 걸쳐 치밀하게 준비된 김일성의 역작이었다. 1960년대 말 김정일은 당 선전선동부 부장으로 자신의 커리어를 시작하게 된다. 선전선동부는 조직지도부와 함께 북한 로동당의 핵심부서이자 김일성 신격화의 최전선에서 활동하는 부서이기도 하다. 영화를 좋아하던 김정일이 선전

선동부를 맡으면서 어떻게 지도자를 신격화하고 숭배대상으로 만들어야 하는지에 대한 수업부터 시작하려던 김일성의 계획의 일환이었던 것으로 풀이된다. 김정일의 후계자 지위가 공식화되던 1980년 당 6차 대회에서 그의 이름은 당 정치위원회, 당 비서국, 당 군사 위원회 등 3대 조직에서 각각 네 번째와 두 번째, 그리고 세 번째로 호명됐다(『로동신문』 1980a; 1980b). 호명 순서는 곧 권력서열을 의미하기 때문에 38세에 불과하던 이때에 김일성과 오진우와 같은 혁명 1세대와 나란히 호명됐다는 것은 그에게 이양된 권력의 수준을 의미하는 것이다. 당시 68세였던 김일성의 치밀한 계획에 의한 것이었다.

김정일의 잠재적 경쟁자가 대사로 장기 해외체류 중이었던 김평일과 건강문제에 시달리던 김영주였고 경제상황 역시 후에 물난리를 겪게 되지만, 이때만 해도 양호한 수준을 유지하고 있었다. 김정일로의 권력승계에서 가장 눈 여겨 봐야할 대목은 후견인의 존재이다. 이들 후견인들은 김일성의 항일투쟁 당시 전령역할을 수행하던 소년병들이었다. 즉 어린 김정일은 김일성의 호위·전령병이었던 전문섭, 백학림, 조명록의 지극한 보살핌 아래 성장했으며 이와 같은 인간적 유대는 김정일이 1970년대에 후계자로 선정되는 결정적 요인으로 작용한 것이다. 김일성의 사망 이후 김정일이 빨치산 원로들에 대해 '선대(先代) 혁명원로'로 우대한 것 역시 빨치산 세력과의 인간관계의 연장으로 볼 수 있다(정창현 2000: 64; 2011: 231-232).

[표 11] 과거 김일성의 소년병들의 정치서열

	2000	1997	1996	1994
조명록	3	11	13	89
리을설	5	10	12	77
김영춘	6	12	13	88
김일철	7	14	-	-
백학림	17	24	38	53
김익현	19	33	39	43

출처: Kim(2011: 8)

실제로 위 표에서 본 바와 같이 김정일 시대 선군정치를 이끌었던 후견인들의 1994년 김일성 장례위원으로서의 서열은 그다지 화려하지 않다. 그러나 이후 이들의 서열은 수직 상승하게 된다.

이에 대해서는 두 가지 해석이 가능하다. 한 가지 해석은 김일성의 치밀한 계획 하에 혁명 1세대였던 이들이 김정일을 보좌해 권력을 유지해 나간다는 계획을 세웠다는 것이다. 김일성이 후견인 그룹을 고명대신(顧命大臣)으로 점찍어 놓았다는 풀이인데 고명대신이란 선왕의 뜻을 잘 아는 신하에게 임금의 마지막 유지와 장례 및 후계절차를 맡기는 제도로 섭정승(攝政丞)이라고도 불린다. 섭정이라는 단어가 상징하듯 세자가 왕이 된 다음 왕의 스승으로 서투른 왕을 보좌하라는 의미가 담겨있다.

다른 해석은 김성애와 김정일과의 권력투쟁 과정에서 김정일 편을 들어 김성애를 실각시켰던 이들이 김일성 생전에는 푸대접을 받다가 김정일 집권 이후 중용됐다는 것이다. 1969년 2월에 조선민주여성동맹 위원장으로 임명된 김성애는 노동당 위에 군림하는 듯한 월권행위를 일삼았다. 김성애는 1971년 1월 전국농업대회에서 김일성의 “김성애의 얘기는 내 얘기와 마찬가지다.” 라는 발언을 빌미로 이른바 치맛바람을 휘둘렀고, 최고권력을 좌지우지할 정도의 2인자로 행세했다. 빨치산 출신들을 더욱 자극했던 것은 김성애가 김일성의 전처인 김정숙의 흔적을 북한의 역사 속에서 지우려는 시도였다. 김성애의 2인자 행세 이후 김정숙을 언급했던 문구가 모두 삭제되고, 김정숙 관련 집필자의 좌천 혹은 강등됐던 것은 이를 단적으로 보여준다. 뿐만 아니라 김성애는 빨치산 원로들을 노골적으로 무시하며, 자신의 동생들을 중용해 하나의 분파를 이룸으로써 안하무인격의 행세를 지속했다. 빨치산 출신들은 이에 대해 강한 반기를 들었는데, 호위국의 전문섭, 백학림, 조명록 등 김정숙과 친밀했던 인물들은 김성애의 비리를 조사해 김정일과 공유하고, 결국 김성애는 1974년 6월 평양시 당 대회를 기점으로 몰락하게 된다. 이후 김성애는 6개월 간 자모산 별장에 연금된다(정창현 2011: 263-265). 아무리 김정일을 위한 것이었다지만 지도자의 부인을 가택연금시키는 것은 목숨을 걸지 않고는 불가능한 일이다. 어릴 때부터 쌓아온 친분관계에 김정일을 위해 목숨을 걸었던 이들과 함께 김일성 사후 불안정한 정국을 돌파하려는 시도가 선군정치였다는 것이다.

어떤 해석이 맞든 김일성의 소년 전령병 출신 장성들은 김정일을 끝까지 보좌하며 김정일의 권력을 지탱해주던 선군정치를 이끌었고 김정일 또한 이들에 대한 신의를 지켰다. 2000년 남북정상 회담 이후 미국과의 관계가 개선돼 북한과 미국의 고위인사가 평양과 워싱턴을 교차방문하게 됐을 때 미국측에서는 마덜린 올브라이트 국무장관이 북한을 방문했고 김정일은 자신이 제일 신임하는 조명록 차수를 보내 백악관에서 클린턴 대통령과 회담하도록 했다. 소년병 출신 장성들에 대한 김정일의 신뢰를 단적으로 나타내는 사건이었다. 이에 비해 김정은으로의 권력승계는 김정일의 건강을 고려했다고 해도 선뜻 이해되지 않는 대목이 있다. 아버지 김일성이 환갑이 되던 1972년 훨씬 이전에 이미 김정일로의 권력승계를 결정하고 그 기틀을 확고히 마련해 줬던 것을 잘 기억하고 있었을 김정일이 그의 나이 환갑이 되던 2002년을 전후해 승계구도와 관련된 작업을 진행했을 가능성이 적지 않다.

군사위원회 부위원장에 별 넷을 달긴 했지만 28세의 나이가 말해주듯 후계자로 공식 발표될 당시 김정은의 경력은 미미한 것이었다. 이미 20대에 중앙당 지도원과 과장, 부부장으로 활약하다 38세에 나이에 후계자로 공식 등장했던 김정일도 젊다는 소리를 들었는데 아무리 군사위원회 부 위원장 직함을 달았지만 28세란 나이는 대기업 후계자가 되기에도 젊은 나이였다.

그렇기에 아버지 김정일은 장성택과 리영호 등 후견인들에게 많은 것을 의지하라는 유지를 남겼을 것이고 그들에게 김정은을 잘 보살펴줄 것을 부탁했을 것이다. 김정일의 장례식에서 운구를 하던 여덟 사람 가운데 김정은을 제외한 리영호 군 참모장과 김영춘 국방위 부위원장, 김정각 인민무력부장, 우동측 안전보위부 1부부장, 장성택 국방위 부위원장, 김기남 당중앙위 부위원장과 최태복 최고인민회의 의장 등이 처형되거나 숙청 혹은 은퇴함으로 사라져 버렸다.

김일성의 권력유지를 위한 사투는 김정은에게서도 발견된다. 2011년 집권 이후 2016년까지 약130여명이 처형되고 260여명이 숙청된 것으로 알려진다.

[표 12] 김정은 권력승계과정에서의 처형과 숙청

연도		2012	2013	2014	2015	2016	2017	누계
규모	처형	5명	30명	40여명	60여명	미상		130여명
	숙청	5명	30명	100여명	130여명	30여명		260여명
처형 및 숙청인물		1월 김철 무력부부장, 5월 박용무 서기실과장, 7월 리영호 총참모장 등	11~12월 장성택, 이용하, 장수길, 백용철 등	박춘홍 부부장, 김근섭 부부장 등 36명 처형	조영남 국가계획위 부위원장, 현영철, 최영건 부총리, 임충주 보위부, 김옥 서기실 등	김용진 부총리 등	김원홍, 황병서 등	

출처: (오경섭 외 2020)

이는 김정은이 어떤 이유에서든 아버지 김정일이 준비해 준 후계구도마저도 엎어버릴 수밖에 없었음을 의미하며 할아버지 김일성과 마찬가지로 목숨을 건 곡예를 거쳐 자신의 권력을 다져 나가야 했다는 것을 뜻한다. 그 과정에서 김일성의 사위이자 김정일의 매제였으며 자신에겐 고모부인 장성택을 처형했고 자신의 이복형이며, 김정일의 맏아들인 김정남을 살해해야 했다.

피의 숙청이 필요했던 원인에 대한 논의는 이 책의 주제와는 거리가 있을 뿐 아니라 확실한 역사적 근거가 없는 상태에서 논한다는 것 자체가 소설과 다름이 없어 하지 않기로 한다. 그럼에도 불구하고 두 차례의 부자지간 권력승계를 비교한 것은 김정은의 위협인식을 얘기하기 위해서였다. 김정일에서 김정은으로의 권력승계가 이전 단계의 승계보다 불완전한 것이었거나 내부균열이 있었음은 부정할 수 없는 사실이고 후계구도상 후견인들을 처형하고 숙청하는 과정은 김일성이 중국과 소련에 맞서가면서 목숨을 건 권력투쟁과 버금가는 과정이었을 것이고, 그만큼 내부로부터의 위협에 대한 김정은의 인식은 지대한 것으로 판단된다.

김정은의 정상회담 외교는 이러한 김정은의 위협인식에서 비롯됐을 개연성이 충분하다. 체제나 지도부에 대해 간접적인 위협을 수반했던 군사적 압박 하에서 상대적으로 정책적 선택지가 있었던 전대의 정상회담외교와의 차별성은 엄연히 존재한다. 막다른 골목에서의 선택으로 분석되는 만큼, 시간끌기나 또 다른 기만전술을 구사할 정책적 여유의 폭은 좁아진 것으로 판단된다.

3부
북한리스크의 분석과 전망

3부에서는 북한리스크를 실제로 어떻게 분석하고, 이에 대한 전망을 그려볼 것이다. 먼저 북한리스크의 북한의 권력승계와 북한 국내정치의 차원에서 보기 위해 북한의 사법정치와 승자연합 구성이 어떻게 이뤄지는지를 살펴볼 것이다. 이는 실제로 북한이 자신들의 '북한리스크'를 어떻게 관리하고 있는지 양적 차원에서 접근해 볼 것이다. 둘째로는 주제분석과 텍스트마이닝을 통해 북한이 체제 홍보를 어떻게 하며 이를 통해서 북한리스크를 확인하기 위해 북한 외부에서 북한 내부를 살펴보며, 북한이 체제 내적으로 리스크 관리를 어떻게 진행하고 있으며 동시에 외부에서 북한리스크를 측정하기 위한 방식을 살펴볼 것이다. 마지막으로는 북한리스크를 통해 북한을 살펴보는 것이 북한문제를 접근하는 동시에 남북관계에 있어서 어떻게 기여할 수 있는지를 전망해볼 것이다. 이를 통해 결국 북한리스크에 대한 관리를 실제로 어떻게 할 수 있으며 어떤 방향을 지향해야 할지를 제시할 것이다.

Ⅶ

북한의 권력승계와 숙청

: 사법정치와 승자연합 구성을 중심으로

VII

북한의 권력승계와 숙청
: 사법정치와 승자연합 구성을 중심으로

1. 권위주의 정치체제에서의 숙청

북한에 대한 주요한 키워드 중 하나는 바로 숙청이라 할 수 있다. 본래 이러한 숙청은 사회주의를 비롯한 권력 주체에 의한 배제와 억압을 나타내는 것이었는데, 많은 사회주의 국가들이 자유화되면서 사실상 북한에 대한 고유한 키워드가 되었다. 그러나 이러한 숙청에 대한 연구는 정치권력구조에 대한 연구 이상으로 나타나지 않았다. 실제로 권위주의 레짐 연구에서 승자연합의 축소나 억압에 대한 연구에서 숙청과 비슷한 행태가 나타나지만 이러한 연구는 북한에게 쉽게 적용되지 않았었다.

북한의 정치체제를 권위주의와 전체주의 사이에서 어떻게 정의해야 할지 논쟁이 존재하지만, 북한은 단순히 정치의 영역에서 특수한 사례로만 간주되기는 어렵다. 만약 새롭게 제시된 이론과 방법론들이 북한에도 적용된다면, 이는 어느 정도 이러한 이론들이 단순히 북한 사례에도 적용가능하다는 함의에 그치는 것이 아니라, 북한에도 적용할 수 있다는 점에서 이론적인 대표성을 가진다고 볼 수 있는 것이다. 따라서 북한을 정치이론에 적용하는 것은 이론의 적합성을 따지는 데 있어서 리트머스 시험지로 볼 수 있다.

북한에 대한 분석에는 중요한 문제가 남아있다. 그것은 북한 내의 자료 및 정보에 접근하는 것에 한계가 있다는 것이었다. 이러한 문제들은 북한 연구를 보편적 관점이 아니라 특수성의 문제로 많은 부분 해석하여 왔다. 그러나 이를 보완할 만큼의 자료를 만드는 방법론을 적용한다면 북한에 있어 기존의 비교정치 분야에서 발전한 이론들을 북한 연구에도 적용할 수 있다. 북한 연구가 보다 더 풍족해지고 학술적인 기여를 하기 위해서는 비교정치 등의 정치학 분야에서 활용되고 있는 일반 이론적 주장과의 접점을 적극적으로 발전시켜 학술적 함의를 내포하는 주장과 설명을 정립하는 과정이 필요하다(정성윤, 차현진, 정재관 2017: 81).

방법론에 대한 새로운 고려를 북한 연구에 적용할 때에 다른 강점은 현재까지 축적되어 온 북한연구에 대한 많은 문제들을 점검할 수 있다. 기존의 방법론적인 새로운 결과물들이 북한연구에 적용되지 않은 가장 큰 이유는 북한의 자료에 접근하기에 한계가 존재하고 동시에 정보가 적절한 수준으로 축적되지 않았기 때문이다. 따라서 많은 연구들이 탈북자에 대한 인터뷰와 전통적인 사회주의 분석연구방법(Kremlinology)에 의존해왔다. 그러나 방법론적 차원의 발전은 이러한 제한된 정보 안에서 상관관계와 인과관계를 어느 정도 추론할 수 있게 발전해왔다. 즉 앞에서 언급한 새로운 비교정치의 영역을 북한연구에 적용할 것을 고려하듯이 방법론의 다양한 방식을 북한연구에 적용하는 것도 북한의 권력구조와 그 변화를 분석하는 데에 있어 의미가 있을 것이다.

이러한 이론들 중에서 사법정치에 관한 이론들도 여기에 해당한다. 권위주의 국가의 사법정치는 단순히 사법부의 기능으로만 작동하지 않는다. 권력구조의 문제를 해결하며, 국내정치적인 위기의 가능성을 줄이거나 혹은 해결하는 수단으로 권위주의의 사법정치는 나타난다. 이러한 차원에서 북한의 사법정치는 북한이 자국 내의 리스크를 어떻게 관리해왔는지에 대해 보다 면밀한 틀을 제공할 수 있다. 특히 이를 북한의 권력구조의 문제와 연결한다면 북한을 분석하는 하나의 분석틀로 기능할 수 있다. 그러나 이는 북한 연구에 대해서는 설명을 제공하는 데에는 방법론 차원의 한계를 보였다. 그러나 이를 보완할 방법을 갖춘다면 현재 정치학에서 활용되고 있는 사법정치의 영역을 활용할 수 있을 것이다.

따라서 본 연구는 비교정치, 그 중에서 사법정치 영역에서의 이론과 방법론적인 새로운 고려를 북한연구에 적용해볼 것이다. 이를 통해 북한에서 사법정치가 어떻게 작동하고 있으며 이것이 권력구조와 어떠한 관계를 가지며, 동시에 권력구조를 분석하는 방법으로 북한의 권력엘리트들을 네트워크로 보는 방식을 통해 기존의 권력엘리트를 바라보는 방식을 보완하여 분석할 것이다.

북한은 권위주의 체제로 많은 부분 간주되지만 어떠한 권위주의 체제인지에 대해서는 여전히 논쟁의 지점이 남아 있다. 이른바 권위주의 체제는 일당 기반, 군부 기반, 개인지도자 기반, 마지막으로 이들의 혼합형이 존재한다(Geddes 2003: 225). 사실 권위주의로 많은 부분 하나로 묶이지만 이러한 권위주의는 이러한 체제의 종류의 차이에 따라서 많은 차이를 보인다는 것이 이미 기존 연구에서 언급되고 있다(Cheibub, Gandhi, and Vreeland 2010; Oatley 2004; Paik 2011; Wahman, Teorell, and Hadenius 2013; Weeks 2008).

북한은 비교권위주의에서는 다른 사회주의 국가들과 마찬가지로 일당 기반인 동시에 개인지도자 기반으로 해석되고 있다(Geddes 2003: 230; 정성윤, 차현진, 정재관 2017). 다만 북한을 과거부터 유격대 국가 및 병영 국가로 보는 시각이 있었으며, 김정일 체제에 있어서는 선군정치라는 이름으로 군부 중심의 권위주의 국가로도 볼 여지가 충분히 존재해왔다(Lee 2012; 和田春樹 1998; 小此木政夫 1991, 1999). 동시에 북한을 많은 부분 개인 지도자 중심과 이를 지탱하는 사회로 보는 연구도 적지 않았다(권헌익, 정병호 2013; 김근식 2014; 김윤애 2016).

이를 정리하자면 북한은 보편적인 일반이론에서는 개인지도자-일당의 혼합형태로 보지만 북한의 특수성을 주목하는 연구에서는 북한의 군사적 속성과 지도자 리더십에 많은 부분 집중하고 있다는 설명이 가능하다. 이러한 논쟁에서 북한이 어떤 권위주의인지에 대해서는 북한의 국가체제적 속성을 분석하는 것이 일반적이겠지만, 이와는 별개로 이러한 권위주의 체제 유형이 파생해내는 현상들을 통해 유추하는 것도 하나의 방법이다. 이러한 차원에서 사법정치를 통해 권위주의 체제를 연구하는 것은 하나의 방법이 될 수 있다(Ginsburg and Moustafa 2008).

먼저 북한의 사법정치 연구는 전반적으로 북한의 법 제도에 대한 연구에만 국한되어 있다. 많은 연구들이 통일 이후의 법제도 통합과(배호영 2018; 이효원 2010), 북한의 법제와 인권문제에 대한 연구(제성호 2001; 한인섭 2008), 그리고 동시에 북한의 법제 자체에 대한 분석(김동한 2007; 김영규 2017; 김정환 2019; 이은정 2018)에 많은 집중이 이뤄지고 있다. 최근의 정치학의 영역에서 대두하고 있는 사법정치에 대한 분석이 보다 필요하다. 이러한 분석이 이뤄진다면 기존의 북한의 정치권력이 실제로 어떻게 영향을 미치는지 사법의 영역에서도 분석을 확장하여 북한의 정치권력의 행태에 대한 특징을 보다 잘 분석하는 데에 기여할 수 있을 개연이 크다.

실제로 사법정치에 대한 연구는 권위주의 레짐을 분석함에 있어서 풍부한 설명을 제공해주고 있다(Barros 2003; Ginsburg and Moustafa 2008; Ginsburg and Simpser 2013; Massoud 2014; Moustafa 2014). 이러한 연구들이 북한에 보다 적용된다면 북한이 가지고 있는 정치체제의 성격에 대해 보다 기여할 측면이 있을 것이라 사료된다. 실제로 많은 북한법의 연구가 대부분 법 자체에 대한 연구에서 멈춰있다는 점에서 이러한 분석은 가치를 가진다.

그러나 이러한 분석이 용이하게 이뤄지지 않는 문제가 존재한다. 앞에서도 언급한 바이지만 북한연구에서 가장 힘든 점은 데이터를 확보하는 것이 간단하지 않다는 것이다. 동시에 데이터의 신뢰성에 대한 문제 역시 여전히 존재한다. 이는 사법정치 연구에서도 마찬가지이다. 이는 북한의 엘리트에 대한 면에서도 마찬가지의 문제가 벌어진다. 이를 해결하기 위한 방법으로는 방법론적인 고안이 필요하다는 것이다.

먼저 북한의 승자연합 문제를 해결하기 위해서는 기존의 연구에 대한 참고가 필요하다. Shen-Bayh의 연구는 여기에서 중요한 단서를 제공한다(Shen-Bayh 2018). 권위주의 국가에서는 사법을 이용한 억압을 통해 권력구조를 강화하려 하고 따라서 이너서클을 숙청하는 데 있어서 정당성의 확보 차원에서 사법을 보다 적극적으로 활용한다. 이와 달리 정권의 외부자들에게는 재판보다는 정당성을 확보하는 데 있어서 보다 덜 신경을 써도 되기 때문에 사법 외적인 방법을 선택한다는 것이다. 이를 실제로 Shen-Bayh의 연구에서 나타난 사례들로 보면 다음과 같이 나타난다.

이를 북한 분석에서 적용한다면 다음과 같이 설명할 수 있다. 첫째는 북한의 기존 연구나 여러 방법론을 통해 북한의 엘리트들이 실제로 이너서클과 외부그룹이 이런 방식이 실제로 이런 형태가 나타나는지를 검토할 수 있다. 만약 기존의 가설이 북한에서도 부합한다면 북한 권력의 이너서클과 외부그룹을 구분할 수 있고, 이를 북한의 권력구조에 대한 분석에도 활용할 수 있다.

만약 부합하지 않는다면 이것은 다음과 같은 설명으로 이어질 수 있다. Shen-Bayh의 연구에 의하면 군부 정권에서는 이러한 사법적 해결을 선호하지 않는다는 분석이 나와있다(Shen-Bayh 2018: 341). 따라서 북한이라는 권위주의 체제가 정말 선군정치 혹은 유격대 국가와 같은 개념에서 나타나듯이 북한이 군부 권위주의 체제 형태를 가진다면 이러한 형태로 나타날 수 있다. 실제로 군부 권위주의는 다른 권위주의의 체제 유형에서 독특한 지점을 차지하는 부분이 분명 존재한다(Croissant and Kamerling 2013; Kim 2018).

만약 이러한 사법적 해결의 정도가 전반적으로 낮거나, 시계열적으로 어느 시기에는 적용 가능하지 않다가 특정 시기 이후부터 발생한다면 이를 발견한 것으로 학술적 의의가 있다. 혹은 모두 그러한 경향을 보인다고 하더라도 시기에 따라서 이러한 경향의 정도 차이가 존재한다면 체제의 차원을 접근하는 측면에서 먼저 첫째는 이러한 유사성이 발견되지 않는다면 이러한 현상의 원인과 맥락을 축적된 데이터를 통해 설명할 수 있다. 둘째는 그러한 시기가 발견된다면 그러한 시기를 이른바 결정적 국면(critical juncture)으로 분석하여, 레짐적 차원에서 북한이 변화하는 것을 볼 수 있다(Collier and Collier 2002). 만약 북한이 어떤 특수한 구간, 혹은 최고지도자에 따라서 이러한 경향이 발견된다면 이 시기의 북한의 레짐은 군부 체제와 유사하다고 할 수 있다. 기존의 북한 체제를 설명하는 선군정치나 유격대 국가론이 경험적으로 이시기에 부합하였는지에 대해 기여할 수 있다.

Shen-Bayh의 연구에서 권력 내부와 외부의 분류는 자의적일 수 있다는 약점을 가진다. 특히 북한과 같은 정보가 부족한 권위주의 체제에 적용할 때에는 이러한 문제가 더 극대화될 수 있다. 따라서 이에 대한 보완이 어느 정도 필요하다. 즉 단순히 권력구조의 중심성이 나타나는 선형적인 계측이 있다면 이러한 문제를 보완할 수 있고, 북한의 사례에서도 이러한 수치가 존재한다면 자의적 측정이라는 문제를 보완할 수 있다. 따라서 이러한 문제를 본 연구에서는 고려할 것이다.

다만 이러한 연구가 이뤄지기 위해서는 두 가지의 데이터가 필요하다. 첫째는 북한의 숙청 데이터이다. 북한이 여태까지 어떠한 방식으로 숙청이 이뤄지는지 살펴볼 필요가 있다. Shen-Bayh는 이러한 숙청을 사법적 해결과 사법외적 해결로 분류하는데, 사법적 해결에는 재판을 통한 방식을 그리고 사법외적 해결에는 감금, 추방, 처형을 포함한다(Shen-Bayh 2018: 338). 이러한 데이터는 기존의 북한을 다루는 사서와 교차검증을 어느 정도 할 수 있는 언론보도를 통해 축적할 것이다.

기존의 연구들과 새터민들과의 인터뷰를 통해 확인한 바는 공표되는 처형은 사법적인 절차를 반드시 동반한다는 것이다(이규창, 정광진 2011: 87, 100). 그것이 굉장히 형식적이거나 실제로는 민주주의 국가에서의 사법의 요건을 충족하지 못하는 경우가 적지 않은 것은 사실이지만(이규창, 정광진 2011: 99), 처형이 되는 절차에 있어서 판결문을 낭독하고, 처형의 집행이 이뤄진다는 것이다. 이는 Shen-Bayh의 연구에서 빌려오자면 이러한 형태도 재판을 통한 처형으로 간주한다. Shen-Bayh가 확인하는 바는 이러한 억압이 법외의 차원에서 이뤄지는지, 혹은 법적 차원에 형식적이라도 입각하는 지에 대해서 확인하고 있기 때문이다. 이는 이러한 북한에서의 사법적 차원의 행태가 형식적, 실질적 차원의 문제를 다루지 않고 있음을 보다 분명하게 해준다.

다른 하나는 북한의 권력엘리트에 대한 데이터이다. 이를 기존의 연구에서 다뤄지는 전통적인 의미의 정치서열이나 보직에 의한 분류가 가능하다. 그러나 이러한 방식은 실제로 정보의 제한 등의 이유로 한계가 있다. 그렇기 때문에 많은 경우 탈북자들의 인터뷰 등에 의존해왔다(박영자 2013a). 기존의 사회주의 국가들에 대한 분석을 통해 나타난 방식들을 통해 많은 부분 해소된 측면도 있지만 여전히 부족한 부분도 존재한다.

따라서 이 부분을 해소하기 위해 북한의 언론보도에서 현지 지도 등 신문 언론보도에서 나타나는 인물들을 서로 엮는 네트워크 분석을 사용할 것이다. 이는 기존 연구에서 실제로 권위주의 체제에서의 승자연합을 분석하는 방법으로 제시된 바 있다(Mahdavi 2019). 이러한 분석은 개인이 동일한 사건, 조직, 그룹, 또는 기타 사회활동에 참석하는 것을 관찰하여 사회적 관계를 측정하려 한다(Mahdavi 2019: 386). 이러한 방법은 비용의 문제와, 응답자에 대한 측정 오류의 문제를 보완할 수 있으며, 공공 활동에서의 공동적인 발생은 엘리트 네트워크를 연구하는 데 유익하고, 실제로 사건의 공동 참여를 통해 실제로 행위자가 많은 부분 연결된다는 점에서 가치를 가진다(Mahdavi 2019: 386-87). 이를 통해 실제로 북한의 엘리트들의 네트워크를 도출하여 전통적인 분석과는 별개로 데이터를 분석하여 이너서클의 포함 정도와 중심으로부터의 거리를 분석할 것이다. 실제로 김정은의 현재지도를 통해 엘리트 간의 네트워크를 분석하는 등의 시도가 기존 연구에도 있어왔다(김인수 2017; 김인수, 권흔 2010). 그리고 이러한 네트워크가 정성적인 분석에서도 중요한 함의를 가지고 있다는 주장은 북한의 권력구조 연구에서 있어왔다(박영자 2013b).

네트워크를 통한 분석은 여러 함의를 제공할 수 있다. 첫째는 권력구성의 차원이 어떠한 방식으로 이뤄지는지 보다 자세한 설명을 제공한다. 이른바 권력엘리트들이 어떻게 연결되고 어떠한 관계를 형성하는 지를 보다 잘 알 수 있게 해준다. 둘째는 권력엘리트들이 분절성이 존재하는 지, 일치성이 강고한 지 확인할 수 있다. 네트워크의 연결 강도에 따라서 다른 속성이 발견된다면 이는 분절성이 존재하는 것이고, 만약 다른 속성의 발견이 연결 강도와 무관하다면 이는 네트워크의 통합성이 강력한 것이다.

이를 통해 제시될 가설은 다음과 같다.

H1. *북한의 권력 내부를 숙청할 시에는 억압의 차원에서 사법적인 기제가 보다 빈번하게 나타나는 형태를 보여줄 것이다.*

H2. *북한의 권력 네트워크 안에서 중심성이 높은 인물에 대한 숙청할 억압의 차원에서 사법적인 기제가 보다 빈번하게 나타나는 형태를 보여줄 것이다.*

이런 식으로 북한의 엘리트 분석과 기존의 사법정치 연구의 활용을 통해서 얻을 수 있는 것은 먼저 북한의 사례가 기존의 비교정치영역에서 발전해온 이론들을 적용할 수 있는 지에 대한 검토가 가능해진다. 비교정치이론에서 발전한 선출인단 이론에 따르면 북한에 승자연합을 비롯한 선출인단 이론의 개념을 적용할 수 있는 유사성이 있는지 없는지에 대한 검토가 가능하다(Bueno de Mesquita, Siverson, and Morrow 2003; Byman and Lind 2010; Gallagher and Hanson 2011; 김재한 2018; 박정진 2014). 동시에 시계열 분석의 측면을 추가하면 북한이 정치학적 보편성과 국가적 특수성을 어떻게 분석해야 하는지를 보다 더 엄밀하게 도출하는 데 기여할 수 있다.

2. 북한의 사법정치와 권력구조

기존의 Shen-Bayh의 연구에서 드러난 바는 권력 내부일수록 이러한 억압을 함에 있어서 형식적이건 실질적이건 재판이라는 사법적 방식을 동원한다는 것이다. 다만 군부 체제일수록 재판을 선호하지 않는 모습을 보이지만, 이른바 국가와 시간을 고정효과로 통제했을 때에는 이것이 나타나지 않는 다는 점에서 특정 국가가 군부에 의한 권위주의로 변한다고 해도 재판을 하던 것을 재판을 하지 않는 경향으로 이동하지 않는다는 것을 보여주었다. 이는 권력 내부를 숙청할 때에는 다른 권력 내부에 있어서 이를 설득해야 하는 정당화를 필요로 하고 이러한 차원에서 사법부의 권위를 동원해야 보다 유리하게 정당화를 할 수 있기 때문이다.

동시에 억압을 하는 대상의 소속에 따라서 사법적 차원의 억압의 경향이 달라진다는 것을 Shen-Bayh의 연구는 보여준다. 소속이 군부, 집권당일수록 보다 경험적으로 사법적 차원의 억압으로 재판을 하는 것이 나타난다. 이러한 경향이 나타나는 가장 큰 이유는 집권당과 군부를 억압을 하기 위해서는 이에 대한 권위가 필요하고 따라서 여기에서 억압을 하는 행위자인 권위주의 체제는 사법적 차원의 권위를 빌려서 정당화를 하는 것이 보다 유리하다고 판단하기 때문이다. 군부는 군사력을 가지고 있기 때문에 기존 체제에 대해 언제나 대안이 될 수 있으며 집권당에서의 정당성을 획득하는 이유 역시 권력 내부를 억압하기 위해서는 이른바 지지세력과 승자연합에 대한 설득작업이 필요하기 때문에 이러한 결과를 나타내는 것이라고 추론할 수 있다.

본 연구는 북한의 숙청에 대해 기존의 북한에 대한 역사적 분석과 공식문서, 동향분석과 북한에 대한 언론보도 중에서 어느 정도 교차보도를 통해 확인된 사례, 그리고 여러 보고서에서 언급한 숙청사례들을 조사하였다. 이를 분석하기 위해 하나의 독립변수를, 두 가지의 형태로 상정하였다. 하나는 북한에 대한 전통적인 방식으로 승자연합에서 내부 권력을 분류하는 것이다. 이는 당과 내각의 부부장과 차관들과 각 도당의 위원장들 포함하였다. 동시에 군에서의 장성들을 포함하였다. 특히 현지지도 장소 및 수행 인원에 대한 분석은 북한 정권의 정책 우선순위를 간접적으로 파악하고, 북한 최고지도자의 측근 세력을 식별하기 위해 언론 및 학계에서 보편적으로 활용되었다(김인수 2017: 130). 즉 북한 정치인들의 활동과 동향에 대한 분석은 전통적인 북한연구에서 활용된 것만큼 새로운 방법론에서 보다 더 고민되어질 필요가 있다.

이러한 분석이 과연 실증적인가에 대해서 여러 논란이 있을 수 있다. 실제로 이러한 분류는 지나치게 자의적이라는 비판을 피하기가 간단하지 않다. 따라서 이를 어느 정도 보완하기 위해 기존에 누적된 동향보고를 통해 동반활동에 대해 북한 엘리트들의 네트워크 자료를 만들었다(Borgatti 2002; Freeman, Everett, and Borgatti 2002). 이를 통해 중심성을 측정할 수 있었다. 이 자료는 통일부 북한정보포털을 통해 작성된 인적 정보와 네트워크 데이터를 기반으로 하였으며 숙청된 대상 중에서 신원이 완벽하게 파악되는 경우에 있어서는 기존에 누적된 동향 정보를 통해 네트워크 데이터를 측정할 수 있었다(대한민국 통일부 2019). 다만 이러한 네트워크 데이터는 누적된 정보를 통해 수집된 것이기 때문에 김일성 집권기에 많은 부분은 배제되었다. 따라서 이러한 차원에서 김일성 시기의 숙청된 인물들은 분석단계에서 제외되었다.

여기에서 노드가 하나도 나타나지 않은 인물들을 네트워크의 그래프에서 지우고 동시에 다른 네트워크와의 연결 없이 완전히 독립적인 노드들을 가진 인물들을 제외하면 다음과 같은 그래프가 도출된다. 이는 단일 시대나 시간적으로 특정 구간이 측정된 것이 아니라 시작점부터 연속된 지점을 측정했기 때문에 그 자체로 북한의 권력구조라고 주장하기에는 한계를 가진다. 그러나 적어도, 북한의 권력구조내에서 어떠한 행태를 보였는 지에 대해서 형태를 파악하는 데에 도움이 될 수 있고 권력구조에서 내부적, 외부적 차원을 구분하는 기준점으로 사용할 수 있다.

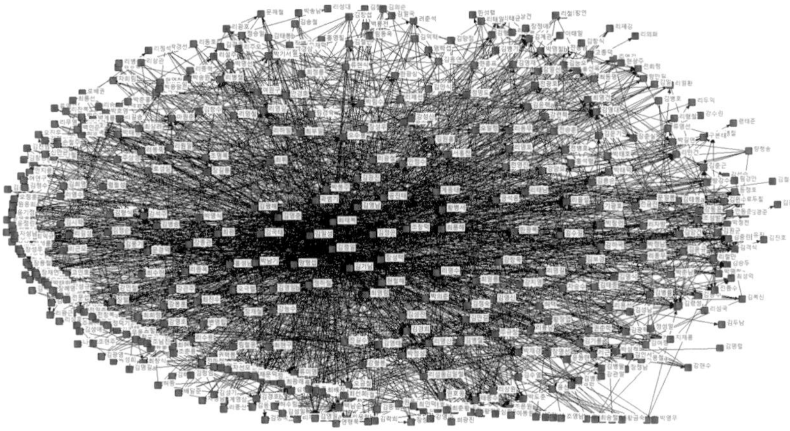

[그림 8] 북한의 권력구조네트워크

이렇게 이뤄진 네트워크를 이른바 중심성을 보다 간결하게 보기 위해 표현하면 다음과 같은 그래프와 같은 형태로 나타난다.

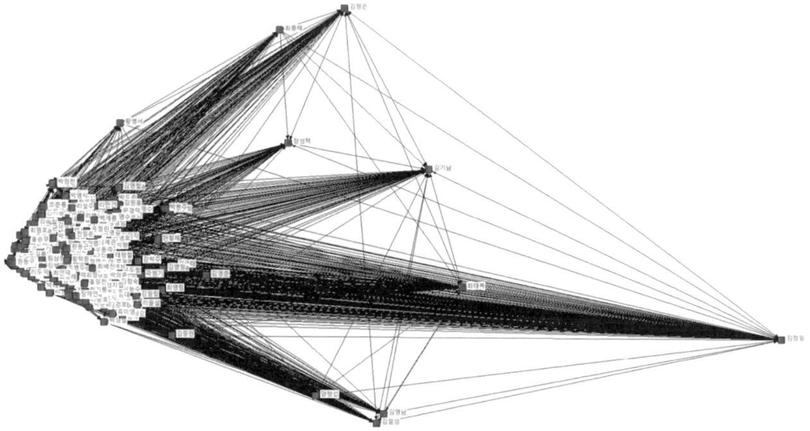

[그림 9] 북한 권력구조 네트워크의 정리

이러한 그래프를 통해 네트워크 중심성을 뽑아내 상위 20명을 도출하면 다음과 같은 표가 도출이 가능하다. 통념과 비슷하게, 북한의 역대 지도자 세명은 모두 높은 수치로 포함되어 있으므로 수령제라는 북한의 권력체제의 특성을 생각할 때 네트워크 중심성은 신뢰할 수 있다는 것을 확인할 수 있다. 특히 가장 계측기간이 긴 시기의 최고지도자였던 김정일이 높게 나타났다는 점을 고려한다면 아래의 고유벡터 중심성은 북한의 권력구조를 어느 정도 잘 반영하고 있다고 볼 수 있다.

[표 13] 북한 권력구조의 중심성

이름	중심성	이름	중심성
김정일	0.419	김국태	0.09
최태복	0.247	김중린	0.089
김기남	0.234	김경희	0.087
김영남	0.203	박봉주	0.084
김일성	0.202	김영일	0.083
김정은	0.186	최영림	0.082
양형섭	0.166	김영철	0.082
장성택	0.156	현철해	0.08
최룡해	0.152	곽범기	0.071
김영춘	0.107	강석주	0.069

네트워크 데이터는 기존의 북한 엘리트에 대한 통념과 달리 테크노크라트가 높게 나타난다. 이러한 이유에는 세 가지의 설명이 가능하다. 첫째는 이들은 지도자를 비롯하여 현장 관료들과의 공동활동이 지속적으로 발생하기 때문이다. 즉 최고지도자에서부터 아주 많은 엘리트들과 연결되었다고 설명할 수 있다. 둘째는 이러한 테크노크라트들이 전반적으로 숙청에서 높은 생존성을 보이기 때문이다. 따라서 다른 군부나 당에서의 지도자적 입지의 엘리트들과 달리 테크노크라트들이 오래 생존하면서 많은 엘리트들과의 공동활동이 존재하기 때문에 전반적으로 높게 나타난다고 볼 수 있다. 마지막으로 군인들의 활동은 이러한 공개적인 보도나 동향에 나타나지 않기 때문에 감추어지는 효과가 있고, 이에 상대적으로 테크노크라트들의 활동이 과대평가될 수 있다.

실제로 이러한 권력구조를 참고해보면 당 비서국과 정치국의 테크노크라트들의 네트워크의 함의를 크게 가치를 둘 필요가 있다(김갑식 2014: 58). 그러나 기존의 연구에서는 당의 비서국과 정치국이 부상한 시점을 김정은 시대로 많은 부분 평가하고 있다는 점에서 네트워크적 접근과는 차이를 보이고 있다(김갑식 2014; 정성임 2012). 김정은 체제를 다루는 기존 연구와는 달리 실제로는 당의 정치국과 비서국의 테크노크라트들은 네트워크 데이터에서는 전체적으로 높게 나타난다는 점에서 차이를 보이고 있다. 따라서 이를 단순히 김정은 시기의 특징으로만 한정하기는 어렵다.

그러나 이는 단순히 이러한 문제뿐만 아니라 실제로 테크노크라트들이 알려진 것과 달리 실제로 권력적 차원에서 의미가 있을 수 있다. 실제로 이들이 오래 권력구조 안에서 오래 생존한다는 것은 그것이야 말로 이들이 권력을 가지고 있다는 다른 의미가 된다. 동시에 이들이 단순히 네트워크적인 차원에서 당이나 내각 관료들에만 포함되는 것이 아니라, 군부까지도 포함된다는 점에서 이러한 권력지표가 단순히 명목상이 아니라 실제로 과소평가하던 것보다 테크노크라트들의 권력이 적지 않을 수 있음을 보여준다.

3. 권력승계는 '제도화'되어 가는가?

이를 로지스틱 회귀분석을 통해 분석하면 다음과 같은 회귀분석 결과를 볼 수 있다. 네트워크에서의 고유벡터 중심성을 독립변수로 사용한 모델은 김일성 시기의 적지 않은 숙청 사례들을 적용할 수 없기 때문에 N의 수가 줄어 들었다.

[표 14] 북한의 사법적 억압 회귀분석

	Dependent variable:	
	사법 재판	
	(1)	(2)
권력 내부	2.085***	
	(0.325)	
고유벡터 중심성		87.524***
		(24.317)
군부	-1.855***	-2.281***
	(0.240)	(0.372)
지도자	2.534***	3.121***
	(0.271)	(0.610)
Constant	-3.970***	-4.688***
	(0.572)	(1.387)
Observations	979	900
Log Likelihood	-485.004	-431.453
Akaike Inf. Crit.	978.009	870.906
Pseudo R^2	0.2848	0.3076
Note:	*p<0.1; **p<0.05; ***p<0.01	

상위의 모델이 나타내는 것을 볼 때 북한의 숙청은 기존 연구와 유사한 행태를 보인다. 전통적 관점에서 북한의 내부 엘리트들의 경우를 더미데이터로 측정한 것이나, 네트워크의 중심성을 독립변수로 봤을 때 기존의 다른 국가들을

통한 분석과 일치하는 것을 보인다. 이는 두 가지의 의미를 가진다. 첫째는 기존의 분석이 어느 정도 북한에 적용 가능하다는 것이다. 이는 기존의 사법 정치의 차원에서 억압에 대한 이론을 북한의 숙청 사례에도 적용 가능하다는 설명이 어느 정도 가능하다. 둘째는 네트워크로 측정된 중심성이 실제로 전통적 방식의 북한의 내부 권력에 대한 측정과 어느 정도 일치한다는 것이다.

다른 체제와는 다른 차이점이 존재한다면 군부에 대해서는 오히려 사법적 통제에 의한 억압이 나타나지 않는 경향이 존재한다는 것이다. 이는 북한의 군부에 대한 억압에는 제도적 권위가 불필요할 수 있다는 설명이 가능하다. 이는 북한의 군부가 실제로는 제도적 지배의 차원이 아니라 개인적 지배에 의해 종속되고 있다는 설명을 강화한다. 즉 군에 있어서의 숙청과 같은 체제 억압은 이른바 사법적 권위를 동원하지 않아도 용이하게 진행할 수 있다는 설명이 가능하다.

이는 북한의 체제가 군부 기반의 권위주의 체제로 해석하기보다는 오히려 군부를 억압할 때에 있어서 사법적 권위를 필요로 하지 않는 형태의 체제라는 것을 보여준다. 상관관계가 없는 것이 아니라 아예 음의 상관관계가 존재한다는 것은 오히려 군부의 독립성 자체가 굉장히 낮다는 설명이 가능하다. 즉 북한이라는 체제가 굉장히 중심성이 높고, 군부의 독립성이 낮다는 것은 북한의 군부는 철저하게 지도자에게 예속되어 있고 사실상 체제 지도자의 '사병'의 형태를 가진다는 해석도 가능할 수 있다.

흥미로운 지점은 지도자가 점차 계승됨에 따라서 사법적인 수단에 의한 억압이 증가한다는 경향성이다. 이는 체제가 계승될수록 사법적 억압에 호소를 한다는 것이다. 이는 사실 북한의 체제가 계승될수록 어떤 방식의 권위주의가 되고 있는지를 보다 더 검토할 수 있게 해주는 바이다. 다만 이러한 사법적 억압의 측면에서는 김일성 체제에서 권력 계승이 될 때마다 지도자 개인의 특수성에서 기인하는 권력적 특수성이 감소하고 오히려 기존의 체제이론들과 비교정치의 설명이 가능한 체제로 전환되고 있을 수도 있다는 것을 보여준다. 이는 좀 더 분석이 필요한데 이는 predict probability를 통한 분석으로 보다 더 엄밀하게 접근할 수 있다.

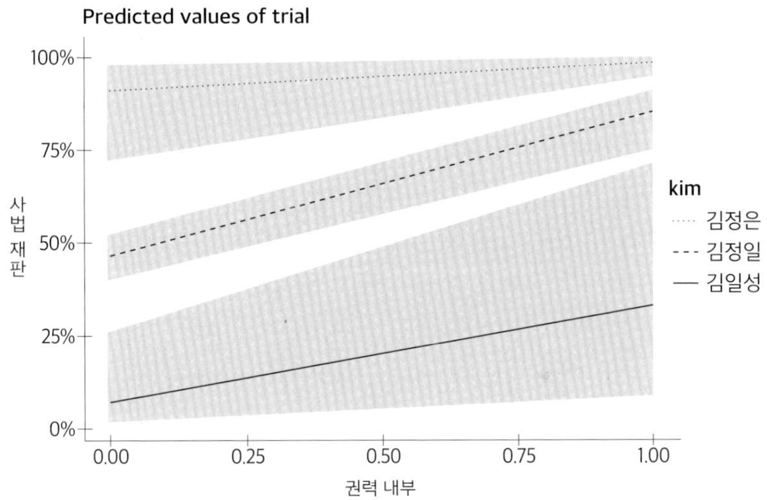

[그림 10] 북한의 시대별 숙청과정에서의 사법적 억압과 권력 내부 관계

predict probability를 측정해보면 위와 같은 그래프가 나타난다. 이러한 그래프가 의미하는 것은 먼저 시기적으로 차이를 보인다는 것이다. 김일성-김정일-김정은 시기로 분류한다면 점차적으로 체제 억압에 있어서 재판의 경향이 점차 커진다는 것이다. 이는 체제가 진행될수록 지도자 개인의 카리스마에 의존하기보다는 제도적 차원으로 옮겨오고 있다는 설명이 가능하다. 물론 김일성 체제에서도 이러한 경향이 나타나지만, 김정일 체제에서 이른바 권력의 내부로 올수록 재판에 의한 억압에 의해 권위를 확보하는 것이 나타난다. 여전히

상관성은 나타나지만 김정은 체제에 와서는 많은 숙청에 있어서 형식적이라도 재판에 의한 권위가 확보되는 모습을 보인다. 이는 개인 지도자의 의존하는 권위주의도 시간이 지날수록 그 카리스마적 권위는 북한에 경우에 있어서는 낮아졌고 그러한 측면이 정당성은 차치하더라도 제도적 권위로 이어지고 있다는 설명이 가능하다. 그리고 그러한 측면에서 김정일 시기가 이른바 북한에 전형적인 권위주의 체제로 굳어졌다는 설명이 가능하다.

김정일 시기에 이러한 경향성이 강하게 나타나는 것은 카리스마적 권위가 세습되는 것이 간단하지 않음을 보여준다. 카리스마적 권위의 유산을 받은 것도 사실이고, 이를 김정일이 확대하려 했다는 것은 이미 많은 부분 드러나 있지만 애당초 김정일이 선택한 길이 그러한 카리스마적 권위를 극대화하는 길이 아니었다는 것도 이미 많은 부분 기존 연구를 통해 알려져 있다(Frank and Park 2012: 40-42; 和田春樹 1998).

그러나 권위의 상실은 권력적 차원의 정당성을 상실하는 문제로 이어질 수 있기 때문에 이에 대한 보완이 필요했다는 설명은 충분히 가능하다. 기존의 북한의 권력세습 연구들이 많은 부분 세습을 하는 과정에서 개인 숭배가 어떻게 전환되었는가에 대한 연구는 있었지만 이러한 전환이 어떠한 기제를 통해 이뤄졌는지에 대한 고려는 크지 않았다. 권력 세습과정에서의 집단지도체제의 선택과 같은 문제는 개인적 지도자가 어떻게 권위와 정당성을 확보하는 가에 대한 고려는 아니었다(김갑식 2014: 60). 이른바 빨치산 활동과 더불어 위대한 수령이라는 김일성의 카리스마적 권위는 그 혈통만으로 김정일에게 확보되지는 않았고, 이러한 문제에 대해 이른바 다른 보편적 권위주의 국가들과 같은 방식으로 권력적 정당성을 확보하는 차원에서 제도적 권위를 선택했다는 설명이 가능하다. 이는 궁극적으로 김정일 시기가 권위주의 체제로 확립되는 차원에서 이른바 Collier & Collier(2002)가 언급한 결정적 국면이었다는 설명이 가능하다.

김정은 시기에 이르러 이러한 사법적 기제의 의존은 더 높아진다. 실제로 predict probability를 분석한다면 상관관계는 나타나지만 기울기가 완만해지는 것을 확인할 수 있다. 이는 실제로 권력 외부에도 사법적인 차원의 억압 기제가 많이 작용하고 있음을 보여준다. 이는 '수령 개인의 카리스마에 의존하던 정치'에서 '시스템에 의한 정치'로의 전환이 이뤄지는 것이 나타난다(김갑식 2014: 59). 물론 제도적 권위가 김정은이 최고지도자가 된 후 정권의 주요 기반이 되고 있지만 이러한 문제에서 간과해서는 안 되는 문제는 제도가 권력운용의 기반지 실제 권력을 뜻하는 것은 아니라는 것이다(정성임 2012: 50).

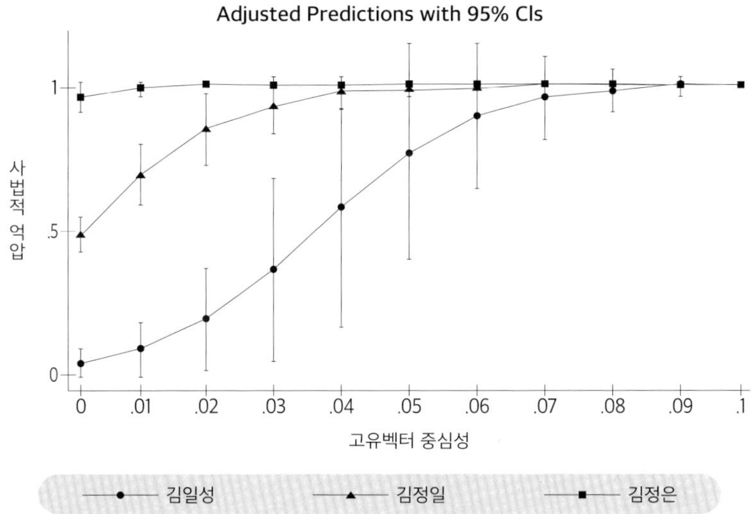

[그림 11] 북한의 시대별 사법적 억압과 권력구조 네트워크의 중심성의 관계

네트워크 중심성에 대한 분석을 해보면 몇 가지의 설명이 가능하다. 첫째는 기존의 전통적인 권력 내부와의 분류와 어느 정도 경향성은 일치하는 것을

보인다. 이러한 지점은 바로 네트워크 중심성을 통한 분석이 이른바 다른 문제에서 북한의 권력구조를 측정하는 데에도 의미가 있을 가능성을 보여준다. Mahdavi의 연구에서도 알 수 있듯이 권위주의 체제 연구가 많은 정보의 한계에 의해 부딪힌다는 점을 고려한다면 양적연구 차원에서 비선형적이고 동시에 자의적인 측정이라 할 수 있는 전통적인 방식의 권력구조 분석에서 이러한 네트워크를 통한 접근은 의의가 있는 것으로 보인다.

이는 궁극적으로 네트워크적 차원에서의 권력구성에 대한 접근이 여러 의미에서 의미를 가진다는 것을 확인할 수 있다. 일단은 어떤 정도의 권력이 실제로 북한에서 이른바 권력엘리트로서의 의미를 가지는 지 확인하는 데 있어서 선형적인 데이터가 제공된다는 점에서 의미를 가진다. 고유벡터 중심성이 0.05 이상에서 세 지도자의 시기 모두 작동한다는 것은 북한의 권력구조에서 핵심 층위를 이 정도 선상으로 간주해야 할 개연을 보여준다.

둘째는 전통적인 권력내부와 네트워크 모두 김일성 시기보다, 김정일 시기, 그리고 그보다는 김정은 시기의 권력 내부를 억압하는 수단으로 사법의 영역에 호소하는 것이 보다 증가하였다. 실제로 이는 장성택의 숙청 방식에서 연행부터 공개재판까지 호소하였다는 점으로도 강하게 나타난다. 숙청과정은 조선중앙TV를 통해 보도되었으며, 이에 대해 '장성택과 그 추종자들은 우리 당의 조직적 의사인 당의 노선과 정책을 진심으로 받아들이지 않고 그 집행을 의식적으로 태공하고 왜곡집행하였으며 당의 방침을 공공연히 뒤집어엎던 나머지 조선인민군 최고사령관 명령에 불복하는 반혁명적인 행위를 서슴없이 감행하였다'는 것이 보도된 처형사유였다(박정진 2014: 109; 조선중앙방송 2013; 로동신문 2013: 1). 이른바 정권 수뇌와 아주 밀접한 관련이 있는 장성택을 숙청하는 과정에서 북한은 법적으로 연행, 재판, 그리고 처형까지의 과정을 공개적으로 북한 인민들에게 제공했다는 점에서 이러한 숙청이라는 체제 차원의 억압기제에서 법적 권위를 형식적이라도 부여하고 있음을 알 수 있다. 물론 이러한 법적 권위 상위에 수령의 권위가 크게 작동하는 것은 사실이지만 수령의 권위가 법적 권위를 통해 실현됨을 보여줌으로써 수령의 권위가 정당성을 가지게 해주는 기제로 작동하고 있음을 보여주는 사례로 분석할 수 있을 것이다.

셋째는 네트워크 권력에서 의미 있는 변곡점을 고유벡터 중심성으로 측정했을 때 0.05의 수준에서 유의미하게 나타난다는 점이다. 이 지점은 북한에서 결국 권력 내부로의 분기점으로도 볼 수 있는 지점이 되는데 이는 실제로 세 시기에 모두 나타난다. 0.05라는 지표 안에 드는 인물은 북한사를 통틀어 넓게 잡아 100명 이하로 나타난다. 즉 실제로 북한에서 작동하는 권력 내부의 폭이 굉장히 협소할 수 있다는 설명도 가능하다. 엄밀하게 북한 내부에서 제도적 권위가 필요한 집단은 굉장히 협소할 수 있다는 것이며 물론 이 사이에도 사실 권력 내부에 포함되는 사람이 있을 수 있다. 또한 군부가 이러한 네트워크 분석에서 많은 부분이 가려져 있다는 것도 고려해야 한다.

실제로 Bueno de Mesquita가 언급한 독재체제가 권력을 안전하게 통치하기 위해서 사용하는 방법에서 승자연합을 최소규모로 유지하고 있다는 것이 위의 분석을 통해서 나타난 것일 수 있다(Bueno de Mesquita and Smith 2011). 기존의 연구되고 주장되어온 것과 달리 북한의 승자연합은 합리적인 전략적 선택에 의해 점차적으로 줄어들고 있으며 이를 최소한으로 유지함으로 체제를 관리하고 있는 것일지도 모른다. 총 714명의 조사에서 60명만이 권력 내부로 판단할 수 있다는 것은 이른바 승자연합을 굉장히 크게 추산한 Gallagher & Hanson(2011: 160)의 분석이나, 200-5000명으로 분석했던 Byman & Lind(2010: 60)의 분석과는 분명히 차이를 보이고 있다. 네트워크 데이터가 군부를 배제하고 있다 하더라도 이것이 이른바 김일성-김정일-김정은 체제를 모두 포함하고 있는 자료라는 것을 고려해 본다면, 실제로는 권력 내부의 핵심은 더 숫자를 작게 잡아야 할 개연이 더 크다. 여기에 가족을 포함할 인원으로 Byman과 Lind의 분석의 가장 최소값에 근접한다는 점에서 북한의 승자연합에 대해서는 현재 진행된 연구보다 더욱 보수적으로 측정할 필요가 있을 것으로 사료된다. 이는 추후 연구에서 보다 더 엄밀한 분석이 필요하다고 할 수 있을 것이다.

4. 북한 사법정치와 권력네트워크

본 연구에서는 북한의 숙청을 권위주의의 체제 억압 연구에 틀에 비춰볼 때 다른 권위주의 체제들과 마찬가지로 체제 내부에 포함될수록 사법적인 기제에 의한 억압이 보다 빈번하게 나타난다는 결과가 나타났다. 이러한 결과는 북한의 권위주의 체제가 북한 자체로의 특수성 차원의 속성의 영향으로 간주하기보다는 적어도 억압의 차원에서는 현재 보편적인 권위주의적인 체제의 속성을 보이고 있다는 설명이 어느 정도 가능하다. 그리고 이러한 권위주의는 북한의 군사적인 차원이 영향을 많이 미치는 형태가 아니라, 최고 지도자가 많은 것을 좌우하는 권위주의 체제라는 해석을 어느 정도 할 수 있다. 이는 비교 권위주의 연구 차원에서도 결국 북한이라는 사회가 사회주의 국가들의 가장 많은 유형인 일당 기반의 권위주의보다도 오히려 최고 지도자에게 많은 권력이 집중되어 있다고 간주할 수 있을 것이다.

이를 단순히 자의적일수도 있는 북한 권력구조의 측정에만 의존하는 것이 아니라, 네트워크 분석을 통해 보다 이러한 분석에서 보다 엄밀하게 분석할 수 있었다. 그리고 이러한 네트워크 분석을 통해 어떤 선에서 실제로 북한의 권력 내부와 외부를 구분할 수 있는 지에 대해 보다 엄밀한 분석이 가능하다. 이를 통해 북한의 권력 내부가 생각보다 많이 협소할 수 있음을 보여줄 수 있었다.

동시에 네트워크 자료 그 자체로는 북한의 권력 네트워크 분석에서 당비서국과 더불어 테크노크라트들의 권력에서의 중심성이 높게 나온다는 것을 측정할 수 있었다. 기존 연구에서도 이들의 비중이 적지 않다는 연구는 있어왔지만 이는 김정은 시대에 들어서서 변화했다는 연구였지 기존의 김정일, 김일성 체제에서도 이러한 경향이 발견된다는 설명은 많지 않았다. 대부분 이러한 테크노크라트들을 다루는 연구들은 인적 구성의 변화의 측면에서만 집중되었지 이 이상의 설명으로 연결되지 않았다는 점을 고려해보면 보다 테크노크라트들을 권력구조에서 어떠한 역할을 하고 기능하는 지에 대한 연구가 필요하다 할 수 있다.

마지막으로 본 연구에서는 네트워크 자료를 통일부의 북한자료포털에 의존하여 만들었지만, 북한의 자료들의 축적과 정제를 통해 보다 더 엄밀한 북한의 권력구조 네트워크를 만들 수 있다는 점을 제안하고자 한다. 특히 본 연구에서 사용된 자료는 군부의 동향이 많이 배제되어 있을 수 있다는 점에서 보완이 필요하다고 할 수 있겠다. 이렇게 축적된 네트워크 자료는 학술적, 정책적인 차원에서 모두 활용 가능하다는 점에서 보다 더 적극적으로 관심을 가질 필요가 있다.

VIII

텍스트마이닝을 통한 북한 유튜브 분석과 북한리스크 측정에서의 함의

VIII

텍스트마이닝을 통한 북한 유튜브 분석과 북한리스크 측정에서의 함의[5]

1. 북한 유튜브 분석의 필요성

최근 북한 유튜브에 대한 외부의 관심은 최고지도자 중심의 체제 우월성을 홍보하던 과거의 대외선전과는 다르다는 인식에 근거한 것으로 보인다(국민일보 2020.6.4; 2020.6.11; 뉴스1, 2020.12.14; 연합뉴스 2021.1.8). 이전 시기에 비해 내용과 형식상 차이를 보이는 점에서 북한의 유튜브는 주목받는데, 정보화를 강조하는 김정은 체제에서 해당 콘텐츠는 새로운 대외선전으로 볼 수 있다. 또한 대북제재와 COVID-19의 지속 국면을 고려할 때, 권위주의 체제[6]에서 소셜미디어(social media)[7]는 대외선전을 위한 실리적이며 전략적인 선택지가 될 수 있다.

---

5 이 장은 박성호, 이화준, 김용호, 2021. "북한은 유튜브를 통해 무엇을 말하는가?: 주제 분석과 텍스트마이닝 기반 분석을 중심으로," 북한연구학회보 25(1): 125-161을 수정·보완한 것이다.

6 북한 정치체제의 유형을 권위주의와 전체주의로 분류하는 논쟁이 존재한다. 다만 본 연구에서는 정치체제에서 파생되는 현상적 측면이 아니라, 정치체제의 유형 자체로 북한의 정치체제를 권위주의 체제로 간주한다.

체제의 폐쇄성이 높은 북한이 소셜미디어에 집중하는 양상은 당국의 이익 달성을 위한 선택으로 볼 수 있다. 기존 연구 역시 북한이 제재 국면에서 최적의 플랫폼으로 유튜브를 선택했으며 '일상화' 중심의 대외선전이 특징이라고 강조한다(서정호, 전수진 2021; 하승희 2020). 후술하겠지만 북한의 유튜브는 김정은이 정보화와 체제 변화 중 양자택일해야만 하는 독재자의 딜레마(Dictator's Dilemma)에 빠지지 않고, 오히려 정보화를 활용해 1인 지배체제를 강화하는 '빅데이터 역설(Big Data Paradox)'의 실증적 사례라고 볼 수 있다. 그러나 기존 연구는 거시적 관점에서 소셜미디어에 대한 북한의 변화를 조망했을 뿐, 유튜브 콘텐츠에 대한 세밀한 분석과 관련 논의는 부족하다.[8] 체제 폐쇄성이 높은 북한의 메시지를 면밀하게 분석하는 것은 곧 북한이 나아가고자 하는 방향과도 연관된다. 따라서 북한 유튜브 메시지 분석은 현재 북한의 강조점 파악은 물론, 향후 북한의 방향성 파악에도 중요한 준거가 될 수 있다. 나아가, 북한의 유튜브 콘텐츠는 북한리스크 측정에 참조할 수 있는 당국의 기초 자료라는 점에서 유의미하다. 그렇다면 변화된 대외선전에서 북한의 메시지 역시 변화했는가? 이 연구는 이러한 문제의식에서 출발해 북한은 유튜브에서 무엇을, 어떻게 말하고 있는가라는 연구 질문에 답함으로써, 텍스트마이닝 기법을 활용한 유튜브 분석의 의의와 북한리스크 측정에의 함의를 구체화하고자 한다.

7 정보기술의 급변으로 소셜미디어를 한마디로 정의하기는 어려우나, 커뮤니케이션의 관점에서는 매스 커뮤니케이션(mass communication)과 인간 상호 커뮤니케이션 간 수렴화 현상으로 파악할 수 있다. 다시 말해, 인터넷 접속이 가능한 기기로 소셜미디어 플랫폼에서 콘텐츠를 통해 상호작용하는 것을 소셜미디어로 볼 수 있다(이화인 2020: 148).

8 북한 유튜브의 개설이 비교적 최근에 이루어져 관련 연구가 많이 누적된 것은 아니다(Park and Lim 2020; 박한우 2018; 서정호, 전수진 2021; 하승희 2020).

2. 권위주의 체제의 대외선전과 분석 방법론

가. 권위주의 체제의 정보화와 대외선전

권위주의 체제의 정보화와 관련해 북한에 대한 통념은 정보기술이 곧 개혁·개방으로 이어져 체제 위협을 초래하므로 북한은 정보화를 지양할 것이라는 예측이다. 즉 정보화가 민주화의 강력한 독립변수로 작용한다는 기술결정론(technological determinism) 관점에서, 권위주의 체제 유지라는 정치적 생존과 경제적 번영을 동시에 추구하지 못하고 양자택일해야 하는 독재자의 딜레마가 바로 이 지점에서 발생한다고 주장한다.[9]

기술결정론의 예측과는 달리, 많은 권위주의 국가들은 오히려 정보화를 적극적으로 통제하고 활용한다. 해당 양상을 김용호는 '빅데이터 역설(Big Data Paradox)'로 개념화했는데, 빅데이터로 대변되는 정보화의 진전이 권위주의 체제에서는 체제 유지 및 강화의 기제로 활용될 수 있다는 역설을 핵심 요지로 한다(김용호 2018: 123-151). 이는 기술결정론에 대비되는 사회구성론(social constructivism) 관점에서의 사이버로크러시(cyberocracy) 도래 가능성을 염두에 둔 것이다.[10] 사이버로크러시를 고안한 론펠드(Ronfeldt)는 '사이버(cyber)'와 '통치(ocracy)'라는 단어에 기원을 두고 있음을 언급하며, 정보기술에 의한 통치가 정보사회의 지배적인 권력의 원천이 될 것으로 보았다. 나아가 이에 대한

9 기술결정론에서 대두된 독재자의 딜레마 관련 연구는 Boas 2000; Howard 2010; Kedzie 1997; 정보화에 따른 민주화 가설 관련 연구는 Evans 2019; Rhue and Sundararajan 2014; Soper and Demirkan 2012; Weare 2002 참조.

10 사회구성론에서 대두된 사이버로크러시 관련 연구는 Harwit and Clark 2001; Maréchal 2017; Morozov 2012; Ronfeldt 1992 참조.

새로운 형태의 갈등과 협력이 사회의 모든 부문에서 발생할 것으로 예견했다(Ronfeldt 1992: 244). 사이버로크러시는 특히 민주주의 체제보다 권위주의 체제에서 발현될 가능성이 더욱 높은데, 전자에 비해 후자의 경우에서 정보기술에 대한 통제가 용이하기 때문이다.

사이버로크러시에 근거해 권위주의 체제의 대외선전에 접근하면, 정보기술에 대한 통제와 활용의 이중적 특징을 더욱 구체화할 수 있다. 이를 구체화하기 이전에 권위주의 체제의 선전을 간략히 살펴볼 필요가 있는데, 사이버 공간에서 진행되는 대외선전 역시 권위주의 선전의 일반론적 개념에서 발전된 양태이기 때문이다. 나치 독일 히틀러의 선전을 러시아의 푸틴, 중국의 시진핑과 비교한 연구는 1인 지배체제의 선전이 국가 원칙의 핵심적 사항이 집약되는 산물이므로, 정부 구성 이상의 의미가 있다고 분석했다. 나아가, 미디어 환경의 발전에서 생성된 뉴미디어(new media)는 권위주의 체제의 선전에 긍정적 영향을 미친다고 강조했다(O'Shaughnessy 2017). 1978년 중국의 개혁·개방 이후 정치 커뮤니케이션 변화에 주목한 연구는 미디어 환경의 변화에서도 당(黨) 중심의 선전과 통제력은 여전히 유지된다고 보았다(Zhang 2011). 즉 이전 시기에 비해 객관적 환경은 개선됐음에도 권위주의 체제 유지라는 목적은 불변인 것이다. 유사한 맥락에서 러시아 푸틴의 뉴미디어 전략에 주목한 연구는 이전 집권기보다 이념적이고 정치적인 메시지를 강조하는 방향으로 나아간다고 분석했다(Tolz and Teper 2018). 종합해보면, 권위주의 국가의 지도자는 정보기술의 발전으로 더욱 견고해진 통제력을 바탕으로 다양한 방식의 선전을 시도하는 것이며 궁극적으로 권위주의 체제를 공고화하려는 목적이 내재되어 있다.

북한의 경우 소련과 중국의 모델에서 많은 영향을 받았다. 이에 따라 ①선전과 선동이 분리되는 개념이 아닌 함께 사용하는 통합성 ②당과 국가 차원에서 완비한 조직체계 ③선전에서의 언론매체의 활용이라는 권위주의 체제의 보편성은 물론, 김정은 집권 시기부터 특히 강조된 '강성대국 진입을 위한 내부적 결속'과 '최고지도자 중심의 혁명전통 계승'이라는 특수성 또한 나타난다(양무진 2011). 또한 북한 선전 커뮤니케이션 구조는 쌍방향이 아닌 일방향을 기본 전제로, 대내 청중과 대외 청중에 대한 이중성(duality)이 특징이다. 상술하면, 대내선전은 메시지의 발신자가 수신자에게 일방적으로 내용을 송출하며 양자 간 공개적 상호작용은 불가능한 폐쇄적 환경이다. 대외선전의 경우 메시지 발송 구조는 대내선전과 유사하나, 개방성은 상대적으로 증대되었다. 이는 메신저 커뮤니케이션 네트워크를 활용해야 하는 정보사회의 특성이 반영된 것으로, 해당 커뮤니케이션 네트워크의 외연 확장으로 복잡성이 증대되었기 때문이다(송태은 2013: 237). 물론 북한의 대외선전 커뮤니케이션 네트워크 확장 자체가 체제의 개방성이나 변화로 직결되는 것은 아니며, 이 연구의 주목 지점도 대외선전을 통해 북한이 발신하고자 하는 메시지와 목표이다.

김정은 시기 새로운 대외선전인 유튜브에 주목하는 이 연구 또한 빅데이터 역설로 대변되는 사이버로크러시의 이론적 배경을 공유하며, 북한의 대외선전이 정보사회의 발전에 발맞춰 진전하고 있다고 바라본다. 즉 김정은 시기 북한은 '빅데이터 역설'의 실증적 사례로 유튜브를 활용하는데, 이 연구는 '김정은 체제의 유튜브는 표현 방식 및 주제 변화에도 대외선전 메시지는 동일하다.'라는 가설을 검증하고자 한다. 관련된 초기 연구는 정치·군사적 콘텐츠에 집중된 체제 선전이 2018년 판문점 회담 이후 통일과 평화, 경제발전에 대한 높은 기대감으로 변화했다고 분석했다(박한우 2018). 후속 연구는 북한의 유튜브 활용이 체제 공고화를 위한 수단으로 유의미하다고 강조했다(Park and Lim 2020). 최근 연구는 북한의 유튜브 활용 양상 분석을 통해 특징과 의미를 도출했는데, 제재 국면에서 저비용·고효과를 위한 최적의 플랫폼을 선택한 결과로 집약된다. 그리고 유튜브 콘텐츠는 이른바 브이로그(v-log)에 가까운 형식으로 구성된다(하승희 2020). 이렇듯 뉴미디어에서 북한의 '일상화' 중심 대외선전 전략은 과거 '우상화' 중심 전략과는 큰 차이를 보이는데, 관련 연구자들은 플랫폼 폐쇄 방지와 뉴미디어 콘텐츠 특징에 기인한 결과로 해석했다(서정호, 전수진 2021). 기존 연구는 북한이 사이버 공간을 적극적으로 활용하는 변화에 주목해 의도와 양상을 구체화한 의미가 있으나, 거시적 관점에서 북한의 변화를 조망했을 뿐 유튜브 콘텐츠에 대한 세밀한 분석과 관련 논의는 부족하다.

이 연구는 북한 유튜브 콘텐츠의 핵심 주제를 파악하는 질적 분석과 대화 텍스트(transcript)에 기반한 양적 분석의 병행으로 기존 연구를 보완하고자 한다. 체제의 폐쇄성으로 연구대상에 대한 접근이 제한되는 북한 연구의 속성을 고려할 때, 사이버 공간의 미디어 콘텐츠는 북한의 의도와 시각이 기술적(technological)으로 구현된 결정체로 볼 수 있다(박차오름, 이화준, 김용호 2019: 200-201). 이러한 콘텐츠는 이른바 향후 공공외교(public diplomacy)의 맹아가 될 수 있는 점에서 김정은이 그 필요성을 인지한 것은 분명해 보이며(성기영 2021), 대외 청중을 향한 메시지의 집약으로 파악할 수 있다. 특히 커뮤니케이션 네트워크가 일방향인 점과 선전이 최고지도부의 전략적 판단에서 비롯됨을 고려하면 더욱 그러하다. 따라서 이 연구는 북한 유튜브 콘텐츠 분석(content analysis)을 통해 김정은 시기 대외선전 메시지를 구체화하고자 한다. 유튜브 콘텐츠 분석은 개별·구체적 사례를 통해 북한의 의도와 시각을 구체화하는 측면에서 유의미하며, 향후 북한의 방향을 가늠하는 데에 기여할 수 있을 것이다. 더불어 기존 연구의 제언처럼, 초기 단계의 연구를 질적·양적 측면에서 발전시키는 의미가 있을 것이다(하승희 2020: 201).

나. 북한 유튜브 분석 방법론 선정: 주제 분석 및 텍스트마이닝

소셜미디어의 도래는 권위주의 체제의 통제에 '잠재적 도전'이 되는데, 정보의 공유를 바탕으로 하는 해당 매체의 속성이 독점적 권력을 행사하는 체제의 특성에 배치되기 때문이다(Lewis 2016: 422). 실제로 상이한 미디어 환경은 권위주의 체제의 통제에 변화를 가져왔는데(Ma 2016: 47-48; Shirk 2016: 64), 역설적이게도 정보기술의 발달은 독점적 권력 행사에 오히려 유용함을 제공할 수 있다. 이는 앞서 살펴본 사이버로크러시의 가능성을 권위주의 국가가 적극적으로 활용할 수 있음을 시사하는 것이기도 하다. 다시 말해, 정보화를 체제 선전 수단으로 활용할 가능성이 증대되어 체제를 더욱 공고히 할 수 있는 것이다.

같은 논리를 북한 유튜브에 적용하면 정보화를 체제 선전에 활용하는 의도가 명확해지는데, 커뮤니케이션 모델을 활용한 구조적 분석으로 설명력을 높일 수 있다. 앞서 설명한 북한 대외선전의 커뮤니케이션 네트워크는 양방향이 아닌 일방향 구조로, 폐쇄적인 구조에서 자신이 전달하고자 하는 메시지를 일방적으로 송출하는 메커니즘이다. 해당 네트워크는 정치학자 라스웰(Lasswell)이 고안한 모델로 적합하게 설명할 수 있는데, 발신자와 수신자 간 상호작용보다는 대중매체를 통한 정치 커뮤니케이션과 대외선전 구조 파악을 위한 라스웰의 학문적 관심이 반영되어 있다(McQuail and Windahl 2015: 13-15). 해당 모델은 발신자의 메시지가 특정 매체를 통해 수신자에게 전달되고, 수신자는 메시지를 통해 영향을 받는 단선적 구조이다. 즉 메시지의 발신과 수신에 초점이 맞춰진 선형적 모델(linear model)로 북한 유튜브의 커뮤니케이션 구조를 이해할 수 있다.

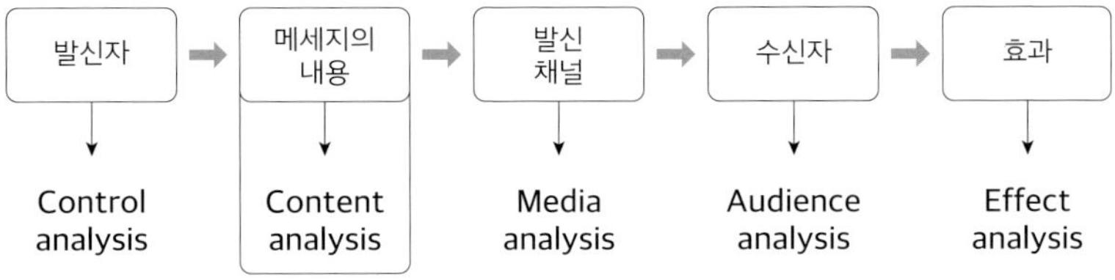

[그림 12] 권위주의 체제의 대외선전 커뮤니케이션 구조에 따른 분석 방향

출처: (McQuail and Windahl 2015: 14) 재구성.

권위주의 체제의 대외선전에 대한 분석 방향과 분석 틀은 이러한 커뮤니케이션 구조에 근간해 구체화할 수 있다. 전략적 정치 커뮤니케이션의 관점에서 대외선전 분석(propaganda analysis)을 연구한 학자들이 커뮤니케이션 구조에 기반한 점은 이를 뒷받침한다.[11] 커뮤니케이션 구조는 대외선전에 대한 분석 틀 구성에 중요한 준거가 되는데, 이를 바탕으로 연구의 분석 방향을 도식화하면 <그림 12>와 같다. 해당 도식은 라스웰이 커뮤니케이션 구조에 따른 연구 유형을 뚜렷하게 구분하기 위해 도입한 논리로(McQuail and Windahl 2015: 13) 본 연구에서는 발신자의 메시지 분석이 핵심이다. 상술하면, 발신자의 메시지와 이를 통한 달성 목표를 중심으로 북한 유튜브 콘텐츠를 분석할 것이다. 커뮤니케이션 구조상 발신자, 채널, 수신자에 관련된 사항보다는 북한이 게시하는 미디어 콘텐츠라는 메시지를 분석함으로써 말하고자 하는 바를 구체화하는 것이 연구질문과 목적에 부합하기 때문이다. 또한, 북한이 불특정 다수에게 발신하는 대외 청중의 특정 및 효과 측정이 현실적인 한계가 있기 때문이다. 북한의 메시지 분석은 <그림 13>의 논리에 기초하는데, 이를 전제한 콘텐츠 분석을 통

11 해당 연구자들은 대외선전의 발신자, 수신자, 메시지, 효과로 분류해 대외선전 분석에 접근했다(Johnson-Cartee and Copeland 2003: 152-161).

해 북한의 의도와 목표에 대한 구체화가 이론적으로 가능하다. 따라서 본 연구에서는 북한이 발신하는 메시지에 집중해 무엇을 어떻게 강조하는지, 이를 통해 궁극적으로 달성하고자 하는 의도와 목표는 무엇인지를 구체화하고자 한다.

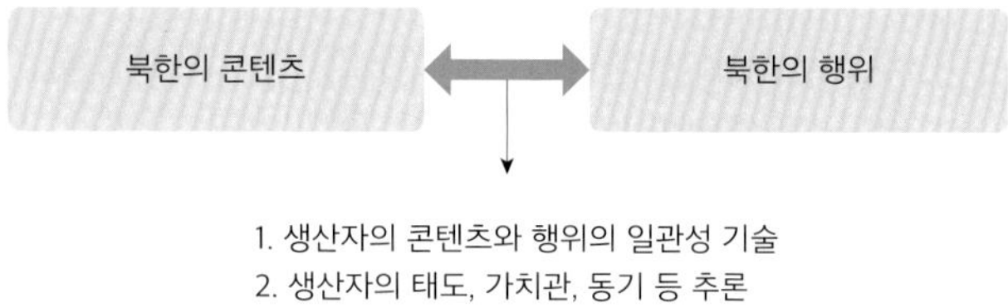

[그림 13] 콘텐츠와 해당 콘텐츠 생산자의 행위 간 상관관계

출처: (윤영민 2019: 23) 재구성.

북한의 대외선전과 달성 목표 간의 상관관계는 '대외선전이 대외 청중의 인식 변화에 유의미한 영향을 미친다'는 논리에 기초한다. 국제정치에서의 인식론적 접근을 강조한 저비스(Jervis)는 행위자가 목표와 환경을 판단하고, 이에 비롯된 '소망이 투영된 이미지(a desired image)'를 창출 및 투영한다고 강조한다. 이미지 투영(projecting image)은 해당 전략의 투입 재원의 측면에서 다른 영역에 비해 저예산으로 가능해 일종의 비교우위에 있는 것이다. 즉 군사력이나 경제력의 증강에만 집중하기보다는 이미지 투영의 논리를 활용할 경우, 특정 국가의 영향력 확대에 더욱 유용할 수 있다. 이와 같은 논리를 활용하는 국가는 행위자의 인식 변화에 유의미한 영향을 미침으로써 효율적으로 국가 목표를 달성할 수 있게 된다. 더불어, 행위자의 일관성(consistency)은 이미지 투영을 확보하는 중요한 요소가 된다(Jervis 1970: 12-16; 1976: 117-202; 288-315; 2002: 293-312; 2006: 657-660; 2017: 110-112).

이미지 투영의 논리는 대외선전을 통해 북한이 달성하고자 하는 의도와 목표에 중요한 시사점을 제공한다. 북한의 유튜브 콘텐츠는 김정은 시기의 목표와 대내외 환경에 대한 판단으로 창출·투영된 것이며, 저예산으로 대외 청중의 인식 변화에 영향을 미칠 수 있는 플랫폼으로써 일관성이 요구된다. 특히 다른 권위주의 체제에 비해 대외 청중을 명확한 수신자로 상정하는 북한의 커뮤니케이션 구조는 유튜브에 대한 이미지 투영 논리의 적합성을 더욱 향상한다.[12] 해당 논리는 대외선전을 특정 국가가 이루고자 하는 결과의 반영으로 보고, 다양한 하위 전략을 통해 목표를 달성하고자 한다는 관점과도 일치한다.[13] 이에 따라, 이 연구에서는 북한의 대외선전이 이미지 투영 논리를 따르는 것으로 전제한다.

북한 유튜브 분석은 주제 분석(thematic analysis)에 입각한 접근이 필요하다. 최근 소셜미디어 관련 연구는 질적·양적 방법론 적용에 앞서, 주제 분석에 따라 데이터를 분류하는 공통점을 보여준다. 즉 해당 방법은 소셜미디어의 광범위한 질적 데이터 분석에 활용될 수 있는데(Herzog et al. 2019) 다양한 종류의 소셜미디어 플랫폼[14]에는 물론, 이 연구의 핵심대상인 유튜브에도 적용 가능하다.[15] 후술하겠지만 최근에 등장한 북한의 유튜브 콘텐츠 특성상 데이터가 많이 누적되지 않았는데, 100개 이하의 중규모(medium-sized) 데이터는 물론 10~50개의

12 권위주의 체제가 실시하는 대외선전의 실증적 사례로 러시아가 대표적인데, 대내적 성과와 대외 정책의 성공을 유튜브에서 지속적으로 강조함으로써 긍정적 이미지를 형성하고자 한다. 즉 대외 청중의 인지적 기준(cognitive criteria)에 영향을 미치고자 하는 것이다. 이는 대외 청중의 인식 변화와 대외선전 간의 상관관계를 바탕으로, 대외선전에서 이미지 투영 논리가 작동할 수 있음을 뒷받침한다(Bjola and Papadakis 2020: 639; Orttung and Nelson 2019: 90).

13 구체적으로 대외선전을 동요(agitation), 통합(integration), 해체(disintegrative), 촉진(facilitative)이라는 기능으로 분류하였다(Johnson-Cartee and Copeland 2003: 145-151).

14 주제 분석에 입각한 소셜미디어 관련 최근 연구로는 Niknam et al. 2021; Roy et al. 2020 참조.

15 주제 분석에 입각한 유튜브 관련 최근 연구로는 Covolo et al. 2017; Kecojevic et al. 2020; Rohlfing and Sonnenberg 2016 참조.

소규모(small-sized) 데이터 분석에 해당 방법을 활용할 수 있다는 점에서 더욱 적합성이 높다(Braun and Clarke 2013: 50). 이렇듯 주제 분석은 질적 자료 분석에서 가장 광범위하게 통용되는 방법으로, 서술(descriptive)에서 더 나아가 해당 데이터를 심층적으로 이해하려는 해석(interpretative)을 목표로 한다(Braun and Clarke 2013: 174-175). <표 15>에서 보듯이 주제 분석은 ①데이터 적응 ②데이터 부호화 ③잠재적 주제 형성 ④주제 재검토 ⑤주제 정의 ⑥결과 보고로 이루어진다. 이와 같은 과정은 데이터 내부의 일정한 패턴을 파악해 주제를 확인, 분석, 보고함으로써 단순히 데이터를 요약하는 수준을 넘어 해석 가능한 분석을 제시하는 의의가 있다(Braun and Clarke 2006: 79; 2013: 268).

[표 15] 주제 분석의 단계 및 세부 사항

단계	세부사항
①데이터 적응(Familiarizing with data)	데이터의 전사(transcribing) 및 분석을 통한 아이디어 기록
②데이터 부호화(Generating initial codes)	전체 데이터를 체계적 방식으로 부호화한 후 유의미한 특징 도출
③잠재적 주제 형성(Searching for themes)	부호화한 결과를 잠재적 주제로 결합한 후 관련된 데이터 수집
④주제 재검토(Reviewing themes)	③단계 결과를 전체 데이터의 맥락에서 재검토
⑤주제 정의(Defining and naming themes)	④단계 결과에서 도출된 각 주제에 대한 명확한 정의(defining) 및 재검토
⑥결과 보고(Producing the report)	⑤단계 결과의 최종 분석 및 보고

출처: (Braun and Clarke 2006: 87) 일부 수정.

주제 분석을 통한 연구 결과는 텍스트마이닝 기반 분석으로 교차 검증할 것이다. 물론 연구대상인 유튜브 콘텐츠 데이터가 빅데이터로 칭할 만큼 대규모가 아니며, 유튜브에서의 핵심 메시지 구체화라는 연구 목적을 고려할 때, 텍스트마이닝은 주제 분석결과를 보완하는 역할이다. 그럼에도 데이터를 정성·정량적으로 분석하는 것은 연구의 객관성 확보와 풍부한 의의 도출에 유의미한데, 상호 방법론 간 단점을 보완할 수 있어 통합적 분석 방법론의 효용·필요성은 더욱 크다(Chi 1997: 279-282). 따라서 이 연구는 주제 분석으로 북한 유튜브 콘텐츠의 특징과 흐름을 파악하고, 이를 텍스트마이닝으로 검증함으로써 연구대상을 다각적으로 분석하고자 한다.

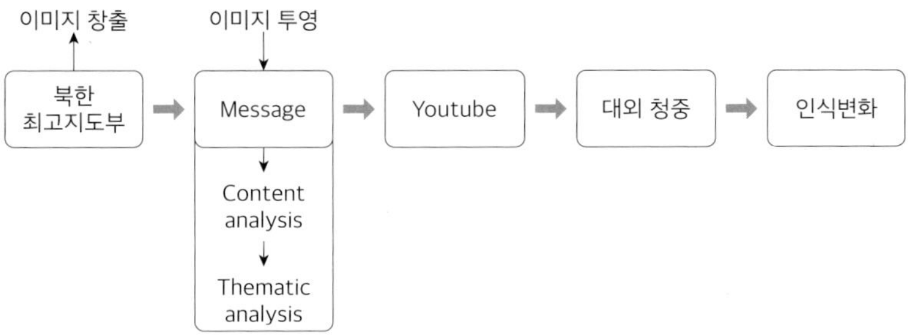

[그림 14] 연구의 분석 틀

이상의 논의를 바탕으로 연구의 분석 틀을 제시하면 <그림 14>와 같다. 권위주의 체제의 정보화에서 비롯된 북한의 대외선전은 북한이 소망하는 이미지가 반영된 메시지다. 해당 메시지는 커뮤니케이션 구조에 입각할 때 콘텐츠 분석과 연계되며, 발신자의 콘텐츠를 통해 의도를 구체화할 수 있다. 북한 유튜브의 메시지를 주제 분석과 텍스트마이닝으로 검증함으로써, 이 연구는 김정은 시기 북한의 메시지를 구체화하고 내재된 의도를 해석하고자 한다.

3. 북한 유튜브 분석결과

이 연구는 북한당국이 운영하는 것으로 보이는 유튜브 채널 중에서 NEW DPRK를 연구대상으로 선정했다.[16] 연구대상 선정에서 가장 염두에 둔 것은 채널의 안정성이었는데, 북한 연구의 특성상 1차 자료 수집의 연속성 확보가 콘텐츠 분석의 중요한 전제조건이기 때문이다(박차오름, 이화준, 김용호 2019: 201-203). 북한 유튜브 채널 폐쇄가 수년간 이어져 온 것을 고려할 때, 채널 운영 이래로 별도의 폐쇄 조치를 받지 않은 점과 공식 뉴스 콘텐츠보다 북한의 일상을 소재로 한다는 점에 주목했다(연합뉴스 2021/01/08). 더불어 유튜브 콘텐츠가 영상과 구두 자료(verbal data)의 결합임을 고려할 때, 이 연구의 방법론 적용을 위해서는 구두 자료의 텍스트 전환이 용이해야 한다(Braun and Clarke 2006: 87-88). 이에 따라 NEW DPRK 유튜브 콘텐츠는 초기 영상부터 중국어 자막이 포함되어 있고, 중반 이후 영어 자막 역시 추가된 점에서 해당 용이성이 확보된 연구대상으로 판단했다.

NEW DPRK 유튜브 채널은 2019년 10월 10일에 개설되어 2021년 11월 21일 기준으로 구독자 21,800명, 콘텐츠 총 조회수 1,699,227회를 기록했다(YouTube 2021a). 이 연구의 분석대상인 콘텐츠는 총 55개의 에피소드(episode)로 3명의 북한 유튜버가 진행하는 영상이다. 후술하겠지만, 해당 콘텐츠는 기존

16 구체적으로 북한의 유튜브 채널은 2개로 운영되는 것으로 보이는데, 연구대상인 NEW DPRK와 과거 '조선의 오늘' 채널에 기반한 Sam jiyon이다. 2014년 12월에 유튜브에 개설된 '조선의 오늘' 채널은 2020년 1월경 폐쇄 이후 6월경 다시 등장했으나 현재까지 폐쇄된 상태이다. Sam jiyon은 2020년 1월 초에 개설되어 현재까지 유지되고 있는데, '조선의 오늘' 보도가 해당 채널의 주 콘텐츠인 것을 고려하면 이전의 채널을 대체하고 있는 것으로 보인다. 또한 NEW DPRK의 등장 이전에 주목받았던 'Echo of Truth' 채널의 유튜버가 Sam jiyon 채널에서 활동 중임은 북한당국이 운영함을 뒷받침하는 대목이다(국민일보 2020.6.11; 뉴스1 2020.12.14; 연합뉴스 2021.1.8; 하승희 2020: 173-174).

의 북한 유튜브 콘텐츠와는 내용 및 형식적 측면에서 다른 특징을 보인다. 기존 채널이 '조선의 오늘', '조선중앙통신', '우리민족끼리' 등의 시사적 뉴스 보도가 주요 콘텐츠라면(YouTube 2021b), NEW DPRK 채널은 상대적으로 북한 주민의 일상에 초점을 둔 콘텐츠이다. 이러한 차이는 콘텐츠의 형식과도 연계되는데, 기존 채널에 비해 NEW DPRK는 유튜버의 움직임과 동선을 따라 콘텐츠가 구성되는 점에서 상대적으로 자유롭고 다양한 구성이 나타난다.

가. 영도되는 북한의 우월성 강조: 주제 분석을 중심으로

주제 분석은 주제도(thematic map)로 분석대상의 특징을 시각화할 수 있는 점에서 유용하다. 주제도는 질적 분석 단계를 거치며 초기 주제도(initial thematic map), 발전된 주제도(developed thematic map), 최종 주제도(final thematic map)로 발전한다. 이전 장에서 언급했듯 질적 분석 단계는 ①데이터 적응 ②데이터 부호화 ③잠재적 주제 형성 ④주제 재검토 ⑤주제 정의 ⑥결과 보고로 이루어지는데, ③-⑤단계를 통해 주제도를 구성할 수 있다(Braun and Clarke 2006: 86-93). 이러한 이론적 배경을 바탕으로, 이번 절에서는 NEW DPRK 유튜브 콘텐츠 주제 분석결과를 주제도를 중심으로 설명하고자 한다.

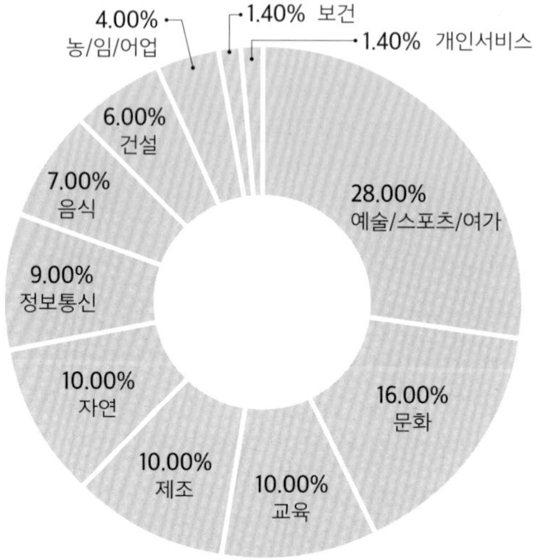

[그림 15] 북한 유튜브 주제 분류 및 구성 비율[17]

주제도 구성에 앞서, 주제 분석의 초기 단계를 바탕으로 북한 유튜브 콘텐츠를 분류하면 <그림 15>와 같다.[18] 주제 분류는 해당 콘텐츠가 북한의 산업을 주요 소재로 다룸에 주목해, 국제표준산업분류라는 공식 분류기준을 따른다(통계분류포털 2021). 전체 구성 중 약 45% 정도가 예술/스포츠/여가, 문화에 관련된 주제로 분류되며, 교육, 제조업, 자연에 관련된 주제가 각 10%의 비중을 차지한다.[19] 이는 기존의 북한 대외선전이 주로 정치·군사적 주제에서 이뤄졌던 것과 대비되는 지점으로, 미디어 특성을 고려한 주제 선정으로 해석이 가

17 오른쪽 범례의 최상단(예술/스포츠/여가)이 가장 높은 비율(28%)을 차지하며, 다음 범례가 차순위에 해당한다. 그래프 시계 방향으로 나머지 범례의 순위와 비율이 일치한다.

18 데이터 분석 및 부호화 과정에서는 데이터에 대한 몰입(immersion)과 분할(segment)이 핵심이다. 해당 연구자들의 제언대로, 이 과정은 데이터에 대한 반복적 노출과 분석에 기반한 패턴 파악이 필요하다(Braun and Clarke 2006: 87-89). 이 연구 역시 NEW DPRK 유튜브 콘텐츠의 영상과 대사를 반복적으로 시청 및 기록했으며, 유의미한 분석을 종합해 결과를 분류했다.

능하다. 즉 사용자 제작 콘텐츠(UCC)가 주를 이루는 유튜브 특성을 염두에 두면, 대화 기반의 브이로그(v-log)가 콘텐츠의 전형적인 형태이며 주제 역시 이에 영향을 받기 때문이다(Burgess and Green 2009: 41-47).

초기 주제도를 통해 데이터로부터 콘텐츠의 주제를 더욱 구체화할 수 있다. 해당 과정 또한 데이터 분석 및 부호화에 긴밀히 연계돼있는데 부호 간, 주제 간 관계를 파악함으로써 초기 주제도를 도출할 수 있다. 특히 상위 주제와 하위 주제를 설정하는 과정에서, 잠재적 주제가 형성될 가능성이 있으므로 부호화된 데이터 수집이 중요하다(Braun and Clarke 2006: 89-91). 이를 통해 <그림 16>과 같은 초기 주제도를 도출했는데 타원의 굵기는 주제 빈도에 비례하며, 하위 항목은 세부 주제를 의미한다.

19 해당 분류 중 국제표준산업분류에 포함되지 않는 '문화'와 '자연'은 별도로 구성했다. 구성 비율의 산출은 카운팅한 콘텐츠 전체 주제에서 해당 주제가 차지하는 비율로 계산했다. 또한, 주제가 중복되는 경우 해당 주제를 중복으로 카운팅해 계산했다.

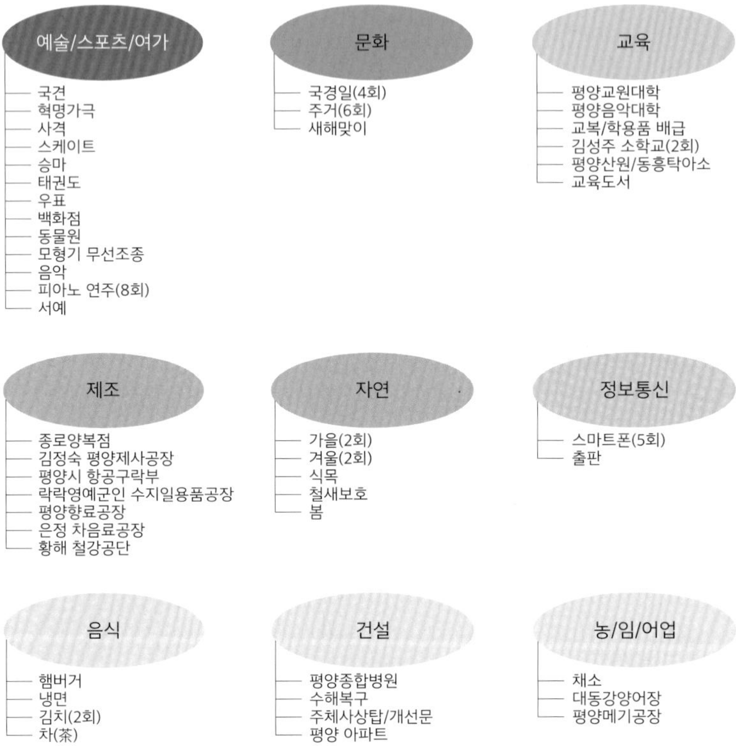

[그림 16] 북한 유튜브의 초기 주제도

초기 주제도를 재검토함으로써 발전된 주제도를 도출하면 <그림 17>과 같다. 이 과정의 핵심은 주제 정제(refinement)인데, 주제로서의 적합성을 두 가지 차원에서 재검토할 필요가 있다. 우선, 부호화된 데이터의 각 주제에 맞는 일관성 확인이다. 이후, 전체 데이터와의 관계를 고려해 각 주제의 타당성을 재검토하는 과정을 거쳐 발전된 주제도를 도출한다(Braun and Clarke 2006: 91-92). 더불어, 영상에서 강조되는 이미지 역시 재검토해 주제도에 반영했다. 이는 재검토 과정의 완결성 향상은 물론, 대외 청중에게 '인식되도록 의도한 메시지' 또한 중요한 분석대상이라는 시각적 연구(visual research)의 제언에 따른 것이기도 하다(Holm 2008: 328-329). 해당 과정을 거쳐 도출한 <그림 17>의 발전된 주제도는 각 주제에서 정제된 하위 항목으로 집약된다.

[그림 17] 북한 유튜브의 발전된 주제도

발전된 주제도를 바탕으로 최종 주제도를 도출하면 <그림 18>과 같다. 이 과정의 핵심은 정제된 주제를 명확히 정의하고, 단순한 서술을 넘은 해석의 제공이다(Braun and Clarke 2006: 92-93). 이를 염두에 두고 최종 주제도를 해석하면, 북한 유튜브 콘텐츠는 문화/산업/자연의 3개의 대주제에서 김정은, 당/수령, 현대화, 수도(평양)를 구체화하고 있다. 문화의 경우, 북한은 자신의 오랜 역사와 전통을 바탕으로 현대적으로 변모하고 있음을 강조한다. 다시 말해, 어려운 경제 여건에도 문화적 수준은 세계적이며, 전통과 현대의 조화 속에서 발전하고 있다는 북한의 메시지가 내재된 것으로 파악할 수 있다. 산업 역시 현대화를 지향하고 있음은 유사한데 특히 교육과 제조업을 강조하는 김정은 시기의 특성을 반영한 것으로 보인다. 마지막으로 자연의 경우 평양에 집중한 자연경관 강조와 자연의 소중함을 역설한다.

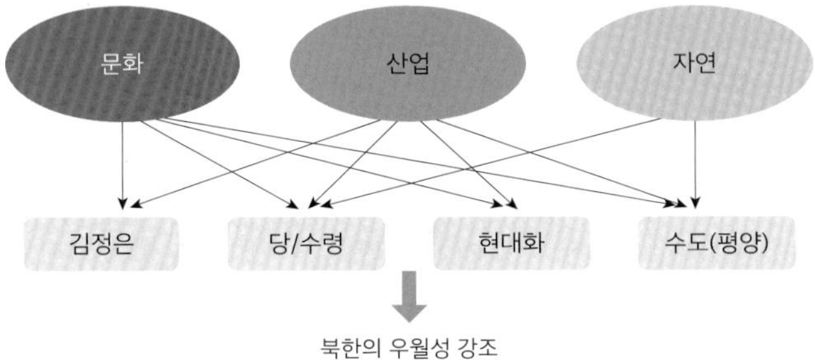

[그림 18] 북한 유튜브의 최종 주제도

대주제를 종합하면, 당과 수령의 영도를 바탕으로 현대화되고 있는 평양이 주요 메시지이다. 그중에서도 <그림 18>에서 볼 수 있듯이, 당/수령과 평양이 대주제와 가장 밀접한 연관성을 보인다. 즉 북한이 문화, 산업, 자연이라는 대주제를 다루는 핵심에 당/수령과 평양이 위치하는 것이다. 이는 메시지 이면의 강조점이 해당 내용에 있음을 의미한다. 다시 말해, 북한 유튜브는 대외 청중의 인식 변화를 위해 메시지를 전환했으나 강조점에는 큰 변화가 없는 것으로 볼 수 있다.

궁극적으로 북한은 유튜브를 통해 북한의 우월성을 강조하고자 하는데, 후술하겠지만 인민의 우수함이 북한의 우월성으로 귀결하는 논리를 바탕으로 한다. 그리고 북한이 강조하는 우월성은 국가를 하나의 대가정으로 바라보고 인민을 이끄는 수령의 영도에서만 실현 가능하다고 보는 것이다. 이는 곧 북한의 오랜 통치 논리였던 '사회정치적 생명체론'이 현재까지도 유사한 맥락에서 작동한다는 방증이다. 물론 이전 시기와 비교할 때 인민을 강조하는 점은 김정은 시기의 특징으로 볼 수 있으나, 수령-당-인민이라는 구조는 사회정치적 생명체의 작동원리와 무관하지 않다. 종합해보면, 김정은 시기 북한의 유튜브 콘텐츠는 문화, 산업, 자연이라는 핵심 주제를 바탕으로 한다는 점에서 이전의 대외선전에 비해 외관상으로는 변화했으나, 내면의 작동원리와 핵심 메시지는 큰 변화가 없는 것이다.[20]

나. 인민과 최고지도자가 결속된 북한: 텍스트마이닝 기반 분석을 중심으로

질적 분석을 통해 도출한 주제 분석결과를 양적 분석으로 교차 검증할 필요가 있다. 분석 데이터(raw data)는 북한 유튜브 콘텐츠의 구두 자료로써, 영상에서의 발화를 텍스트 형식으로 저장한 것이다. 총 55개 에피소드에 대한 자막을 추출했으며, 해당 언어는 영어이다. 이는 북한 유튜브 콘텐츠가 개설 초기에는 중국어 자막(13개)을 영상 내에 포함했으나, 이후 유튜브 자막 설정에서 영어가 등장하고 최근 영상은 영어 자막을 영상 내에 포함한 것에 기인한다. 더불어 북한 유튜브가 대외선전에 기반함을 고려할 때, 북한이 대외 청중에게 전달하는 언어(한국어가 아닌 영어)를 기준으로 분석해야 메시지 파악이 유의미하다고 판단했기 때문이다. 이러한 배경을 바탕으로, 해당 콘텐츠의 자막을 텍스트로 전환함으로써 데이터를 확보할 수 있었다.

이 연구에서는 텍스트마이닝 기법을 활용해 북한 유튜브 콘텐츠를 분석하고자 한다. 텍스트마이닝은 비정형 데이터인 텍스트를 정형화된 데이터베이스로 정제함으로써 내재된 의미도출에 적합하다(Feinerer et al. 2008: 1-2). 해당 기법의 적용에 앞서, 확보한 데이터(영문 텍스트)를 R 프로그램의 tm(text-

20 구체적으로 최고지도자 우상화라는 이전 대외선전과 달리, 북한 유튜브는 일상적 주제를 다루는 특징을 보인다고 기존 연구는 공통적으로 지적한다(서정호, 전수진 2021: 84; 하승희 2020: 199).

mining) 패키지로 전처리를 진행했다. 구체적으로 단어 간 공란 제거, 소문자로의 변환, 특수 기호 및 불용어 제거를 통해 1차 전처리를 마쳤다. 이후 해당 결과를 검토하며 전처리 과정에서 정제되지 않은 불용어나 불필요한 단어(감탄사, 인사말 등)를 추가적으로 제거했다. 이에 따라 총 2,298개의 단어가 추출되었고 빈도 분석에 따른 상위 30개 단어 구성은 <그림 19>와 같다.

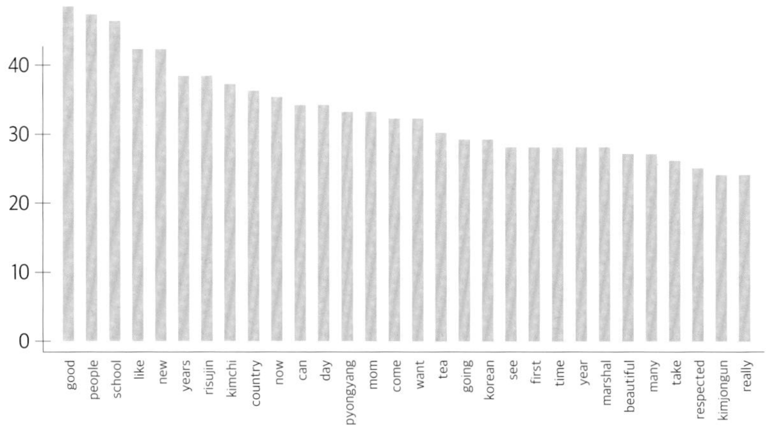

[그림 19] 북한 유튜브의 텍스트 빈도 분석

빈도 분석결과는 주제 분석결과를 지지하는 것으로 볼 수 있다. 출현 빈도가 높은 단어들이 김정은, 당/수령, 현대화, 수도(평양)라는 주제를 뒷받침하는 것이다. 더불어 인민(people)에 대한 강조가 두드러짐은 주제 분석결과와 동일한 해석이 가능하다. 최종 주제도에서 구체화된 주제와 관련해 새로움(new), 조국(country), 평양(pyongyang), 조선인(korean), 원수(marshal), 김정은(kimjongun)이라는 단어의 출현 빈도가 높다.[21] 물론 대화 형식으로 구성된 콘텐츠에서 특정 단어의 언급이나 반복을 감안해야 하나, 전체 텍스트 내의 특정 단어 빈도는 그 중요성을 방증한다(Stavrianou et al. 2007: 27). 같은 맥락에서 북한은 김정은의 영도 하에 현대화를 진행하며 새롭게 변모하는 평양, 나아가 조국을 강조하는 것으로 해석할 수 있다. 특히 북한 스스로 주장하는 우월성의 핵심에 인민이 있다는 것은 주제 분석을 통한 해석을 뒷받침한다.

더불어 텍스트마이닝의 네트워크 분석을 통해 콘텐츠 분석을 강화하고자 한다. 빈도 분석만으로는 실제 사용된 어휘의 맥락이 많은 부분 소거되어 있어, 맥락에 대한 고려가 어렵기 때문이다. 먼저 동시출현 단어의 네트워크 분석으로 단어 간 맥락을 분석하고, 등장 단어 간 상관성 네트워크 분석으로 단어 간 연결 맥락을 강화할 것이다. 마지막으로 단어 간 연결 맥락의 엄밀성을 확보하기 위해 엔그램(N-gram)[22] 네트워크 분석을 진행할 것이다. 세 가지 네트워크 분석을 병행함은 네트워크 분석에 따른 장점이 각기 다르기 때문이다. 상관성 네트워크는 빈도가 낮아도 관련성이 큰 단어가 주로 나타나며, 엔그램은 연이어 자주 사용된 단어쌍 파악으로 단어 간 강한 유착을 보여주기에 유효하다. 더불어 상관성 네트워크는 단어 군집은 명확히 드러나나 단어 간 전반적 관계 파악은 어려운 반면, 엔그램은 많은 노드들이 연결되므로 군집은 덜 명확하나 단어 간 관계 파악은 유효하다.

21 더불어 good, school, like 등의 단어는 유의미한 분석 대상이라기보다는 콘텐츠에서 빈번히 쓰이는 일상어로 판단해야 한다. 후술할 <그림 20-22>의 분석결과를 참조하면, 해당 단어의 중심성이 다른 단어에 비해 높지 않음을 알 수 있다.

22 엔그램이란 문자열을 N값만큼 나누어 통계적으로 접근함을 뜻하는데, '귀납 학습' 방법으로 사례학습을 통해 공통점을 추출한다. 구글의 엔그램 뷰어는 이러한 엔그램을 사용하는 전형적 사례이다.

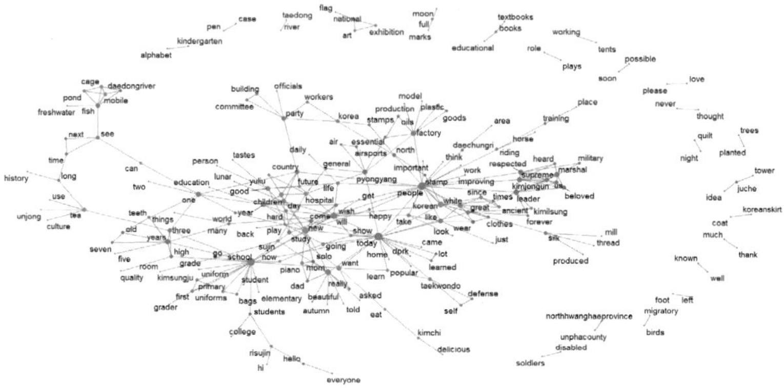

[그림 20] 북한 유튜브의 동시출현단어 네트워크 분석

동시출현 분석으로 콘텐츠의 중심성 형성을 확인할 수 있다. <그림 20>을 보면 네트워크의 주변부는 각 콘텐츠에서 휘발되는 소재들이 나타나며, 중심에는 북한이 강조하는 메시지가 위치한다. 흥미로운 것은 중심의 메시지가 북한 '인민' 관련 소재라는 점이다. 통상적인 국가 홍보는 국가 발전과 자연환경 강조가 주를 이루나, 북한은 '인민'과 '인민의 삶'을 강조한다. 이를 통해 북한이 중요하게 여기는 내적 가치를 파악할 수 있는데, 의식적·무의식적으로 반복하는 '인민' 관련 소재를 통해 체제의 장점으로써 '인민' 우월성의 함의가 크다고 볼 수 있다. 이 지점은 인종적인 우월과 순수성에 가치를 부여하는 사회로 북한을 바라본 기존의 분석과도 공유하는 바가 있다(Myers 2011). 이와 함께 엄밀하게 봐야 할 사안은 인민과 분리된 주제 관련 어휘가 주변부에 위치한다는 것이다. 즉 북한을 대외적으로 보여줌에 있어서, 자연과 같은 소재들은 결국 북한 인민과 그 인민을 영도하는 정치체제에 종속된 채로 묘사되는 것으로, 앞서 도출한 주제 분석도의 구조와도 일치한다.

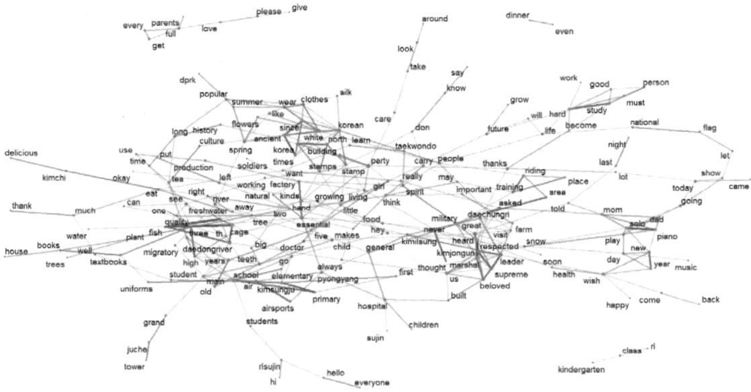

[그림 21] 북한 유튜브의 상관성 네트워크 분석

파이 상관계수를 통한 상관성 네트워크 분석에서도 동일한 특성이 나타난다. 여러 가지가 교차하지만 많은 부분에서 '인민'과 '인민의 삶'에 대한 강조가 나타난다. 다만 이 분석에서 북한의 최고지도자가 네트워크상 중심은 아니지만, 북한 인민의 삶과 유리할 수 없는 위치에 있는 점에서 홍보의 매개로써 '인민'과 최고지도자를 분리하지 않는다고 해석할 수 있다. 즉 북한의 최고지도자를 단순히 정치체제로서만 위치시키는 것이 아니라, 인민과 함께하는 존재로 인식하며 대외적으로 알리고 있음을 알 수 있다.

이러한 분석결과는 다른 권위주의 체제와 차이를 보인다. 적지 않은 권위주의 국가는 이른바 통치자인 권력체제와 통치대상을 함께 호명하는 것을 선호하지 않는다(Shahin et al. 2016: 149). 그러나 상관성 네트워크 분석을 통해 북한은 통치자와 통치대상이 함께 등장함이 명확히 드러난다. 앞의 동시출현단어 분석결과와 함께 해석해보면, 결국 북한의 수령제는 대외 홍보에서도 강고하게 자리 잡고 있음을 알 수 있다. 즉 북한의 권력체계는 단순히 정치체제로 작동함을 넘어 사회 전반의 담론에 대한 영향력을 보여주는 동시에, 인민과 최고지도자의 결속이 중요하다는 것을 보여준다. 이는 북한의 이상적인 사회체계나, 자신이 다른 국가에 비해 우월하다고 인식하는 기반이 인민과 최고지도자의 결속에 있는 것으로 파악할 수 있다.

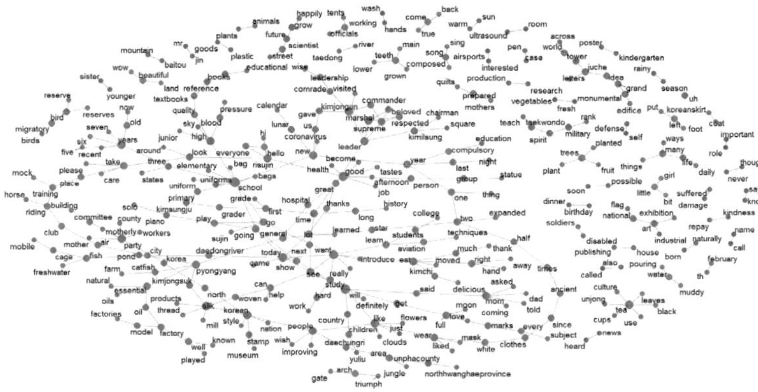

[그림 22] 북한 유튜브의 엔그램 네트워크 분석

엔그램 네트워크 분석결과 역시 앞의 네트워크 분석과 일맥상통한다. 중심에 인민 관련 내용과 함께 북한의 최고지도자가 위치하며 다른 요소들은 주변부에 있음을 확인할 수 있다. 동시에 많은 부분에서 이른바 북한의 전통적인 측면이 강조되어 있다. 다시 말해, '인민'을 강조하며, 최고지도자가 함께하는 북한의 체제 홍보는 다른 요인에 비해 북한의 전통적 가치 담론에 기반하거나, 혹은 외부로 보여줄 때 해당 측면을 강조해야 할 당위가 있음을 보여준다. 궁극적으로 북한의 유튜브를 통해 보여주고 싶은, 혹은 가치체계에서 중요한 인식기반은 바로 북한 '인민'과 인민이 창출한 '결과의 우월성'이며, 이를 선도하는 것이 북한의 수령제와 최고지도자이다. 그리고 이러한 가치체계의 질서는 북한의 전통적 가치관에 근거하고 있다고 해석할 수 있다.

결과를 종합하면, 텍스트마이닝 분석결과가 주제 분석결과를 뒷받침하는 것으로 이해할 수 있다. 즉 북한 유튜브 콘텐츠를 텍스트마이닝을 통해 분석한 결과는 주제 분석결과를 통계적으로 유의미하게 지지하는 것이다. 물론 앞서 언급했듯이, 빅데이터로 분류될 수 있을 만한 충분한 양이 확보되지 않음은 사실이다. 그러나 분석대상인 북한 유튜브가 최근 개설된 점을 고려할 때, 충분하지 못한 데이터 누적에도 질적 분석을 통계적으로 검증함으로써 결과의 신뢰성을 향상한 의의가 있다.

4. 북한은 무엇을 보여주고 싶어하는가?

이 연구는 김정은 시기에 등장한 유튜브에 주목해, 북한이 발신하는 메시지를 구체화함으로써 대외선전의 의도와 목표를 도출하고자 했다. 북한의 대외선전이 단선적 커뮤니케이션 구조임을 고려할 때 메시지 분석은 콘텐츠를 통해 의도와 시각을 구체화하는 데에 적합하기 때문이다. 더불어 해당 콘텐츠는 권위주의 체제의 정보화에 따른 새로운 대외선전으로, 북한이 소망하는 이미지가 창출 및 투영되는 대상임을 전제했다. 이와 같은 이론적 배경에서 북한 유튜브에 대한 분석 방법론으로 주제 분석과 텍스트마이닝을 선정했다. 주제 분석을 통해 데이터를 해석 가능한 분석을 제시하고자 했고, 텍스트마이닝 분석을 통해 교차 검증을 진행했다.

연구 결과, 북한 유튜브 콘텐츠는 문화, 산업, 자연이라는 대주제를 바탕으로 당과 수령의 영도를 바탕으로 현대화되고 있는 평양을 핵심 메시지로 하며, 이면의 강조점에는 당/수령과 평양이 위치한다. 이러한 주제 분석결과를 텍스트마이닝을 통해 교차 검증함으로써 객관성과 신뢰성을 확보했다. 해당 결과에서 북한 유튜브는 대외 청중의 인식 변화를 위해 메시지를 전환했으나 강조점에는 큰 변화가 없으며, 북한은 유튜브를 통해 자신의 우월성을 강조하려는 의도를 보인다. 종합된 연구 결과는 '김정은 체제의 유튜브는 표현 방식 및 주제 변화에도 대외선전 메시지는 동일하다.'는 연구 가설을 지지하며, 나아가 메시지 이면에 대한 새로운 해석을 요한다. 다시 말해, 인민의 우수함이 북한의 우월성으로 귀결하는 논리에 대한 논의가 필요하다.

북한이 유튜브에서 강조하는 우월성은 사회정치적 생명체론의 연장 선상에 있다. 김정일 시기의 체제 작동 원리로 강조된 해당 주장은 수령-당-인민을 하나의 유기체로 규정한다. 이에 따르면, 수령은 생명의 중심이자 집단의 생명을 대표하며 당은 인민을 공고하게 결합시키고, 인민은 수령 및 당과 함께할 때 사회정치적 생명을 얻게 되는 논리이다. 결국 해당 논리를 통해 북한은 지배의 정당성을 획득한다고 볼 수 있다(안경모 2015: 169). 그렇다면 이와 관련된 북한 유튜브는 어떻게 해석해야 하는지 의문이 제기될 수 있다. 북한 유튜브와 관련된 대다수의 기존 연구와 언론 보도는 북한의 대외선전 전략이 획기적으로 변화했고, 콘텐츠의 다양한 주제를 통해 대북제재에서의 건재함과 체제의 안정성을 드러내고자 한다고 분석한다(국민일보 2020.6.4; 서정호, 전수진 2021: 84; 하승희 2020: 199-200). 일면 타당한 분석이나, 앞서 언급한 연구의 분석결과를 고려하면 결국 북한의 대외선전 역시 대내선전 및 통치 논리에 크게 벗어나지 않는다는 결론에 이른다. 물론 커뮤니케이션 구조에 따라 각 선전의 청자가 다르다는 전제에서, 북한은 대내·대외선전의 구조적 차이에도 불구하고 일관된 메시지를 발송하는 것이다. 이러한 행위는 서두에 논의한 '대외선전을 통한 인식 변화'에 따른 것이다. 이 지점에서 이면의 강조점을 논의할 필요가 있는데, 북한이 강조하는 '인민'에 주목하면 김정은 시기 강조되는 담론인 '우리 국가제일주의'와 연관된 해석이 가능하다.

김정은 시기 '우리 국가제일주의'는 북한 유튜브의 강조점과 일치한다. 북한의 발전 이데올로기로 제시된 '우리 국가제일주의'는 김정은 시기의 핵심 담론이다. 해당 담론은 경제발전과 인민 생활 향상이라는 핵심목표 하 '발전'을 이루기 위한 이데올로기로, 동원과 발전을 핵심 기제로 한다. 즉 대외적 환경에도 불구하고 자력갱생을 통한 경제발전과 인민 생활 향상으로, 과거 김일성의 '체제 건설'과 김정일의 '체제 공고화 및 관리'의 시대와는 다른 '체제 재건설'이라는 과제에 직면하고 있음을 의미한다(정영철 2020: 26-33). 이를 통해 북한 유튜브 콘텐츠가 인민에 집중된 것은 앞선 사회정치적 생명체론의 연장 선상인 동시에, '체제 재건설'의 핵심인 인민의 우월성을 강조함으로써 북한의 발전 담론 논리를 강조하고 있다고 볼 수 있다.

궁극적으로 북한 유튜브에서의 '우리 국가제일주의'에 대한 강조 및 표현은 김정은 시기의 달성 목표와 일치하며, 현실과의 괴리에서 대외선전은 더욱 강조될 것이다. 최근 제8차 당대회에서 김정은이 국가경제발전 5개년 계획 실패를 인정하며 "국력강화와 인민생활향상을 위한 투쟁"과 "이민위천·일심단결·자력갱생"을 강조한 점은 우리 국가제일주의의 핵심과 일치하는 대목이다(연합뉴스 2021.1.13; 한국일보 2021.1.6). 같은 맥락에서 북한 유튜브의 최근 콘텐츠 역시 철강 공단, 평양 대규모 아파트 건설 등 김정은의 강조점을 반영한다. 물론 대외선전이 최고지도자가 추진하는 정책을 홍보하는 수단임은 자명하나, 인민을 바탕으로 북한의 우월성을 강조하는 행위에서 오히려 북한의 불안을 해석할 수 있다. 즉 북한 유튜브 콘텐츠는 업적의 성공 홍보라기보다 실패에 따른 '우리 국가제일주의'의 강조로 보이며, 체제의 건재함보다는 위기의식에서 비

롯된 결과로 집약할 수 있다.[23]

동시에 유튜브를 통한 북한 대외선전의 가치기반이 내적 가치체계에 있는 것에는 여러 함의가 있다. 먼저 북한은 대외적으로 '유화된 이미지'를 보여주고자 할 뿐, 가치지향을 변화할 의지는 찾기 힘들다. 다른 함의는 해당 가치가 마르쿠제의 일차원적 차원에 있음을 보여준다(Marcuse 1964). 북한의 대내적 가치지향 노출이 대외선전에 부정적으로 작용할지라도, 이를 유지한 채 뉴미디어를 선택했다는 것이다. 즉 선전을 기획하는 정책행위자들이 선전 차원에서의 위장이 가능함에도 해당 선택을 하지 않은 것이다. 이에 따라 북한의 전통적 가치에 기반한 이른바 북한 인민의 우월성 강조가 대외선전에서 유지됨은 정보화에 대응하는 북한의 적응으로도 볼 수 있다.

연구 결과를 북한리스크 측정에 연계해보면, 몇 가지 함의를 도출할 수 있다. 북한이라는 정치적 요인에 기반한 북한리스크는 일반적인 리스크의 개념과 공통점과 차이점이 존재한다. 일반적 차원의 리스크는 측정 가능한 손실(measurable loss), 불연속성(discontinuity), 불확실성(uncertainty)과 관련된 위기를 지칭하는데, 이에 따라 북한은 동북아 특히 한반도의 일반적 리스크로 상정할 수 있다. 동시에, 리스크 초래 원인에 입각하면 경제적 요인이라기보다는 정치적 요인이라는 측면에서 북한리스크는 일반적 개념과는 차이를 보이는 것이다(김용호 2013). 이를 통해 북한리스크는 보편성과 특수성이 내재되어 있으며, 특히 정치적 요인으로 인한 불확실성에 대한 대비가 무엇보다 중요한 것으로 해석할 수 있다. 따라서 북한의 불확실성을 측정할 수 있는 크렘린놀로지

23 제8차 당대회에서 채택된 조선로동당 조약 개정 서문의 '인민대중제일주의' 관련, 해당 담론과 유튜브 콘텐츠 간 연계성 역시 고려할 수 있다. 그러나 충분한 콘텐츠가 누적되지 않은 현시점에서의 관련 내용 분석은 제한된다고 보았다. '인민대중제일주의' 관련 내용은 통일뉴스(2021.1.10) 참조.

(Kremlinology)는 북한리스크 측정의 기초 자료를 제공할 수 있다는 점에서 유용하다. 같은 맥락에서 본 연구의 핵심 방법론으로 활용된 텍스트마이닝은 북한의 텍스트, 특히 공식 문헌에 비해 비교적 덜 정제된 유튜브 콘텐츠를 크렘린놀로지 기법으로 해석하는 데에 유의미하다. 즉 북한 유튜브는 콘텐츠 특성상 최고지도자의 한정적 인식에만 집중된 공식 문헌보다 광범위한 내용을 포괄하기 때문이다.[24] 이러한 콘텐츠를 과학적 방법론인 텍스트마이닝 기법으로 분석하는 것은 북한리스크 측정에 활용되는 기초 자료의 엄밀성과 객관성을 갖췄다는 의미인 동시에, 해당 자료로 '불확실성에서의 확실성'을 확보하는 기법으로 활용 가능하다는 함의이기도 하다.

이 연구는 북한 유튜브가 권위주의 체제의 정보화를 적극적으로 활용하는 실증적 사례라는 관점에서 접근해 주제 분석 및 텍스트마이닝으로 해당 콘텐츠를 분석했다. 앞서 서술한 연구결과에 덧붙여 북한의 우월성을 '우리 국가제일주의' 담론에 기반해 논의한 결과, 북한의 유튜브 활용은 기존 연구에서 강조한 바와 달리 체제의 건재함보다는 북한의 위기의식에서 비롯된 것으로 집약할 수 있었다. 나아가 텍스트마이닝은 북한리스크 측정에 필요한 기초 자료의 객관성 향상으로 '불확실성의 확실성'을 확보하는 기법으로의 함의를 제공한다. 이는 북한 유튜브의 표면적인 서술을 넘어 해당 데이터를 심층적으로 이해하려는 해석의 차원으로써, 해당 콘텐츠의 메시지를 주제 분석과 텍스트마이닝을 적용한 의의가 있다.

24 물론 북한의 공식 문헌(로동신문을 비롯한 언론 매체물, 외교문서 및 최고지도자의 신년사 등)에 대한 텍스트마이닝 기법의 적용 역시 유의미하며 풍부한 연구 의의가 있다. 다만, 유튜브 콘텐츠는 공식 문헌에 비해 포괄하는 범위가 넓고 의도적인 정제(精製)가 비교적 낮다는 측면에서 북한리스크 측정에 상대적으로 높은 효용성을 지닌다고 볼 수 있다.

IX

김정은의 신외교

: 기회인가 리스크인가

IX

김정은의 신외교

: 기회인가 리스크인가[25]

김정은의 신외교는 우리에게 세 가지 의문을 던져준다. 첫 번째는 신외교를 추진한 근본적인 이유를 분석하는 것이다. 실제로 비핵화를 통해 미국 및 남한과의 관계개선을 추구하고 궁극적으로는 경제발전을 추구하기 위한 정책이라는 주장과 유엔제재와 미국의 군사공격을 피하고 시간을 벌기 위한 또 한번의 기만 책략일 뿐이라는 주장이 팽팽히 맞서며 남남갈등을 부추기고 있다. 이 의문을 풀기 위해서는 김정은 외교정책의 변화에 담긴 과거 정책변화와의 상관성을 분석해야 한다. 이를 통해 김정은의 정책변화에 대한 인식이 과거와의 연속선상에 놓여있는 것인지 아니면 전혀 새로운 발상이 내재된 것인지 살펴봐야 한다.

두 번째 의문은 중국의 영향력에서 벗어나 미국과의 관계개선을 추구할 수 있는 정책적 자율성을 확보할 수 있다고 자신하고 있는지 여부이다. 2011년 집권이후 단 한 번도 중국의 지도자를 만나지 못했던 김정은, 2013년 집권 이후

25 본 장은 김용호. 2018. “김정은의 신외교와 독재자의 딜레마(Dictator's Dilemma), 그리고 빅데이터 역설(Big Data Paradox),” 한국과 국제정치 34(4): 123-51 기반으로 재구성된 글임을 밝힌다.

남한 대통령과 열 한차례나 정상회담을 갖는 동안 한 번도 김정은을 만나지 않았던 시진핑, 이 두 사람의 만남은 남북정상회담을 앞두고 이뤄졌다. 이 역시 2000년 남북정상회담을 앞두고 이뤄졌던 김정일-장쩌민과의 정상회담과의 연속성과 단절성에 대한 분석을 통해 김정은의 인식을 분석해 봐야 한다.

마지막으로 과연 김정은은 경제발전을 추구하는 과정에서 독재자의 딜레마를 극복할 자신이 있을 것인가? 이를 위해 김정은의 정책변화가 본격적인 경제발전을 추구하기 위한 '적극적' 정책 변화인지 혹은 과거처럼 제한적인 경제개혁과 개방만을 추구하려는 '소극적' 정책인지 살펴볼 필요가 있다. 북한은 이미 1990년대의 나진선봉경제특구와 2002년 신의주경제특구 설치와 더불어 대미관계 및 남북관계 개선을 추구한 바 있으나 경제적 발전은 소득수준의 향상으로 이어지고 소득수준이 높아지면 더욱 많은 민주화를 요구하게 되는 정권불안정 요소가 되기 때문에 제한적 경제개방만을 추구해 왔다. 과연 김정은은 이와 같은 독재자의 딜레마(Dictator's Dilemma)에도 불구하고 본격적인 개혁개방을 추구할 의지와 자신이 있는 것일까?

상대방의 정책변화 의도나 배경이 불분명할 경우 최대한 상대방의 입장에서 상대방의 인식과 판단을 개연성있게 분석해야 한다. 대개 방어적 현실주의(defensive realism)나 리스크 분석(Risk Analysis) 이론을 활용하는데 정책결정자의 인식(perception)을 분석하거나 상대방의 입장과 시각에서 판단하는 레드셀 분석(Red-cell analysis), 또 '만일 그렇게 된다면'(what-if analysis) 이라는 가정을 적용해 정책변화를 진단한다(Bremmer and Keat 2009). '실제로 일어날 가능성'보다는 지도자 가 일어날 것으로 '인식'(perceive)하는 가능성이 정책에는 더 큰 영향력을 행사하기 때문이다. 철저하게 상대방의 가치관과 신념, 인식과 그에 따른 우선순위에 입각해 판단하는 것이다.

김정은의 북한이 실제로 변화를 추구할 것인가를 판단하기 위해서는 실제적 변화를 추구할 만한 동기에 대한 분석이 뒤따라야 하고 여러 가지 동기 중에서 북한 언론이 버릇처럼 얘기하는 '공화국을 말살'하려는 위협에 대한 인식을 분석하지 않을 수 없다. 국제정치학에서 인식론적 접근을 강조한 저비스(Jervis)는 국가 행위자 간 인식의 중요성과 필요성을 지적한다. 다른 국가의 능력과 의도를 판단함에 있어 객관적인 분석에 근거하는 것보다 실제 많은 역사적 사례에서 나타나듯이 오히려 주관적인 위협인식 및 의도에 대한 판단이 작동한다는 것이다(Jervis 1982; 1988; 2002; 2011; 2017; Jervis and Rapp-Hooper 2018).

여기서 북한 지도자들의 위협에 대한 인식을 살펴보기로 한다. 북한의 위험부담의지를 측정할 때는 우연(coincidence)과 상관관계(correlation), 그리고 인과관계(causation)로의 통계학적 진화 과정을 살펴볼 필요가 있다. 자연과학에서 같은 현상이 반복되는 경우 우연에서 상관관계로, 다시 인과관계로 발전하지만 사회과학에서는 몇 번의 우연이 반복되면 상관관계로 발전하고 지속가능한 상관관계의 측정에 대한 원칙이 없다. 따라서 인과성 대신 개연성(feasibility)이란 개념을 활용해야 한다. 상식적으로 우연의 단계를 넘어 상관관계가 형성됐을 개연성이 충분하다고 판단되는 경우 인과관계를 유추해 볼 수 있다는 것이다.

이 글에서 다룰 세 번째 의문은 과연 대미관계 및 남북한관계 개선이 북한의 실질적인 개혁개방으로 연결될 가능성을 짚어보는 것이다. 북한이 미국 및 남한과의 관계개선 이후 개혁개방을 추구해 왔던 것 역시 지속성을 띠고 있다. 1991년 12월 나진선봉 경제특구를 지정하고 외국자본 및 기술유치를 시도했고 2001년엔 상해를 방문하고 돌아온 김정일이 신의주 경제특구를 신설하 고 개혁개방을 시도했었다. 이어 개성공단이 열리고 남북한 간의 본격적인 경협이 개시됐다.

그런데 지금까지 추구된 개혁개방정책은 체제에 대한 부정적 영향을 철저히 차단하는 범위 내에서만 추진된 제한적 성격을 띠고 있었다. 핵과 경제의 병진정책을 추구해 온 김정은은 핵무기 완성을 선언한 뒤 경제에 치중할 것임을 천명했고 이 방침은 2018년4월 노동당 중앙위원회 전원위원회에서 만장일치로 채택됐다. 이제 그의 실질적 개혁개방의 폭과 속도에 대한 분석이 필요한 시점이다.

북한의 개혁개방의지를 과시용 혹은 시늉만 해온 과거의 제한적 개혁개방정책의 연장선상에서 평가하는 것은 김정은이 독재자의 딜레마(Burkhart, 1994; Chisadza and Bittencourt 2018; Heo and Hahm 2018; Huber et al. 1993; Papaioannou and Siourounis 2008)에 직면하게 될 것이라는 판단에 근거하고 있다. 근대화이론이 제시하는 민주화가설에 따르면 북한이 제한적 범위를 뛰어넘어 본격적 개혁개방정책을 추구한다면 경제적으로 윤택하게 된 시민들의 민주화 요구를 증대시켜 자신의 정치적 기반을 약화시키는 독재자의 딜레마에 직면하게 된다.

실제로 이명박 정부의 대북정책은 비핵개방 3000으로 집약됐는데 북한의 비핵화와 개혁개방을 통한 경제발전을 추구해 1인당 국민소득 3000불 수준으로 북한경제를 발전시키는 것을 목표로 설정하고 있었다. 우리 경제가 국민소득 3000불선을 돌파했던 것이 1987년임을 상기한다면 이 수준의 국민소득에서는 독재를 용납하거나 감내할 수 없음을 시사하는 것이다. 근대화이론도 이 수준에서 민주화가 이뤄진다는 가설을 지적하고 있다(Przeworski et al. 2000; Reilly 2017).

중국과 북한 간의 갈등도 바로 이 독재자의 딜레마로 인해 심화됐으며, 김일성 시대부터 지속돼 온 중국의 경제정책을 답습(Kim 2000: 151-152; Lim and Lim 2006; Thompson 2015: 63-64) 하던 연속성도 이 때문에 단절됐다. 북한 경제의 중국 답습하기는 중국이 개혁개방정책을 본격적으로 추진하고 북한은 김정일로의 권력승계를 추구하던 1980년대를 기점으로 단절되기 시작한다. 특히 중국의 개혁개방정책이 자본주의적 성과를 올리던 1990년대에 이르자 북한은 우리식 사회주의를 표방하며 중국식 개혁개방정책과의 결별을 선언한다. 김정일도 중국 지도부를 향해 비판을 가했고 북한에게 중국의 경제개혁은 껄끄러운 정치적 부담으로 작용하게 됐다. 시진핑이 등장하기 전까진 그랬다.

시진핑의 3기에 걸친 집권과 빅데이터 시대가 초래하는 민주주의의 패러독스는 김정은이 독재자의 딜레마에서 벗어날 수 있는 실마리를 제공해 준다. 개혁개방을 추구하면서도 자신의 정치기 반을 유지할 수 있는 두 마리 토끼를 한꺼번에 잡을 수 있다는 실례를 중국에서 본 것이다. 우선 현재 1인당 GDP 3,000불 수준을 3배 이상 상회하는 9,633불 수준을 달성한 중국은 여전히 공산주의 1당 독재체제를 유지하고 있다. 또한 빅데이터와 모바일 인터넷 시대에도 검열을 통해 민주화 요구가 체제를 위협하는 수준까지 진행되는 것을 억제하고 있다.

정치적이거나 경제적인 불만의 신호가 선거나 시장에 의해 표출되기보다 인터넷이나 소셜미디어를 통해 표출되는 빅데이터 시대에 오히려 민주주의가 퇴보할 수 있다는 지적은 이미 제기되고 있다(O'Neil 2016). 민주주의의 기본원리인 집단적 자기결정권(Collective self-determinism)이 사용자의 컨텐츠를 변경시키거나 조작이 가능한 집단지식(Collective Intelligence)으로 대체되면서 민주주의에 심대한 위협요인이 될 수 있다는 것이다(Helbing et al. 2017).

조작하는 당사자가 학자나 선거전문가, 혹은 국가권력 등 다양하게 나타나겠지만 어떤 경우이든 사용자의 의도가 왜곡될 가능성은 충분하기 때문이다.

1993년 AT&T 위성망 임대에 이어 1996년 1월 중국전신(China Telecom)사의 전국적 인터넷 서비스 개시를 계기로 중국의 인터넷사용자는 폭발적으로 증가한다. 2017년 12월 기준으로 중국 전체인구의 55.8%이자 전 세계 인터넷 인구의 20%를 훨씬 상회하는 7억 7천 2백만명이 인터넷을 사용하고 있다(CNNIC 2018). 이와 더불어 10억이 사용하는 위챗(WeChat)과 8억이 사용하는 웨이보를 통해 인터넷 활용도는 그 어느 나라에도 뒤지지 않게 됐다.

중국의 인터넷 검열은 무조건적이며 무차별적인 것이 결코 아니다. 오히려 정치적 불만을 인터넷 상에서 표출할 것을 장려함으로써 시민들의 불만을 어느 정도 해소함과 동시에 불만을 표출하는 정도가 높은 개인들의 신원을 확보해서 주시한다는 것이다. 실질적 행동으로 이어질 가능성이 있는 발언이나 의견들만 선별해 차단한다. 중국내 1,382개 소셜미디어 사이트를 조사한 한 연구에 따르면 정부에 대한 불만이나 불평 등은 차단의 대상은 아니고 다만 시위 등 실질적 집단행동으로 이어질 잠재력이 있는 표현만을 선별해 차단하거나 삭제한다는 것이다(King et al. 2013: 327).

중국 정부는 인터넷이 민주주의를 신장시켜 결국 체제를 위협한다는 인식하에 인터넷이 가져다주는 경제적 효용은 받아들이되, 체제위협요소는 철저히 차단한다는 인터넷 정책을 수립했다. 무엇보다 개인들의 불만이 집단행동으로 이어지는 촉매제로서의 기능을 완벽히 차단하는 데에 중점을 뒀다. 우선 '방화장성'이라는 강력한 검열서버를 구축해서 국외 사이트를 차단함과 동시에 민감한 키워드를 자동으로 필터링해 걸러내는 콘텐츠 필터링 시스템을 구축했다. 인터넷 서비스 제공자가 자체인력으로 정부가 요구하는 정보를 삭제하지 않으면 벌금이나 폐쇄조치를 단행함으로써 체 제에 위협이 되는 정보를 원천적으로 차단한 것이다. 또한 2012년 3월을 기점으로 인터넷 실명제를 전면 실시함으로써 체제위협정보를 업로드하는 개인의 신상을 쉽게 추적할 수 있는 제도적 장치를 마련했다(Anderson 2012; 임상범 2017: 137).

모바일 인터넷에 대한 검열과 통제도 이뤄지고 있다. 웨이보와 웨이신 등의 플랫폼은 사용자 위주로 디자인되었다기보다 거대한 가상내부망의 조성을 통해 중국인민과 외부세계를 차단하기 위해 디자인됐다는 평가이다. 특히 인터넷 안전법을 시행해 자국기업들의 데이터는 중국내 서버에만 저장하도록 규정하고 있다. 외국기업에 대해서도 중국내에서 획득한 정보를 중국정부의 허가 없이 해외로 이전할 수 없도록 제한했다. 마윈이 이끄는 알리바바는 이를 따르겠다고 발표해 파장이 일었었고 구글은 검열이 가능한 검색엔진을 개발 중이며 페이스북도 중국시장 진출을 위해 자체적인 검열시스템을 실험중이라고 한다(Mozur 2018; Nossel 2018; 임상범 2017: 138-139). 중국정부는 규모면에서나 전문성 면에서 역사상 전례가 없는 프로그램을 운영하고 있다. 소셜 미디어가 몇몇 특정 기업에 의해 운영되는 미국이나 한국과는 달리 중국 전역에 산재해 있는 백여 곳의 인터넷 콘텐츠 제공자들은 중국정부의 검열지침을 지키지 않을 경우 벌금을 물거나 회사가 문을 닫아야 하는 상황을 맞아야 한다. 검열지침을 따르기 위해 각 회사들은 많게는 천 명까지의 검열전문가들을 고용하는 경우도 있고 여기에 2만에서 5만에 이르는 인터넷경찰(wangjing, 网警)과 인터넷모니터요원(wangguanban, 网观班)들을 운용하고 있으며 25만에서 30만에 달하는 당원들이 이에 가세하고 있다(Chen and Ang 2011; King et al. 2013: 326).

북한의 민주화를 촉진하기 위한 방안으로 최첨단 기기의 북한반입을 촉진함으로써 자유의 바이러스(Wriston, 1997)를 전파시켜야 한다는 주장은 민주화가설(democratization hypothesis)에 근거하고 있다. 정보통신기술과 함께 전파될 인류보편적 가치가 확산되면서 민주주의가 촉진된다는 것인데 인터넷 확산과 경제적 번영을 추구하는 권위주의 국가들은 필연적으로 보다 폭넓고 다양한 자유를 요구하는 국민들의 민주화 압력에 직면하게 된다는 것이다. 소련의 해체를 초래한 '8월 쿠데타'도 정보기술에 의해 촉발됐고 아랍의 봄, 재스민 혁명 역시 모바일 커뮤니케이션 기술의 보급으로 가능했었다는 것이다. 실제로 비민주주의 국가에 대한 하이테크 기술의 수출을 통해 민주주의를 확산해야 한다는 주장이나 발전된 정보통신기술이 장기적으로 북한의 민주주의를 촉진시킬 것이라는 주장들도 제기됐었다(Lankov, 2009: 95-100; 고경민 2012: 37).

민주화의 세계적 확산을 통해 미국의 안보와 세계평화를 추구한다는 민주평화론은 윌슨으로부터 시작해 레이건에 이르기까지 꾸준히 발전했고 조지부시 행정부에 이르러 네오콘 중심의 공세적이며 일방주의적인 외교정책을 탄생시켰다(마상윤 2005: 56; 이삼성 2005: 95-96). ChinaNet, CERNet, CN2 등 중국의 통신망 구축에 미국 기업들이 대거 참여했던 것도 민주화가설에 기초한 미국정부의 정책에 의한 것이었다. 이와 함께 팩시밀리와 이메일 등 정보기술의 확산이 민주화에 미치는 영향력이 입증되면서 정보통신기술의 보급과 확산을 통해 민주주의를 확대시키려는 전략도 병행추진하게 되었다(고경민 2012: 27, 30).

그런데 중국에서는 민주화가설과는 다소 다른 현상들이 나타나기 시작했다. 우선 미국기업들이 민주주의의 원칙보다는 시장확대라는 이윤을 중시한 나머지 야후, 마이크로소프트, 구글 같은 미국 소프트웨어 및 인터넷 기업들이 중국정부의 검열요구를 수용했기 때문이다. 이들 기업들은 컨텐츠 필터링에 동의했고 특정 키워드에 대한 중국정부의 차단요구를 수용하면서 민주화의 촉진

기능보다는 이윤추구의 기능에 보다 충실했던 것이다. 어느새 미국이 원했던 "강력하고 평화롭고 번영하는 중국," "강력하고 통일된 민주적인 중국"은 경제적 발전에도 불구하고 강력하고 번영하지만 정보통신기술에 의해 통제되는 비민주적 중국으로 나아가고 있다(고경민 2012: 30, 40; U.S. DoS 1949: 133; U.S. House of Representatives 2006).

빅데이터가 시장과 선거의 기능을 대신하게 될 것이란 주장은 북한과 같이 개혁개방을 두고 고민하는 독재체제에 매력적인 대안이 된다. 빅데이터 시대가 민주화를 퇴보시킬 것이란 학문적 분석은 이미 제기되고 있다. 시장에서 경제가 잘 운영되지 않는다는 신호가 발생하기 전에, 선거를 통해 국민들의 불만이 표출되기 전에 빅데이터가 미리 신호를 발생시켜 정부로 하여금 정책 수정을 추구할 여유를 주기 때문이다. 민주화 가설의 주장과는 달리 외부적 위협이나 국제분쟁, 무역의 개방성이나 폐쇄성, 시민사회의 발달정도 같은 요소들이 변수로 작용하여 경제발전이 민주화를 촉진시킬 수도, 촉진을 억제시킬 수도 있다(Colaresi and Thompson 2003; O'Neil 2016).

인터넷이 독재체제를 유지하고 강화하는 기제로서 활용될 수 있다는 강화가설(reinforcement hypothesis)은 민주주의보다는 사이버로크러시(cyberocracy) 시대를 열 것이라는 주장들도 제기됐다. 인터넷을 통해 체제선전이 용이할 뿐 아니라 개인들의 정치적 성향이나 의견, 불만 등을 손쉽게 추적함으로써 시민들에 대한 조지 오웰(George Orwell)이 말한 빅브라더의 통제가 가능하다는 것이다(Liang and Lu 2010; Ronfeldt 1992; Sinpeng 2013; 고경민 2012: 28-34).

스마트폰으로 대표되는 소셜미디어 등 최신의 정보통신기술들은 사유의 무능을 초래하여 시민들을 무비판적 집단으로 바꿔 민주사회의 구성원으로서의 역할과 기능을 저하시킨다는 주장도 주목할 만하다. 특히 구글과 같은 검색사이트에 의존케 함으로써 사고의 범위를 제한하고 사유의 빈곤과 무능을 초래해 고립된 관망자로 전락한 시민은 정치현장에서 멀어지게 된다는 것이다. 인터넷 없이는 아무것도 할 수 없는 사회는 인터넷을 통제함으로써 사회전체를 통제할 수 있는 시스템을 허용해 결국 정치적 자유의 상실을 초래한다는 것이다 (이충한 2018).

김정은의 신외교가 과연 북한사회를 네트워크화된 권위주의(networked authoritarianism)로 탈바꿈시켜 "중국국민들은 개인적으로는 자유로울지 모르지만 집단적으로는 묶여 있는 것과 같다" (King et al. 2013: 339)는 현상을 북한에 재현할 수 있을 것인지 지켜봐야 할 것이다. 과연 김정은의 신외교가 이러한 계산까지 염두에 두고 추진되는 것인지 또 자신의 권력을 유지하면서도 경제성장을 추구할 수 있다는 자신이 있는 것인지, 보다 많은 시간과 관찰을 요하는 물음들이다. 시진핑 3기 집권을 가능케 한 중국에서의 변화와 빅데이터 패러독스를 면밀히 분석해 왔다면 북한의 개혁개방의 속도와 파장이 과거와의 단절성을 표출할 가능성을 배제할 수 없다.

지금까지 미국의 대북압박 및 북한의 위협인식 수준이 임계치에 도달한 상황에서 더 이상 기망이나 시간 벌기를 위한 정책을 구사할 여유가 없을 것이란 결론을 도출했다. 근본적인 국면의 전환을 필요로 하는 단계에 도달했다는 것이다. 둘째, 중국의 영향력에서 벗어나 대미관계를 추진할 가능성에 대해서는 과거 중국과 소련사이에서의 등거리 외교를 재현할 의지와 이유가 충분하다고 판단했다. 셋째로는 경제발전을 추구하면서도 독재자의 딜레마를 벗어나 권력을 유지할 수 있다는 확신도 선 것으로 판단된다. 중국의 경제개발 방식을 답습하던 전례에 대한 분석과 이미 9600불상당의 1인당 GDP를 기록한 중국이 아직도 공산당 일당독재를 유지하고 있는 점, 그리고 빅데이터 시대의 도래로 정보통신에 대한 통제를 통해 권위주의가 강화되는 현상들에 착안해 자신도 두 마리 토끼를 잡을 수 있다고 인식할 가능성을 배제할 수 없다는 것이다.

고르바초프의 신사고는 보편적 가치에 입각한 국제관의 재구성, 사회주의 체제의 정치경제적 한계의 인정, 국제사회가 더 이상 안보적 위협이 아니라 번영의 인도자가 될 수 있다는 사고의 전환 등으로 구성됐었다. 그런데 김정은의 신외교는 이러한 인류보편적 가치보다는 빅데이터 패러독스에 기초하고 있을 가능성이 보다 큰 것으로 분석된다. 빅데이터를 이용해 민주화를 억제하고 권위주의체제를 유지하는 새로운 유형의 정책을 통해 경제가 발전된 사회를 권위주의적으로 통제할 수 있다는 계산을 염두에 두고 정책의 변화를 추진한다는 것이다.

이와 같은 분석은 북한의 핵개발 정책의 기저가 되는 북한정권의 정책 우선순위와 맥락을 같이 하는 것으로 볼 수 있다. 북한정권 정책우선순위의 최정점을 차지하는 지도자 개인의 정치적 생존이라는 목표를 핵개발이 아닌 남한 및 미국과의 관계개선과 경제개혁개방을 추진하여 달성하려는 것이다. 빅데이터 패러독스 현상을 북한에 재현시켜 최고지도부의 정치적 생존과 경제적 번영을 동시에 추구하려는 의도로 해석된다. 그렇다면 김정은 신외교의 단기적 성공가능성에 대한 예측, 즉 남한과의 관계개선 및 미국과의 관계정상화 여부에 대한 진단보다는, 중장기적인 청사진에 대한 밑그림도 아울러 마련해야 할 시점으로 판단된다.

참고문헌

I 장

경향신문. 2008. 9. 10

김병기, 최호상, 삼성경제연구소. 2007. 왜 우리는 AAA를 원하는가. 서울 : 삼성경제연구소.

김용호, 명석영. 2007. "북한외교정책연구의 국내외 경향의 분석과 대안의 모색 -분석수준의 다양화를 위한 소고." 통일문제연구 19(2): 33-67.

매일경제. 2020. "증시전문가 5인이 본 '北 연락사무소 폭파' 증시 영향." (6월 17일), https://www.mk.co.kr/news/stock/view/2020/06/620265(검색일: 2021.08.01).

삼성경제연구소. 2009. CEO Information: 시스템 관점의 위기관리 프로세스: 북 로켓 발사 사례를 중심으로. 서울: 삼성경제연구소.

삼성증권 투자정보파트. 2006. "Samsung Daily 2006. 7. 6."

서울파이낸스. 2020. "[주간환율전망] 코로나 재유행 우려·북한發 리스크···지지력 여전." (6월 15일), https://www.seoulfn.com/news/articleView.html?idxno=385817 (검색일: 2021.07.14).

시장경제. 2020. "北, 단거리 탄도미사일 2발 발사... 증시 '초긴장'." (3월 29일), https://www.meconomynews.com/news/articleView.html?idxno=39574(검색일: 2021.07.14).

시장경제. 2020. "웬만한 도발엔 끄떡않는 코스피... '北리스크, 낙관론 우려'." (6월 22일), https://www.meconomynews.com/news/articleView.html?idxno=42631(검색일: 2021.07.14).

조선일보. 2009. 6. 4

한국경제. 2020. "경협株 급락했지만…北 도발에도 코스피 '꿋꿋'." (6월 17일), https://www.hankyung.com/finance/article/2020061791041(검색일: 2021.08.01).

한국경제. 2020. "코스피 하반기 상승률 세계 4위…나스닥과 상하이 제쳤다 [이고운의 머니백]." (9월 10일), https://www.hankyung.com/finance/article/202009103491i (검색일: 2021.07.05).

홍득표. 1992. "외교정책결정과 정치위험분석." 『국제정치논총』, 32(2).

Abadie, Alberto, and Javier Gardeazabal. 2003. "The Economic Costs of Conflict: A Case Study of the Basque Country." *The American Economic Review* 93(1): 113-32.

Arad, Uzi. 2008. "Intelligence Management as Risk Management: The Case of Surprise Attack." In *Managing Strategic Surprise,* eds. Paul Bracken, Ian Bremmer, and David Gordon. Cambridge, UK: Cambridge University Press, 43-77.

Besley, Timothy, and Hannes Mueller. 2012. "Estimating the Peace Dividend: The Impact of Violence on House Prices in Northern Ireland." *American Economic Review* 102(2): 810-33.

Betts, Richard K. 1978. "Analysis, War, and Decision: Why Intelligence Failures Are Inevitable." World politics 31(1): 61-89.

Bracken, Paul J. 2008. "How to Build a Warning System." In *Managing Strategic Surprise,* eds. Paul Bracken, Ian Bremmer, and David Gordon. Cambridge, UK: Cambridge University Press, 16-42.

Bracken, Paul J, Ian Bremmer, and David Gordon. 2008. *Managing Strategic Surprise: Lessons from Risk Management and Risk Assessment.* Cambridge, UK: Cambridge University Press.

Bremmer, Ian, and Preston Keat. 2009. *The Fat Tail : The Power of Political Knowledge for Strategic Investing.* New York: Oxford University Press.

Center for Disease Control and Prevention. "Fast Stats." https://www.cdc.gov/nchs/fastats/default.htm(검색일: 2021.07.04).

Chen, Andrew H., and Thomas F. Siems. 2004. "The Effects of Terrorism on Global Capital Markets." *European Journal of Political Economy* 20(2): 349-366.

Flint, Colin. 2006. *Introduction to Geopolitics.* Routledge.

Gerlach, J. R., and Y. Yook. 2014. *Political Conflict and International Equity Investment: Evidence from North Korean Attacks.* Federal Reserve Board working paper, Washington D.C.

He, Yinghua, Ulf Nielsson, and Yonglei Wang. 2014. *The Cost of Political Tension: An Anatomy.* Working Paper.

Huh, In, and Ju Hyun Pyun. 2018. "Does Nuclear Uncertainty Threaten Financial Markets? The Attention Paid to North Korean Nuclear Threats and Its Impact on South Korea's Financial Markets." *Asian Economic Journal* 32(1): 55-82.

Jervis, Robert. 2006. "Reports, Politics, and Intelligence Failures: The Case of Iraq." *Journal of strategic studies* 29(1): 3-52.

Johns Hopkins University & Medicine. "Johns Hopkins Coronavirus Resource Center." https://coronavirus.jhu.edu/(검색일: 2021.07.04).

Kim, Young Han and Hosung Jung. 2014. "Investor Trading Behavior Around the Time of Geopolitical Risk Events: Evidence from South Korea." *Bank of Korea Working Paper* No. 2014-10.

LeDoux, Joseph E. 1996. *The Emotional Brain : The Mysterious Underpinnings of Emotional Life.* New York: Simon & Schuster.

Lowenthal, David. 2015. *The Past Is a Foreign Country.* Cambridge, UK: Cambridge University Press.

McNeil, Alexander J, Rüdiger Frey, and Paul Embrechts. 2015. *Quantitative Risk Management: Concepts, Techniques and Tools-Revised Edition.* Princeton, NJ:

Princeton university press.

Norris, Pippa. 2000. *A Virtuous Circle: Political Communications in Postindustrial Societies*. Cambridge, UK: Cambridge University Press.

Nuclear Threat Initiative. https://www.ntiindex.org(검색일: 2021.07.05).

Poteshman, Allen M. 2006. "Unusual Option Market Activity and the Terrorist Attacks of September 11, 2001." *The Journal of Business* 79(4): 1703–26. http://www.jstor.org/stable/10.1086/503645.

Rigobon, Roberto, and Brian Sack. 2004. "The Impact of Monetary Policy on Asset Prices." *Journal of Monetary Economics* 51(8).

Robock, Stefan H. 1971. "Political Risk-Identification and Assessment." *Columbia Journal of world business* 6(4): 6–20.

Russett, Bruce. 1993. *Grasping the Democratic Peace*. Princeton, New Jersy: Princeton University Press.

Sunstein, Cass R. 2007. Worst-Case Scenarios. Cambridge, MA: Harvard University Press. https://search.library.wisc.edu/catalog/9910040350702121.

Wolfers, Justin, and Eric Zitzewitz. 2009. "Using Markets to Inform Policy: The Case of the Iraq War." *Economica* 76(302).

Zussman, Asaf, Noam Zussman, and Morten Ørregaard Nielsen. 2008. "Asset Market Perspectives on the Israeli–Palestinian Conflict." *Economica* 75(297): 84-115.

II장

Arad, Uzi. 2008. "Intelligence Management as Risk Management: The Case of Surprise Attack." In *Managing Strategic Surprise,* eds. Paul Bracken, Ian Bremmer, and David Gordon. Cambridge, UK: Cambridge University Press, 43-77.

Art, Robert J., and Patrick M Cronin. 2003. *The United States and Coercive Diplomacy.* Washington, D.C.: United States Institute of Peace Press.

Aven, Terje. 2016. "Risk Assessment and Risk Management: Review of Recent Advances on Their Foundation." *European Journal of Operational Research* 253(1): 1-13.

Bernier, Justin. 2003. "China's Strategic Proxies." *Orbis* 47(4): 629-43. https://linkinghub.elsevier.com/retrieve/pii/S0030438703000838 (February 21, 2022).

Bracken, Paul J. 2008. "How to Build a Warning System." *In Managing Strategic Surprise,* eds. Paul Bracken, Ian Bremmer, and David Gordon. Cambridge, UK: Cambridge University Press, 16-42.

Bracken, Paul J, Ian Bremmer, and David Gordon. 2008. *Managing Strategic Surprise: Lessons from Risk Management and Risk Assessment.* Cambridge, UK: Cambridge University Press.

Bremmer, Ian. 2006. *The J Curve : A New Way to Understand Why Nations Rise and Fall.* New York: Simon & Schuster.

Bremmer, Ian, and Preston Keat. 2009. *The Fat Tail : The Power of Political Knowledge for Strategic Investing.* New York: Oxford University Press.

Garfinkle, Adam. 2003. "Headache upon Headache." *National Review* 55(7): 38-40.

George, Alexander L. 1991. *Forceful Persuasion : Coercive Diplomacy as an Alternative to War.* Washington, D.C: United States Institute of Peace Press.

——. 1993. *Bridging the Gap : Theory and Practice in Foreign Policy.* Washington, D.C: United States Institute of Peace Press.

LeDoux, Joseph E. 1996. *The Emotional Brain : The Mysterious Underpinnings of Emotional Life.* New York: Simon & Schuster.

Lomborg, Bjørn. 2001. *The Skeptical Environmentalist : Measuring the Real State of the World.* Cambridge, UK: Cambridge University Press.

Moon, Chung-in. 2012. *The Sunshine Policy: In Defense of Engagement as a Path to Peace in Korea.* Yonsei University Press.

National Research Council. 2009. *Science and Decisions: Advancing Risk Assessment.* Washington, D.C.: National Academies Press.

New York Times. 2021. https://www.nytimes.com/2021/03/17/us/politics/us-china-relations.html(February 21, 2022).

Rausand, Marvin. 2013. *Risk Assessment: Theory, Methods, and Applications.* Hoboken, NJ: John Wiley & Sons.

Rumsfeld, Donald H. 2002. "DoD News: DoD News Briefing - Secretary Rumsfeld and Gen. Myers." *DoD News Briefing.* https://archive.md/20180320091111/http://archive.defense.gov/Transcripts/Transcript.aspx?TranscriptID=2636 (February 21, 2022).

Sunstein, Cass R. 2007. *Worst-Case Scenarios.* Cambridge, MA: Harvard University Press.

Taleb, Nassim. 2005. *The Black Swan: The Impact of the Highly Improbable.* New York: Random House.

Taylor, Shelley E. 1989. *Positive Illusions : Creative Self-Deception and the Healthy Mind.* New York: Basic Books. https://search.library.wisc.edu/catalog/9910377581602121.

김당. 2009. "'북한은 핵무기와 미국의 '핵우산'을 맞바꾸려 할 것' - 오마이뉴스." 오마이뉴스. http://www.ohmynews.com/NWS_Web/view/at_pg.aspx/?CNTN_CD=A0001164691 (February 21, 2022).

류은혜. 2018. "김여정 탑승추정 '참매 1호', 싱가포르 도착…김정은보다 한시간 늦어." 『데일리한국』(6월 10일), http://daily.hankooki.com/lpage/world/201806/dh20180610181936138420.htm(검색일: 2022.01.07).

유예진. 2008. "북한대외무역동향." KOTRA 해외시장뉴스. https://dream.kotra.or.kr/kotranews/cms/news/actionKotraBoardDetail.do?SITE_NO=3&MENU_ID=530&CONTENTS_NO=1&bbsGbn=249&bbsSn=249&pNttSn=43862 (February 21, 2022).

홍익표. 2008. [KIEP] 오늘의 세계경제 2008년도 북한 대외경제 전망. 대외경제정책연구원. http://www.dbpia.co.kr/journal/articleDetail?nodeId=NODE06744428.

한국무역협회. 2020. "북한, 작년 중국 무역의존도 95.2%…사상 최대." (5월 6일), https://www.kita.net/cmmrcInfo/cmmrcNews/cmmrcNews/cmmrcNewsDetail.do?pageIndex=1&nIndex=57851&sSiteid=2(검색일: 2022.01.07).

III장

김근식. 2013. “김정은 시대 북한의 대외전략 변화와 대남정책: ‘선택적 병행’ 전략을 중심으로.” 한국과 국제정치 29(1): 193-224.

——. 2014. “김정은 시대의 ‘김일성-김정일주의’: 주체사상과 선군사상의 추상화.” 한국과 국제정치 30(1): 65-92.

김상권, 박철수. 2019. “2018년 노동신문 사설과 한반도의 정치적·사회적 사건 간의 연관성 분석 -텍스트마이닝 분석을 중심으로-.” 북한연구학회보 23(2): 59-84.

김수현, 이영준, 신진영, 박기영. 2020. “거시경제 분석을 위한 텍스트 마이닝.” 한국경제의 분석 26(1): 1-85.

김용학, 김영진. 2016. 사회 연결망 분석. 서울: 박영사.

김인수 외. 2021. “여성 육군사관생도의 군대사회화 연구: 토픽 모델링 분석.” 국방연구 64(1): 87-113.

대한민국 통일부. 2017. “2017년 북한 신년사분석.” https://www.unikorea.go.kr/unikorea/news/notice/?boardId=bbs_0000000000000001&mode=view&cntId=47237&category=&pageIdx= (November 14, 2021).

박성호, 이화준, 김용호. 2021. “북한은 유튜브를 통해 무엇을 말하는가?: 주제 분석과 텍스트마이닝 기반 분석을 중심으로.” 북한연구학회보 25(1): 125-61.

박종희, 박은정, 조동준. 2015. “북한 신년사(1946-2015)에 대한 자동화된 텍스트 분석.” 한국정치학회보 49(2): 27-61.

박철수. 2021. “텍스트마이닝을 활용한 북한 지도자의 신년사 및 연설문 트렌드 연구.” JITAM 26(3): 43-59.

박한우. 2018. “북한 유튜브 채널 분석: ‘조선의 오늘’에 대한 이용자 반응과 텍스트 분석.” *Journal of The Korean Data Analysis Society* 20(5): 2581-92.

오경섭, 이경화. 2016. 김정은 정권의 대남정책 및 통일담론: 텍스트마이닝을 이용한 분석. 서울: 통일연구원.

윤순욱, 김민철. 2020. "LDA 기법을 이용한 미세먼지 이슈의 토픽모델링 분석." 에너지공학 29(2): 23-29.

이가영. 2020. "김정은 시기 북한 경제정책의 변화경향성 연구 - 텍스트마이닝 분석을 중심으로 -." 동북아경제연구 32(1): 27-54.

이영준, 김수연, 박기영. 2019. "Deciphering Monetary Policy Board Minutes with Text Mining: The Case of South Korea TT -." *The Korean Economic Review* 35(2): 471-511.

이창용, 문호석. 2016. "텍스트마이닝을 이용한 북한 보도동향과 북한 도발과의 연관성 분석." 국방연구 95(4): 103-24.

이해정, 신훈식, 이혜진. 2021. "텍스트 마이닝을 통한 김정은 시대 경제정책 분석 *." 국가전략 27(1): 157-82.

이현지, 이화준. 2021. "UN 대북제재에 대한 북한의 위기관리전략 연구: 북한의 외교성명에 대한 텍스트마이닝 분석을 중심으로." 아세아연구 64(3): 31-68.

최운호, 정회선. 1998. "북한 문화어 형태소 분석기(NKMA)의 어절 구조." In *제 10회 한글 및 한국어 정보처리 학술대회*, 한국정보과학회 언어공학연구회, 49-55. http://www.dbpia.co.kr.access.yonsei.ac.kr/journal/articleDetail?nodeId=NODE01069164.

통계교육원. 2017. "통계의 창 - 텍스트는 어떻게 분석되는가." http://sti.kostat.go.kr/window/2017b/html/2017_win_3.html (December 23, 2021).

홍태호, 니우한잉, 임강, and 박지영. 2018. "LDA 를 이용한 온라인 리뷰의 다중 토픽별 감성분석 - TripAdvisor 사례를 중심으로 -." 정보시스템연구 27(1): 89-110.

Saint Augustine of Hippo. 2019. 교사론. 서울: 분도출판사.

Blei, David M., Andrew Y. Ng, and Michael I. Jordan. 2003. "Latent Dirichlet Allocation." *Journal of Machine Learning Research* 3(4-5): 993-1022.

Creswell, John W. 2013. *Research Design: Qualitative, Quantitative, and Mixed Method Approaches-SAGE Publications (2013).*Pdf. Thousand Oaks, CA: SAGE Publications.

Davis, James W, and Rose McDermott. 2021. "The Past, Present, and Future of Behavioral IR." *International Organization* 75(1): 147-77.

Elster, Jon. 2007. *Explaining Social Behavior: More Nuts and Bolts for the Social Sciences.* New York: Cambridge University Press.

Geddes, Barbara, Joseph Wright, and Erica Frantz. 2014. "Autocratic Breakdown and Regime Transitions: A New Data Set." *Perspectives on Politics* 12(2): 313-31.

Hearst, Marti A. 1999. "Untangling Text Data Mining." In *Proceedings of the 37th Annual Meeting of the Association for Computational Linguistics on Computational Linguistics* -, Morristown, NJ, USA: Association for Computational Linguistics, 3-10.

Kertzer, Joshua D., and Dustin Tingley. 2018. "Political Psychology in International Relations: Beyond the Paradigms." *Annual Review of Political Science* 21(1): 319-39.

Lake, David A. 2013. "Theory Is Dead, Long Live Theory: The End of the Great Debates and the Rise of Eclecticism in International Relations." *European Journal of International Relations* 19(3): 567-87.

Powell, Jonathan M. 2012. "Determinants of the Attempting and Outcome of Coups d'état." *Journal of Conflict Resolution* 56(6): 1017-40.

Preiss, Judita, Mark Stevenson, and Robert Gaizauskas. 2015. "Exploring Relation Types for Literature-Based Discovery." *Journal of the American Medical Informatics Association* 22(5): 987-92.

Salton, Gerard, Anita Wong, and Chung-Shu Yang. 1975. "A Vector Space Model for Automatic Indexing." *Communications of the ACM* 18(11): 613-20.

Sil, Rudra, and Peter J. Katzenstein. 2010. *Beyond Paradigms : Analytic Eclecticism in the Study of World Politics.* New York: Palgrave Macmillan.

Wittgenstein, Ludwig. 2001. *Tractatus Logico-Philosophicus. London, UK: Routledge.*

和田春樹. 2002. 북조선: 유격대국가에서 정규군국가로. 서울: 돌베개.

Ⅳ장

김민수. 1997. 김정일시대의 북한언어. 서울 : 태학사.

박성호, 이화준, 김용호. 2021. "북한은 유튜브를 통해 무엇을 말하는가?: 주제 분석과 텍스트마이닝 기반 분석을 중심으로." 북한연구학회보 25(1): 125-61.

부승찬. 2017. "이스라엘의 핵개발 결정과 핵전략: 포위심성(Siege Mentality)의 적용." 국가전략 23(2): 91-116.

이상혁. 2020. "북한 언어정책의 비교·분석과 그 서술 변화에 대하여 -『조선로동당정책사(언어부문)』(1973)과 『조선로동당언어정책사』(2005)를 중심으로-." 어문논집 90(0): 95-124.

이승호, 윤상언. 2021. "노벨경제학상, 인과관계 분석 패러다임 바꾼 앵그리스트 등 3인." 중앙일보. https://www.joongang.co.kr/article/25013969#home (December 18, 2021).

조은경. 2016. "세종전자사전 활용을 위한 자연어 생성적 접근 TT - A NLG Approach to Sejong Dictionary for Computational Feasibility." 한글 (311): 197-226.

최운호. 1998. "북한 문화어 형태소 분석기의 설계 및 구현." 언어연구 17: 59-78.

최운호, 정회선. 1998. "북한 문화어 형태소 분석기(NKMA)의 어절 구조." In 제 10회 한글 및 한국어 정보처리 학술대회, 한국정보과학회 언어공학연구회, 49-55.

Cho, Kyunghyun et al. 2014. "Learning Phrase Representations Using RNN Encoder-Decoder for Statistical Machine Translation." http://arxiv.org/abs/1406.1078.

Davis, James W, and Rose McDermott. 2021. "The Past, Present, and Future of Behavioral IR." *International Organization* 75(1): 147-77.

Elster, Jon. 2007. *Explaining Social Behavior: More Nuts and Bolts for the Social Sciences.* New York: Cambridge University Press.

Fierke, K. M. 2014. "Emotion and Intentionality." *International Theory* 6(3).

Friedman, Jeffrey A., Jennifer S. Lerner, and Richard Zeckhauser. 2017. "Behavioral

Consequences of Probabilistic Precision: Experimental Evidence from National Security Professionals." *In International Organization.*

Gartner, Scott Sigmund. 2008. "The Multiple Effects of Casualties on Public Support for War: An Experimental Approach." *American Political Science Review* 102(1): 95-106.

Gers, F A, and J Schmidhuber. 2000. "Recurrent Nets That Time and Count." In *Proceedings of the IEEE-INNS-ENNS International Joint Conference on Neural Networks. IJCNN 2000. Neural Computing: New Challenges and Perspectives for the New Millennium,* Como, Italy, 189-94.

Hafner-Burton, Emilie M., Stephan Haggard, David A. Lake, and David G. Victor. 2017. "The Behavioral Revolution and International Relations." *International Organization* 71(S1).

Haidt, Jonathan. 2001. "The Emotional Dog and Its Rational Tail: A Social Intuitionist Approach to Moral Judgment." *Psychological Review* 108(4): 814-34.

Hochreiter, Sepp, and Jürgen Schmidhuber. 1997. "Long Short-Term Memory." *Neural Computation* 9(8): 1735-80.

Hutchison, Emma, and Roland Bleiker. 2014. "Theorizing Emotions in World Politics." *International Theory* 6(3): 491-514.

Hymans, Jacques E. C. 2006. *The Psychology of Nuclear Proliferation: Identity, Emotions and Foreign Policy.* Cambridge, UK: Cambridge University Press.

IBM. "머신 러닝이란?." https://www.ibm.com/kr-ko/cloud/learn/machine-learning #toc---y8kl7BHt (December 5, 2021).

K-ICT 빅데이터센터. "형태소사전." https://kbig.kr/portal/kbig/datacube/niadict. page (December 11, 2021).

Kertzer, Joshua D., and Dustin Tingley. 2018. "*Political Psychology in International Relations*: Beyond the Paradigms." *Annual Review of Political Science* 21(1): 319-39.

Koutník, Jan, Klaus Greff, Faustino Gomez, and Jürgen Schmidhuber. 2014. "A Clockwork RNN." http://arxiv.org/abs/1402.3511 (December 28, 2021).

Lake, David A. 2013. "Theory Is Dead, Long Live Theory: The End of the Great Debates and the Rise of Eclecticism in International Relations." *European Journal of International Relations* 19(3): 567-87.

Mansour, Samah. 2018. "Social Media Analysis of User's Responses to Terrorism Using Sentiment Analysis and Text Mining." *Procedia Computer Science* 140: 95-103. https://linkinghub.elsevier.com/retrieve/pii/S1877050918319707 (December 16, 2021).

McDermott, Rose. 2004. *Political Psychology in International Relations*. Ann Arbor, MI: The University of Michigan Press.

——. 2007. *Presidential Leadership, Illness, and Decision Making*. Cambridge, UK: Cambridge University Press.

Mercer, Jonathan. 2010. "Emotional Beliefs." *International Organization* 64(1): 1-31.

O'Reilly, K. P. 2012. "Leaders' Perceptions and Nuclear Proliferation: A Political Psychology Approach to Proliferation." *Political Psychology* 33(6): 767-89.

Olah, Christopher. 2015. "Understanding LSTM Networks." https://colah.github.io/posts/2015-08-Understanding-LSTMs/ (December 9, 2021).

Ostrom, Elinor. 1998. "A Behavioral Approach to the Rational Choice Theory of Collective Action: Presidential Address, American Political Science Association, 1997 ." *The American Political Science Review* 92(1): 1-22.

Pace, Michelle, and Ali Bilgic. 2019. "Studying Emotions in Security and Diplomacy: Where We Are Now and Challenges Ahead." *Political Psychology* 40(6): 1407-17.

Petersen, Michael Bang, Daniel Sznycer, Leda Cosmides, and John Tooby. 2012. "Who Deserves Help? Evolutionary Psychology, Social Emotions, and Public Opinion about Welfare." *Political Psychology* 33(3): 395-418.

Petresen, Roger D. 2011. *Western Intervention in the Balkans: The Strategic Use of Emotion in Conflict.* New York, NY: Cambridge University Press.

Powell, Robert. 2017. "Research Bets and Behavioral IR." *International Organization* 71(S1): S265-77.

Smith, Kevin B. et al. 2017. "Intuitive Ethics and Political Orientations: Testing Moral Foundations as a Theory of Political Ideology." *American Journal of Political Science* 61(2): 424-37.

Stein, Janice Gross. 2017. "The Micro-Foundations of International Relations Theory: Psychology and Behavioral Economics." *International Organization* 71(S1): S249-63.

UC Berkeley School of Information. 2020. "What Is Machine Learning? ." https://ischoolonline.berkeley.edu/blog/what-is-machine-learning/ (December 5, 2021).

V장

김세용.1998.“오익제북풍사건전망.”https://imnews.imbc.com/replay/1998/nwdesk/article/2003283_30723.html (February 18, 2022).

김연철. 2008. “‘쌀 회담’을 기억하라.” 한겨레21. http://h21.hani.co.kr/arti/PRINT/22454.html (February 18, 2022)

김용호. 1996. 현대북한외교론. 서울: 오름.

——. 2002. “대북정책과 국제관계이론 : 4자회담과 햇볕정책을 중심으로한 비판적 고찰.” 한국정치학회보 36: 135-53.

김용호, 김현종. 2003. “한미관계에 대한 미디어의 프레임연구 - 여중생 사망사건을 중심으로.” 국제정치논총 43(2): 123-49.

로동신문. 2000/02/17.

정용수, 권호. 2011. “세계가 주목한 영결식 날 … 북한, 김정일 유산은 핵 강조.” 중앙일보. https://www.joongang.co.kr/article/7006835#home (February 20, 2022).

최선영. 2005. “북 ‘합법적 핵무기 보유 자부감 느낀다’ : 국방·북한 : 정치 : 뉴스.” 한겨레. https://www.hani.co.kr/arti/politics/defense/89071.html (February 20, 2022).

황일도. 2005. “북핵 벼랑 끝 전술은 ‘3대 세습’ 준비작업?” 신동아. https://shindonga.donga.com/Library/3/09/13/104484/3 (February 20, 2022).

대한민국 통일부. 2019. “남북 이산가족 상봉추이.” *e-나라지표.* https://www.index.go.kr/potal/main/EachDtlPageDetail.do?idx_cd=1696 (February 18, 2022).

배진영. 2012. “털어놓고 하는 이야기- 李鍾贊 前 국가정보원장 (下).” 월간조선. http://monthly.chosun.com/client/news/viw.asp?nNewsNumb=201207100032 (February 18, 2022).

이준안. 1998. “북풍사건, 대부분 조작.” https://news.kbs.co.kr/news/view.do?ncd=3787091 (February 18, 2022).

정빛나. 2020. “북한, 13일 밤 ‘김여정 지시’ 직후 연락사무소 폭파 준비했다.” 연합뉴스. https://www.yna.co.kr/view/AKR20200617066900504 (February 18, 2022).

BBC. 2005. “Rice Names ‘Outposts of Tyranny.’” *BBC NEWS*. http://news.bbc.co.uk/2/hi/americas/4186241.stm (February 20, 2022).

Chung, Chin-wee and Seoksoo Lee. 1998. “Kim Jong Il Regime and the Structure of Crisis: Its Source, Management and Manifestation.” in Chung-in Moon (ed), *Understanding Regime Dynamics in North Korea : Contending Perspectives and Comparative Implications*. Seoul: Yonsei University Press.

Kim, Yongho. 2011. *North Korean Foreign Policy: Security Dilemma and Succession*. Maryland: Lexington Books.

Mearsheimer, John J. 1985. *Conventional Deterrence*. Ithaca, NY: Cornell University Press.

New York Times. 2002. “War with Iraq Is Not in America’s National Interest.” *New York Times*.

VI장

Barbieri, Katherine, and Jack S Levy. 1999. "Sleeping with the Enemy: The Impact of War on Trade." *Journal of Peace Research* 36(4): 463-79. https://doi.org/10.1177/0022343399036004005.

Chafetz, Glenn, Michael Spirtas, and Benjamin Frankel. 1998. "Introduction: Tracing the Influence of Identity on Foreign Policy." *Security Studies* 8(2-3): 7-22.

Legro, Jeffrey W, and Andrew Moravcsik. 1999. "Is Anybody Still a Realist?" *International Security* 24(2): 5-55. http://www.jstor.org/stable/2539248.

Moon, Chung-in. 2012. *The Sunshine Policy: In Defense of Engagement as a Path to Peace in Korea.* Yonsei University Press.

Oneal, John R, and Bruce Russett. 1999. "Assessing the Liberal Peace with Alternative Specifications: Trade Still Reduces Conflict." Journal of Peace Research 36(4): 423-42.

Oneal, John R, and Bruce M Russett. 1997. "The Classical Liberals Were Right: Democracy, Interdependence, and Conflict, 1950-1985." *International Studies Quarterly* 41(2): 267-93. http://www.jstor.org/stable/3013934.

Russett, Bruce, John R Oneal, and David R Davis. 1998. "The Third Leg of the Kantian Tripod for Peace: International Organizations and Militarized Disputes, 1950-85." *International Organization* 52(3): 441-67.

Schimmelfennig, Frank. 1998. "Nato Enlargement: A Constructivist Explanation." *Security Studies* 8(2-3): 198-234.

Ⅶ장

권헌익, 정병호. 2013. 극장국가 북한 : 카리스마 권력은 어떻게 세습되는가. 파주: 창비.

김갑식. 2014. "김정은 정권의 수령제와 당,정,군 관계." 한국과국제정치 30(1): 29-64.

김근식. 2014. "김정은 시대의 '김일성-김정일주의': 주체사상과 선군사상의 추상화." 한국과 국제정치 30(1): 65-92.

김동한. 2007. "북한 법학: 이론의 현실정합성, 남북 법학비교, 특성." 북한연구학회보 11(2): 47-75.

김영규. 2017. "북한 민법의 변천과 특징." 법학연구 28(1): 303-31.

김윤애. 2016. "영생하는 수령과 '그리움의 정치' : 김일성에 대한 집단적 기억과 유훈 전개과정을 중심으로." 국제정치논총 56(2): 207-51.

김인수. 2017. "북한 권력엘리트의 김정은 친화성 지수 개발 - 장성택 숙청 이후 현지지도 수행 인원의 변화를 중심으로." 통일과 평화 9(1): 131-61.

김인수, 권혼. 2010. "김정일의 현지지도(1994-2008년) 연결망 분석." 통일연구 14(2): 5-30.

김재한. 2018. "선출인단 이론과 북한 핵 문제." 통일전략 18(2): 183-209.

김정환. 2019. "북한 형사보상제도의 존부 확인을 통한 북한 형사소송제도의 이해." 형사법연구 31(1): 211-39.

대한민국 통일부. 2019. "북한정보포털." https://nkinfo.unikorea.go.kr/nkp/main/portalMain.do (October 12, 2019).

박영자. 2013a. "독재정치 이론으로 본 김정은 체제의 권력구조: 조선노동당 '파워엘리트' 실태와 관계망을 중심으로." 국방정책연구 28(4): 111-56.

——. 2013b. "일반논문 : 김정은 체제의 통치행위와 지배연합." 국방연구 56(2): 71-96.

박정진. 2014. "'유훈'과 변화 사이의 의사 결정." 한국정치학회보 48(4): 97-115.

배호영. 2018. "통일이후 법제통합, 통일헌법, 노동법통합에 관한 소고." 사회법연구 34: 179-97.

이규창, 정광진. 2011. 북한형사재판제도 : 특징과 실태. 서울: 통일연구원.

이은정. 2018. "북한정권 수립 70년과 북한 민사법의 변화와 전망." 북한법연구회 20(1): 339-78.

이효원. 2010. "논문 : 남북통일 이후 사법조직의 통합방안." 서울대학교 법학 51(1): 67-104.

정성윤, 차현진, 정재관. 2017. "북한체제 내구성에 대한 소고:비교권위주의적 시각." 통일정책연구 26(1): 77-104.

정성임. 2012. "김정은 정권의 제도적 기반 : 당과 국가기구를 중심으로." 통일정책연구 21(2): 31-55.

제성호. 2001. "북한연구 : 북한의 형사법제와 국제인권 규약." 북한 349: 121-35.

한인섭. 2008. "북한의 형사법과 인권현실." 북한법연구 11(1): 63-82.

Barros, Robert. 2003. "Dictatorship and the Rule of Law: Rules and Military Power in Pinochet's Chile." In *Democracy and the Rule of Law*, eds. Jose Maria Maravall and Adam Przeworski. Cambridge: Cambridge University Press, 188-220.

Borgatti, S. 2002. *Netdraw Network Visualization*. Harvard, MA: Analytic Technologies.

Bueno de Mesquita, Bruce, Randolph M. Siverson, and James D. Morrow. 2003. *The Logic of Political Surviaval*. Cambridge, Massachusetts: The MIT Press.

Bueno de Mesquita, Bruce, and Alastair Smith. 2011. *The Dictator's Handbook: Why Bad Behavior Is Almost Always Good Politics*. New York: Public Affairs.

Byman, Daniel, and Jennifer Lind. 2010. "Pyongyang's Survival Strategy." *International Security* 35(1): 44-74.

Cheibub, José Antonio, Jennifer Gandhi, and James Raymond Vreeland. 2010. "Democracy and Dictatorship Revisited." *Public Choice* 143(1-2): 67-101.

Collier, Ruth Berins, and David Collier. 2002. *Shaping the Political* Arena. Notre Dame, Ind. : University of Notre Dame Press.

Croissant, Aurel, and Jil Kamerling. 2013. "Why Do Military Regimes Institutionalize? Constitution-Making and Elections as Political Survival Strategy in Myanmar." *Asian Journal of Political Science* 21(2): 105-25.

Frank, Rudiger, and Phillip H Park. 2012. "From Monolithic Totalitarian to Collective Authoritarian Leadership ? Performance-Based Legitimacy and Power Transfer in North Korea." *North Korean Review* 8(2): 32-49.

Freeman, L., M. Everett, and S Borgatti. 2002. *Ucinet 6 for Windows: Software for Social Network Analysis.* Harvard, MA: Analytic Technologies.

Gallagher, Mary, and Jonathan K. Hanson. 2011. "Authoritarian Survival, Resilience, and the Selectorate Theory." In *Why Communism Did Not Collapse: Understanding Authoritarian Regime Resilience in Asia and Europe,* ed. Martin K. Dimitrov. New York: Cambridge University Press, 185-204.

Geddes, Barbara. 2003. *Paradigms and Sand Castles.* Ann Arbor, MI: University of Michigan Press.

Ginsburg, Tom, and Tamir Moustafa. 2008. *Rule by Law :The Politics of Courts in Authoritarian Regimes.*

Ginsburg, Tom, and Alberto Simpser. 2013. *Constitutions in Authoritarian Regimes.* Cambridge, UK: Cambridge University Press.

Kim, Nam Kyu. 2018. "Are Military Regimes Really Belligerent?" *Journal of Conflict Resolution* 62(6).

Lee, Min Yong. 2012. "UNVEILING NORTH KOREA'S CRISIS PROVOCATIONS: A GARRISON STATE HYPOTHESIS REVISITED." *The Journal of East Asian Affairs* 26(2): 103-136.

Mahdavi, Paasha. 2019. "Scraping Public Co-Occurrences for Statistical Network Analysis of Political Elites." *Political Science Research and Methods* 7(2): 385-92.

Massoud, Mark Fathi. 2014. "International Arbitration and Judicial Politics in

Authoritarian States." *Law & social inquiry* 39(1): 1-30.

Moustafa, Tamir. 2014. "Law and Courts in Authoritarian Regimes." *Annual Review of Law and Social Science* 10: 281-99.

Oatley, Thomas. 2004. "Why Is Stabilization Sometimes Delayed?" *Comparative Political Studies* 37(3): 286-312.

Paik, Wooyeal. 2011. "Authoritarianism and Humanitarian Aid: Regime Stability and External Relief in China and Myanmar." *The Pacific Review* 24(4): 439-62.

Shen-Bayh, Fiona. 2018. "Strategies of Repression." *World Politics* 70(3): 321-57.

Wahman, Michael, Jan Teorell, and Axel Hadenius. 2013. "Authoritarian Regime Types Revisited: Updated Data in Comparative Perspective." *Contemporary Politics* 19(1): 19-34.

Weeks, Jessica L. 2008. "Autocratic Audience Costs: Regime Type and Signaling Resolve." *International Organization* 62(01).

和田春樹. 1998. 北朝鮮：遊擊隊國家の現在. 東京: 岩波書店.

小此木政夫. 1991. 日本と北朝鮮： これからの年： 南北統一の視点とシナリオ. 東京: PHP研究所.

——. 1999. 金正日時代の北朝鮮. 東京: 日本國際問題研究所.

Ⅷ장

김용호. 2013. "연세대학교 북한연구원 Issue Brief 제1호." https://www.yinks.or.kr/post/제1호-김용호-교수(검색일: 2022.01.02).

_____. 2018. "김정은의 신외교와 독재자의 딜레마(Dictator's Dilemma), 그리고 빅데이터 역설(Big Data Paradox)." 한국과 국제정치 34(4): 123-151.

박차오름·이화준·김용호. 2019. "공식 관광 홈페이지를 통해 본 북한의 변화 가능성: 웨이백 머신(Wayback Machine)을 통한 콘텐츠 분석과 상관관계 분석을 중심으로." 북한연구학회보 23(2): 199-231.

박한우. 2018. "북한 유튜브 채널 분석: '조선의 오늘'에 대한 이용자 반응과 텍스트 분석." Journal of the Korean Data Analysis Society 20(5): 2581-2592.

서정호·전수진. 2021. "유튜브를 활용한 북한의 프로파간다 이미지 변화 연구 -Echo of Truth를 중심으로-." 커뮤니케이션디자인학연구 74: 75-86.

송태은. 2013. "북한 커뮤니케이션 네트워크의 이중구조와 북한정권의 커뮤니케이션 전략." 통일문제연구 25(1): 213-255.

성기영. 2021. "평양발 공공외교를 상상(想像)하기." 전략노트 7호, http://inss.re.kr/common/viewer.do?atchFileId=F20210318203057462&fileSn=0(검색일: 2021.05.09).

안경모. 2015. "북한의 이데올로기 변화와 그 정치적 함의 (1966-2012): '적응'(adaptation)의 과정을 중심으로." 한국정치학회보 49(4): 157-180.

양무진. 2011. "선전선동 사례연구: 나치독일, 중국, 북한." 현대북한연구 14(3): 7-42.

윤영민. 2019. 미디어 내용분석 입문. 서울: 커뮤니케이션북스.

이화인. 2020. 미디어 스터디스. 서울: 커뮤니케이션북스.

정영철. 2020. "북한의 '우리 국가제일주의': 국가의 재등장과 '체제 재건설'의 이데올로기." 현대북한연구 23(1): 8-38.

통계분류포털. 2021. "국제표준산업분류(ISIC)." https://kssc.kostat.go.kr:8443/ksscNew_

web/kssc/common/ClassificationContent.do?gubun=1&strCategoryNameCode=032&categoryMenu=007&addGubun=no(검색일: 2021.05.09).

하승희. 2020. "북한의 유튜브 대외 선전매체 활용 양상." 북한학연구 16(2): 171-205.

「국민일보」. 2020. "부드러워진 北 선전·선동, '유튜브'로 파고든다." (6월 4일), http://news.kmib.co.kr/article/view.asp?arcid=0924141097(검색일: 2021.05.09).

「국민일보」. 2020. "북 유튜브 '조선의 오늘' 또 유튜브에서 퇴출." (6월 11일), http://news.kmib.co.kr/article/view.asp?arcid=0014681044(검색일: 2021.05.09).

「뉴스1」. 2020. "또다시 북한 채널 '삭제'한 유튜브…'술래잡기' 계속되나." (12월 14일), https://www.news1.kr/articles/4148559(검색일: 2021.05.09).

「한국일보」. 2021. "[전문]김정은 '최악의 난국… 경제발전 모든 부문 엄청나게 미달'." (1월 6일), https://www.hankookilbo.com/News/Read/A2021010610590000421(검색일: 2021.05.09).

「연합뉴스」. 2021. "유튜브, 북한 채널 연달아 삭제…'서비스 약관 위반'." (1월 8일), https://www.yna.co.kr/view/AKR20210108077200504(검색일: 2021.05.09).

「통일뉴스」. 2021. "북, 당규약 개정..'김일성-김정일주의화·인민대중제일주의 정치' 강조." (1월 10일), https://www.tongilnews.com/news/articleView.html?idxno=200890(검색일: 2021.05.09).

「연합뉴스」. 2021. "김정은 '핵억제력 강화해 군사력 키워야'…직접 대외메시지 없어(종합)." (1월 13일), https://www.yna.co.kr/view/AKR20210113012953504(검색일: 2021.05.09).

YouTube. 2021a. "NEW DPRK - YouTube." https://www.youtube.com/channel/UCktAYwdwHNQn4Jqwbf8i_pg(검색일: 2021.05.09).

_____. 2021b. "Sam jiyon - YouTube." https://www.youtube.com/channel/UCsUzcuv RZmPfJIqPcnmo 3xw(검색일: 2021.05.09).

Bjola, Corneliu, and Krysianna Papadakis. 2020. "Digital Propaganda, Counterpublics and The Disruption of The Public Sphere: The Finnish Approach to Building

Digital Resilience." *Cambridge Review of International Affairs* 33(5): 638-666.

Boas, Taylor C. 2000. "The Dictator's Dilemma? The Internet and US Policy Toward Cuba." *Washington Quarterly* 23(3): 57-67.

Braun, Virginia and Victoria Clarke. 2013. *Successful Qualitative Research: A Practical Guide for Beginners.* Los Angeles: SAGE.

Braun, Virginia, and Victoria Clarke. 2006. "Using Thematic Analysis in Psychology." *Qualitative Research in Psychology* 3(2): 77-101.

Burgess, Jean and Joshua Green. 2009. *YouTube: Online Video and Participatory Culture.* Cambridge and Malden: Polity Press.

Chi, Michelene T.H. 1997. "Quantifying Qualitative Analyses of Verbal Data: A Practical Guide." *The Journal of the Learning Sciences* 6(3): 271-315.

Covolo, Loredana, et al. 2017. "What Arguments on Vaccinations Run through YouTube Videos in Italy? A Content Analysis." *Human Vaccines & Immunotherapeutics* 13(7): 1693-1699.

Evans, Olaniyi. 2019. "Digital Politics: Internet and Democracy in Africa." *Journal of Economic Studies* 46(1): 169-191.

Feinerer, Ingo, Kurt Hornik and David, Meyer. 2008. "Text Mining Infrastructure in R." *Journal of Statistical Software* 25(5): 1-54.

Harwit, Eric, and Duncan Clark. 2001. "Shaping The Internet in China: Evolution of Political Control Over Network Infrastructure and Content." *Asian Survey* 41(3): 377-408.

Herzog, Christian, Christian Handke, and Erik Hitters. 2019. "Analyzing Talk and Text II: Thematic Analysis." in Hilde Van den Bulck, Manuel Puppis, Karen Donders, Leo Van Audenhove, eds., *The Palgrave Handbook of Methods for Media Policy Research.* Cham: Palgrave Macmillan.

Holm, Gunilla. 2008. "Visual Research Methods: Where Are We and Where Are We going?" in Sharlene Nagy Hesse-Biber and Patricia Leavy, eds., *Handbook of Emergent Methods*. New York: The Guilford Press.

Howard, Philip N. 2010. *The Digital Origins of Dictatorship and Democracy: Information Technology and Political Islam*. Oxford: Oxford University Press.

Jervis, Robert. 1970. *The Logic of Images in International Relations*. Princeton: Princeton University Press.

__________. 1976. *Perception and Misperception in International Politics*. Princeton: Princeton University Press.

__________. 2002. "Signaling and Perception: Drawing Inferences and Projecting Images." in Kristen Renwick Monroe, ed., *Political Psychology*. New York: Psychology Press.

__________. 2006. "Understanding Beliefs." *Political Psychology* 27(5): 641-663.

__________. 2017. *How Statesmen Think: The Psychology of International Politics*. Princeton: Princeton University Press.

Johnson-Cartee, Karen S. and Gary A. Copeland. 2003. *Strategic Political Communication: Rethinking Social Influence, Persuasion, and Propaganda*. Lanham: Rowman & Littlefield Publishers.

Kecojevic, Aleksandar, et al. 2020. "A Thematic Analysis of Pre-Exposure Prophylaxis (PrEP) YouTube Videos." *Journal of Homosexuality* 68(11): 1877-1898.

Kedzie, Christopher R. 1997. *Communication and Democracy: Coincident Revolutions and the Emergent Dictator's Dilemma*. Santa Monica: RAND Corporation.

Lewis, David. 2016. "Blogging Zhanaozen: Hegemonic Discourse and Authoritarian Resilience in Kazakhstan." *Central Asian Survey* 35(3): 421-438.

Ma, Veronica. 2016. "Propaganda and Censorship: Adapting to the Modern Age." *Harvard International Review* 37(2): 46-50.

Marcuse, Herbert. 1964. *One-Dimensional Man: Studies in the Ideology of Advanced Industrial Society.* Boston: Beacon Press.

Maréchal, Nathalie. 2017. "Networked Authoritarianism and the Geopolitics of Information: Understanding Russian Internet Policy." *Media and Communication* 5(1): 29-41.

McQuail, Denis and Sven Windahl. 2015. *Communication Models for The Study of Mass Communications.* London and New York: Routledge.

Morozov, Evgeny. 2012. *The Net Delusion: The Dark Side of Internet Freedom.* New York: Public Affairs.

Myers, Brian Reynolds. 2011. *The Cleanest Race: How North Koreans See Themselves and Why It Matters.* Hoboken: Melville House.

Niknam, Fatemeh, et al. 2021. "COVID-19 on Instagram: A Content Analysis of Selected Accounts." *Health Policy and Technology* 10(1): 165-173.

Orttung, Robert W. and Elizabeth Nelson. 2019. "Russia Today's Strategy and Effectiveness on YouTube." *Post-Soviet Affairs* 35(2): 77-92.

O'Shaughnessy, Nicholas. 2017. "Putin, Xi, and Hitler—Propaganda and the Paternity of Pseudo Democracy." *Defence Strategic Communications* 2(2): 113-135.

Park, Han Woo, and Yon Soo Lim. 2020. "Do North Korean Social Media Show Signs of Change?: An Examination of a YouTube Channel Using Qualitative Tagging and Social Network Analysis." *Journal of Contemporary Eastern Asia* 19(1): 123-143.

Rohlfing, Sarah, and Stefanie Sonnenberg. 2016. "'Who Is Really British Anyway?' A Thematic Analysis of Responses to Online Hate Materials." *Cyberpsychology: Journal of Psychosocial Research on Cyberspace* 10(4).

Ronfeldt, David. 1992. "Cyberocracy is coming." *The Information Society* 8(4): 243-296.

Roy, Melissa, et al. 2020. "Ebola and Localized Blame on Social Media: Analysis of Twitter and Facebook Conversations During the 2014-2015 Ebola Epidemic." *Culture, Medicine, and Psychiatry* 44(1): 56-79.

Shahin, Saif, et al. 2016. "Protesting the Paradigm: A Comparative Study of News Coverage of Protests in Brazil, China, and India." *The International Journal of Press/Politics* 21(2): 143-164.

Shirk, Susan L. ed., 2011. *Changing Media, Changing China.* Oxford University Press.

Soper, Daniel S., and Haluk Demirkan. 2012. "How ICTs Affect Democracy and Corruption in Emerging Societies." *IT Professional* 14(4): 18-23.

Stavrianou, Anna, Periklis Andritsos and Nicolas Nicoloyannis. 2007. "Overview and Semantic Issues of Text Mining." *SIGMOD Record* 36(3): 23-34.

Tolz, Vera, and Yuri Teper. 2018. "Broadcasting Agitainment: A New Media Strategy of Putin's Third Presidency." *Post-Soviet Affairs* 34(4): 213-227.

Rhue, Lauren, and Arun Sundararajan. 2014. "Digital Access, Political Networks and the Diffusion of Democracy." *Social Networks* 36: 40-53.

Weare, Christopher. 2002. "The Internet and Democracy: The Causal Links Between Technology and Politics." *International Journal of Public Administration* 25(5): 659-691.

Zhang, Xiaoling. 2011. *The Transformation of Political Communication in China: From Propaganda to Hegemony.* Hackensack: World Scientific.

IX장

Anderson, Daniel. 2012. "Splinternet Behind the Great Firewall of China: Once China Opened Its Door to the World, It Could not Close it Again." *Queue-Web Security* 10(11): 1-10.

Bremmer, Ian, and Preston Keat. 2009. *The Fat Tail: The Power of Political Knowledge for Strategic Investing.* New York: Oxford University Press.

Burkhart, Ross E., and Michael S. Lewis-Beck. 1994. "Comparative Democracy: The Economic Development Thesis." *American Political Science Review* 88(4): 903-910.

Chisadza, Carolyn, and Manoel Bittencourt. 2018. "Economic Development and Democracy: The Modernization Hypothesis in Sub-Saharan Africa." *The Social Science Journal* 56(2): 243-254.

CNNIC(China Internet Network Information Center). 2018. "Statistical Report on Internet Development in China." January, https://cnnic.com.cn/IDR/ReportDownloads/201807/P020180711391069195909.pdf(검색일: 2018.11.28).

Colaresi, Michael, and William R. Thompson. 2003. "The Economic Development-Democratization Relationship: Does the Outside World Matter?" *Comparative Political Studies* 36(4): 381-403.

Helbing, Dirk, et al. 2017. "Will Democracy Survive Big Data and Artificial Intelligence?" Scientific American, (February 25), https://www.scientificamerican.com/article/willdemocracy-survive-big-data-and-artificial-intelligence(검색일: 2018.12.17).

Heo, Uk, and Sung Deuk Hahm. 2015. "Democracy, Institutional Maturity, and Economic Development." *Social Science Quarterly* 96(4): 1041-1058.

Huber, Evelyne, Dietrich Rueschemeyer, and John D. Stephens. 1993. "The Impact of Economic Development on Democracy." *Journal of Economic Perspectives* 7(3): 71-86.

Jervis, Robert. 1982. "Deterrence and Perception." *International Security* 7(3): 3-30.

__________. 1988. "War and Misperception." *The Journal of Interdisciplinary History* 18(4): 675-700.

__________. 2002. "Signaling and Perception: Drawing Inferences and Projecting Images." in Kristen Renwick Monroe, ed., *Political Psychology.* New York: Psychology Press. 293-312.

__________. 2011. "Dilemmas About Security Dilemmas." *Security Studies* 20(3): 416-423.

__________. 2017. *Perception and Misperception in International Politics.* (New ed.) New Jersey: Princeton University Press.

Jervis, Robert, and Mira Rapp-Hooper. 2018. "Perception and Misperception on the Korean Peninsula: How Unwanted Wars Begin." *Foreign Affairs* 97: 103-117.

Kim, Samuel S. 2000. "North Korea in 1999: Bringing the Grand Chollima March Back In." *Asian Survey* 40(1): 151-163.

King, Gary, Jennifer Pan, and Margaret E. Roberts. 2013. "How Censorship in China Allows Government Criticism but Silences Collective Expression." *American Political Science Review* 107(2): 326-343.

Lankov, Andrei. 2009. "Changing North Korea-An Information Campaign Can Beat the Regime." *Foreign Affairs* 88(6): 95-100.

Liang, Bin, and Hong Lu. 2010. "Internet Development, Censorship, and Cyber Crimes in China." *Journal of Contemporary Criminal Justice* 26(1): 103-120.

Lim, Sung-Hoon, and Kang-Taeg Lim. 2006. "Special Economic Zones as Survival Strategy of North Korea." *North Korean Review* 2(2): 47-61.

Mozur, Paul. 2018. "China Said to Quickly Withdraw Approval for New Facebook Venture." The New York Times (July 25), https://www.nytimes.com/2018/07/25/business/facebook-china.html(검색일: 2018.12.17).

Nossel, Suzanne. 2018, "Google is Handing the Future of the Internet to China." Foreign Policy (September 10), https://foreignpolicy.com/2018/09/10/google-is-handingthe-future-of-the-internet-to-china(검색일: 2018.11.28).

O'Neil, Cathy. 2016. *Weapons of Math Destruction: How Big Data Increases Inequality and Threatens Democracy.* New York: Crown Publishing.

Papaioannou, Elias, and Gregorios Siourounis. 2008. "Economic and Social Factors Driving the Third Wave of Democratization." *Journal of Comparative Economics* 36(3): 365-387.

Przeworski, Adam, et al. 2000. *Democracy and Development: Political Institutions and Well-being in the World, 1950-1990.* Cambridge, UK: Cambridge University Press.

Reilly, Benjamin. 2017. "An Elephant's Graveyard? Democracy and Development in East Asia." *Government and Opposition* 52(1): 162-183.

Ronfeldt, David. 1992. "Cyberocracy is Coming." *The Information Society* 8(4): 243-296.

Sinpeng, Aim. 2013. "State Repression in Cyberspace: The Case of Thailand." *Asian Politics & Policy* 5(3): 421-440.

Thompson, Peter G. 2015. "Economic Interdependence and Security on the Korean Peninsula: The Impact of North Korean Special Economic Zones." *Asian Security* 11(1): 52-71.

U.S. Department of State. 1949. "United States Relations with China, With Special Reference to the Period 1944-1949." https://babel.hathitrust.org/cgi/pt?id=umn.3 1951d01115459w;view=1up;seq=5(검색일: 2018.12.17).

U.S. House of Representatives. 2006. "The Internet in China: A Tool for Freedom or Suppression?" Joint Hearing before the Subcommittee on Africa, Global Health Rights and International Operations and the Subcommittee on Asia and the Pacific of the Committee on International Relations, (February 15), https://2001-2009.state.gov/p/eap/rls/rm/61275.htm(검색일: 2018.12.17).

Wriston, Walter B. 1997. "Bits, Bytes, and Diplomacy." *Foreign Affairs* 76(5): 172-182.

용어 찾아보기

[라]

[마]

[바]

[사]

[아]

[자]

[카]

[타]

[파]

[하]

북핵, 리스크와 블랙스완

2022년 9월 15일 1판 1쇄

지은이 김용호·이화준·박성호
펴낸곳 연세대학교 출판문화원
주소 서울특별시 서대문구 연세로 50
등록 1955년 10월 13일(제9-60호)
전화 02) 2123-3378~80
팩스 02) 2123-8673
전자우편 ysup@yonsei.ac.kr
홈페이지 http://press.yonsei.ac.kr
인쇄 화신문화(주)

ISBN 978-89-6850-666-6 (93300)

값 18,000원